SCOPOS

Collection dirigée par J.-M. Ghidaglia
Professeur à l'Ecole normale supérieure de Cachan
61, avenue du Président Wilson
94235 Cachan Cedex, France
http://www.cmla.ens-cachan.fr

Après quelques volumes inspirés par le concours d'entrée à l'École Normale Supérieure de Cachan, la collection SCOPOS accueille un recueil d'exercices en Scheme (un dialecte de Lisp inventé en 1975 par G. L. Steele et G. J. Sussman). Scheme est l'un des principaux langages d'apprentissage de l'algorithmique et de la programmation. Il permet d'aborder immédiatement et naturellement la récursion.

Cet ouvrage n'est pas un livre de cours sur le langage Scheme, toutefois le caractère progressif (en difficulté) des exercices et les rappels en tête de chapitre en font un véritable didacticiel. Grâce à l'ampleur et l'originalité des applications présentées, cet ouvrage tout à fait unique, devrait rendre agréable l'apprentissage de ce langage.

Un des points communs aux livres de la collection est qu'en règle générale les auteurs sont des acteurs de la recherche actuelle (chercheurs, enseignants-chercheurs, ingénieurs-chercheurs). Ils s'efforcent (dans la mesure du possible et compte tenu des programmes) de sortir des classiques exercices « taupinaux » pour aller vers des questions qui ouvrent vers le second (voire troisième) cycle des Universités.

Cet ouvrage sera bien évidemment utile aux étudiants et enseignants des premiers cycles des Universités mais aussi à tous ceux qui souhaitent apprendre ou se perfectionner en Scheme.

Un site internet : **http://www.scopos.org** est associé à cette collection. Il permet de dialoguer avec les auteurs de la collection mais aussi plus généralement avec des chercheurs et enseignants-chercheurs un peu partout en France.

SCOPOS

Springer
*Berlin
Heidelberg
New York
Barcelone
Hong Kong
Londres
Milan
Paris
Singapour
Tokyo*

L. Moreau   C. Queinnec
D. Ribbens   M. Serrano

Recueil de petits problèmes en Scheme

Springer

Luc Moreau
Department of Electronics and Computer Science
University of Southampton
Southampton, SO17 1BJ, UK

Christian Queinnec
LIP6-Université Pierre et Marie Curie
4, Place Jussieu
F-75252 Paris Cedex 05

Daniel Ribbens
Université de Liège
Institut Montefiore
B 28 Liège, Belgique 04000

Manuel Serrano
Université de Nice Sophia-Antipolis
650, routes des Colles
B.P. 145
F-06903 Sophia-Antipolis

Mathematics Subject Classification (1991): 68N15
ACM Subject Classification (1998): D.3.2

Die Deutsche Bibliothek - CIP-Einheitsaufnahme

Recueil de petits problèmes en Scheme / Luc Moreau ...
Berlin ; Heidelberg ; New York ; Barcelona ; Hongkong ;
London ; Mailand ; Paris ; Singapur ; Tokio :
Springer 1999
(SCOPOS)
ISBN 3-540-66043-7

ISBN 3-540-66043-7 Springer-Verlag Berlin Heidelberg New York

Tous droits de traduction, de reproduction et d'adaptation réservés pour tous pays. La loi du 11 mars 1957 interdit les copies ou les reproductions destinées à une utilisation collective. Toute représentation, reproduction intégrale ou partielle faite par quelque procédé que ce soit, sans le consentement de l'auteur ou de ses ayants cause, est illicite et constitue une contrefaçon sanctionnée par les articles 425 et suivants du Code pénal.

© Springer-Verlag Berlin Heidelberg 1999
Imprimé en Allemagne
Maquette de couverture: *design & production* GmbH, Heidelberg
SPIN 10700393   41/3143 - 5 4 3 2 1 0 - Printed on acid-free paper

Table des matières

Première partie : Énoncés

1. Récursion sur les nombres 3

2. Récursion sur les listes 11

3. Récursion sur les arbres binaires 35
   - 3.1. Exercices utilisant une représentation abstraite d'arbre binaire 38
   - 3.2. Exercices sur les S-expressions 46
   - 3.3. Exercices sur les listes profondes 50

4. Récursion sur les arbres n-aires et les graphes 56
   - 4.1. Exercices sur les arbres 58
   - 4.2. Exercices sur les graphes 68

5. Fonctions 76
   - 5.1. Fonctionnelles 76
   - 5.2. Échappements 85
   - 5.3. La fonction `apply` et les arités multiples 87

6. Partage et effets de bord 91
   - 6.1. Partage 92
   - 6.2. Effets de bord 97
   - 6.3. Structures de donnés cycliques et graphes 100

7. Les chaînes de caractères et les vecteurs 104

8. Les entrées et les sorties 122

9. Évaluation 132

10. Dessins et combinateurs 139

Seconde partie : Solutions

1. Récursion sur les nombres 159

2. Récursion sur les listes 167

3. Récursion sur les arbres binaires 199

4. Récursion sur les arbres n-aires et les graphes 220

5. Fonctions 251

6. Partage et effets de bord 263

7. Les chaînes de caractères et les vecteurs 280

8. Les entrées et les sorties 302

9. Évaluation 312

10. Dessins et combinateurs 327

11. Bibliographie 348

12. Index 349

Introduction

Ce livre est au confluent de quatre volontés européennes. Son but est de fournir des gammes d'exercices autour du concept de récursion. Scheme est le langage utilisé par ce livre car c'est, avec ML, l'un des deux langages les plus utilisés en premier cycle universitaire comme support d'initiation à la programmation. Mais que l'on ne s'y trompe pas, le véritable fil conducteur est la récursion puis la récursion et encore la récursion.

La récursion est l'un des concepts les plus fondamentaux de l'informatique. Elle est, malheureusement, souvent enseignée tardivement après le style impératif (le style de langages tels que Pascal ou C), seuls les meilleurs alors arrivent à dominer ce mode de pensée. Inverser les deux initiations et la récursion sera comprise et participera à une meilleure compréhension du style impératif. On peut également soutenir que le cerveau est récursif mais paresseux ! Le cerveau est prompt à repérer les analogies, identifier les similitudes et réutiliser les recettes qui marchent.

La récursion correspond bien à ce mode de pensée où, selon le second précepte de Descartes, l'on divise chacun des problèmes en autant de parcelles qu'il se peut et qu'il est requis pour les mieux résoudre. Lorsque les sous-problèmes sont résolus, leurs solutions sont assemblées pour résoudre le problème original. Nous faisons cela tous les jours et y sommes tellement habitués que nous n'y prenons plus garde.

Le style impératif se caractérise par une énonciation assez séquentielle des solutions à mettre en œuvre. À tout instant, l'on doit être conscient de la prochaine action que l'on doit accomplir. Essayez d'aller à Lisp en partant de Paris-Notre-Dame. Allez-vous prendre la rue d'Arcole ou tourner dans la rue de la Cité ? C'est la décision que vous devez immédiatement prendre. Si vous savez que Lisp est un village en Belgique, vous pouvez décomposer le problème en deux : aller au nord vers la Belgique puis, une fois, outre-quiévrain, chercher. Ces problèmes eux-mêmes se décomposent en sous-problèmes plus simples : trouver l'autoroute du nord, le parcourir, etc. Lorsque les problèmes seront tous triviaux, il sera alors aisé de prévoir la prochaine action.

De nombreux problèmes peuvent sans difficulté être traités en mode impératif. Comme le cerveau est malin mais paresseux, il infère vite que ce n'est pas la peine d'apprendre d'autres méthodes ce qui condamne son malheureux propriétaire à un seul style de raisonnement et donc à une vie banale, triste, séquentielle.

À la manière des manuels d'école primaire de l'ancien temps qui présentaient des séries d'exercices de trains qui se croisaient ou se rattrapaient follement, de baignoires à régime hydraulique changeant et de prés qu'il fallait borner, mesurer et même clôturer, les quatre auteurs, autour de diverses boissons à base de houblon ou d'orge qu'ils éclusaient à des régimes hydrauliques non moins changeant, décidèrent, une nuit, que l'apprentissage de la programmation récursive manquait d'un ouvrage similaire.

Ce livre permet donc de faire des gammes en programmation. Exercice après exercice, sereinement mais en y mettant du cœur, le mode récursif survient, se déploie, s'installe. Les problèmes viennent ensuite exercer les qualités d'improvisation.

Comme ce doit être maintenant clair, ce livre n'est pas un cours sur le langage Scheme. Pour cela, de très bons ouvrages existent en anglais ou en français. Nous conseillons tout particulièrement en français : [Huf96] et [Cha96] ; en anglais : [ASS85], [ML95] et [HKK99].

Mais comme dans toute activité intellectuelle, il faut pratiquer sans relâche et pour cela il faut disposer d'un ordinateur et d'un système Scheme. Pour cela, on consultera le site sur Scheme (le *Scheme Repository*) en :

```
http://www.cs.indiana.edu/scheme-repository/home.html
```

Enfin, pour tous les branchés, un site existe associé à ce livre :

```
http://www.scopos.org/
```

Les nombreux styles que présentent les chapitres sont le reflet des divers terreaux qui ont nourri les auteurs. Plus de cinquante ans d'expérience cumulée à eux tous ! Toutefois, cet accord sur les buts du livre n'ont pu faire s'entendre la bande des quatre auteurs sur un style d'écriture commun. Une des grandes forces de Scheme est de ne pas imposer un carcan syntaxique ce que chacun des auteurs a bien compris et entend bien vous inculquer. Vous êtes donc libres de choisir quelle « patte » d'abord imiter.

Dans la plupart des chapitres, les premiers exercices sont corrigés de suite après leur énoncé. Les exercices qui suivent sont de difficulté croissante. Les deux premiers tiers des exercices utilisent des moyens linguistiques restreints tandis que ceux du dernier tiers ne respectent pas cette limitation et correspondent plus à ce que l'on verrait sortir du clavier d'un programmeur confirmé.

Cet ouvrage contient un grand nombre d'exercices dont nous ne sommes pas les auteurs. Les origines de ces exercices se perdent dans la nuit des temps et ont été transmis de clavier de Lispeur à souris de Schemien. N'ayant pas souhaité entreprendre un gigantesque travail d'historien, nous n'avons pu établir leur filiation et remercions, en vrac, tous ceux qui nous ont remémoré ces exercices, tous ceux qui nous en ont suggéré d'autres ainsi que tous ceux qui ont eu à relire partiellement ce livre et, en particulier, Titou Durand, Pascal Gribomont, Daniel Lazard, Nathalie Peters, Annick Valibouze et Paul Yans.

Première partie: Énoncés

CHAPITRE 1
Récursion sur les nombres

Rappels

De manière générale, résoudre un problème de façon récursive passe par la reconnaissance que ce problème est — soit un problème trivial, — soit un problème qui peut se décomposer en un ou plusieurs sous-problèmes de même type mais plus simples.

Une récursion se conçoit donc comme la reconnaissance — d'un *cas de base* (ou *cas d'arrêt*) que l'on traite directement, et — d'un *cas général* (ou *cas récursif*, ou encore *cas inductif*) que l'on fragmente pour ensuite assembler les solutions partielles en une solution complète.

Les récursions structurelles s'appuient le plus souvent sur la structure habituelle des ensembles manipulés. Les entiers naturels, par exemple, forment un ensemble bien fondé défini comme *(i)* contenant zéro et *(ii)* contenant le successeur de tout entier. Que cet ensemble soit bien fondé signifie que l'on ne peut y trouver de chaînes infiniment décroissantes. En d'autres termes, si l'on part d'un entier positif quelconque, on ne peut le diminuer régulièrement sans finir par aboutir sur 0, le plus petit des entiers naturels.

Schématiquement donc, une récursion sur les entiers s'apparente à :

```
(define (fonction n)
  (if (= n 0)
      cas de base
      (combiner n (fonction (- n 1))) ) )
```

Quelques autres schémas équivalents existent qui s'appuient sur ce même principe qui veut que l'on ne peut faire décroître indéfiniment un nombre entier. C'est ce qu'illustre cet autre schéma :

```
(define (fonction n)
  (if (n est petit)
      cas de base
      (combiner n (fonction (faire décroître n))) ) )
```

Exercice 1.1

Écrire une fonction, `sum-of-integers`, prenant en entrée un entier positif ou nul, que l'on nommera n, et calculant la somme des entiers positifs inférieurs ou égaux à n. Par exemple,

```
? (sum-of-integers 4)
```

```
= 10
? (sum-of-integers 33)
= 561
```

En termes plus arithmétiques, on observera que :

$$(\text{sum-of-integers n}) = \sum_{i=0}^{i=n} i$$

Solution de l'exercice 1.1

Le début de l'énoncé conduit à écrire :
```
(define (sum-of-integers n)
   ... )
```
Lorsque n vaut zéro, la somme à calculer est nulle : c'est le cas de base de la récursion demandée. On peut donc enrichir la définition en cours et obtenir :
```
(define (sum-of-integers n)
  (if (= n 0)
      0
      ... ) )
```
Lorsque n est strictement supérieur à zéro (et d'après l'énoncé c'est le seul autre cas dont on a à se préoccuper) alors nous réduisons le cas inductif en utilisant la formule suivante :

$$\sum_{i=0}^{i=n} i = n + \sum_{i=0}^{i=n-1} i$$

On peut donc achever la définition de la fonction qui devient donc :
```
(define (sum-of-integers n)
  (if (= n 0)
      0
      (+ n (sum-of-integers (- n 1))) ) )
```
Le calcul de `(sum-of-integers 4)` se passe ainsi :
```
(sum-of-integers 4)
≡ (if (= 4 0) 0 (+ 4 (sum-of-integers (- 4 1))))
≡ (if #f 0 (+ 4 (sum-of-integers (- 4 1))))
≡ (+ 4 (sum-of-integers (- 4 1)))
≡ (+ 4 (sum-of-integers 3))
≡ (+ 4 (if (= 3 0) 0 (+ 3 (sum-of-integers (- 3 1)))))
```
Accélérons un peu...
```
≡ (+ 4 (+ 3 (sum-of-integers 2)))
≡ (+ 4 (+ 3 (+ 2 (sum-of-integers 1))))
≡ (+ 4 (+ 3 (+ 2 (+ 1 (sum-of-integers 0)))))
≡ (+ 4 (+ 3 (+ 2 (+ 1 (if (= 0 0) 0
                          (+ 0 (sum-of-integers (- 0 1)))))))))
```

```
≡ (+ 4 (+ 3 (+ 2 (+ 1 (if #t 0
                        (+ 0 (sum-of-integers (- 0 1)))))))) 
≡ (+ 4 (+ 3 (+ 2 (+ 1 0))))
≡ (+ 4 (+ 3 (+ 2 1)))
≡ (+ 4 (+ 3 3))
≡ (+ 4 6)
≡ 10
```

Une seconde façon d'écrire cette fonction est de penser en premier au cas inductif qui, après tout, devrait servir plus souvent que le cas de base. Cette programmation est aussi un peu plus robuste que la précédente puisque les entiers négatifs, certes exclus par l'énoncé, ne sont plus aussi problématiques qu'avec `sum-of-integers` : le calcul de (`other-sum-of-integers` -1) s'arrête très très vite ! Voici donc cette nouvelle version :

```
(define (other-sum-of-integers n)
  (if (> n 0)
      (+ n (other-sum-of-integers (- n 1)))
      0 ) )
```

On peut, bien sûr, aussi, se simplifier la vie en se remémorant la formule directe :

$$\sum_{i=0}^{i=n} i = \frac{n(n+1)}{2}$$

On peut l'incarner en :

```
(define (direct-sum-of-integers n)
  (quotient (* n (+ n 1)) 2) )
```

Exercice 1.2

Écrire une fonction, `sum-of-squares`, prenant en entrée un entier positif ou nul, que l'on nommera n, et calculant la somme des carrés des entiers positifs inférieurs ou égaux à n. Par exemple,

```
? (sum-of-squares 4)
= 30
? (sum-of-squares 33)
= 12529
```

Solution de l'exercice 1.2

Si l'on exprime, en termes plus mathématiques, ce qui est demandé, on obtient :

$$(\text{sum-of-squares n}) = \sum_{i=0}^{i=n} i^2$$

On remarquera que cette définition est en tout point comparable à la précédente : elle se calcule donc en suivant le même mode de construction sauf que le carré de n se calcule comme (* n n) ; on obtient donc :

```
(define (sum-of-squares n)
  (if (> n 0)
      (+ (* n n) (sum-of-squares (- n 1)))
      0 ) )
```

Parallèlement à `direct-sum-of-integers` vue à l'exercice 1.1 (page 3–5), il pourrait exister une formule qui donne directement, plutôt que par sommation récursive, la valeur cherchée. La concision et la clarté de la solution précédente devrait vous dissuader de perdre un temps conséquent à retrouver la sus-dite formule[1].

Exercice 1.3 (solution page 159)

Écrire une fonction, `greatest-divisor`, prenant un nombre entier supérieur à 1 et retournant le plus grand de ses diviseurs non triviaux. Le nombre initial est bien sûr exclu mais 1 est permis si le nombre initial est premier. Il n'est pas exigé que cette fonction soit efficace ni que son résultat soit premier.

```
? (greatest-divisor 7)
= 1
? (greatest-divisor (* 73 17 19))
= 1387
```

Exercice 1.4 (solution pages 159–160)

Écrire un prédicat, `power-of-two?`, prenant en entrée un entier positif non nul et testant si c'est une puissance de deux. Ainsi :

```
? (power-of-two? 16)
= #T
? (power-of-two? 17)
= #F
```

Exercice 1.5 (solution page 160)

Écrire un prédicat, `power-of?`, prenant en entrée un entier positif non nul et testant si c'est une puissance de son second argument, un autre entier positif non nul. Ainsi :

```
? (power-of? 16 2)
= #T
? (power-of? 15 3)
= #F
```

---

[1] Voici, néanmoins, cette formule : $n(n+1)(n+1/2)/3$.

Exercice 1.6 *(solution page 161)*

Écrire une fonction, triangular ?, prenant en entrée un entier positif ou nul et testant si c'est un nombre triangulaire c'est-à-dire un nombre produit par sum-of-integers, cf. exercice 1.1 (page 3–5). Les nombres triangulaires sont ainsi nommés car ils correspondent, comme le montre la figure 1 à la surface d'un triangle. La valeur calculée par triangular ? sera booléenne.

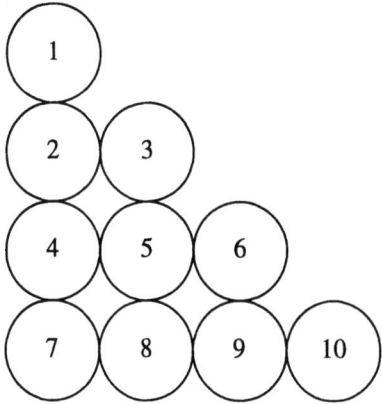

Figure 1 – 1, 3, 6 et 10 sont triangulaires !

Exercice 1.7 *(solution page 161)*

L'ensemble Q des fractions positives non nulles est en bijection avec l'ensemble des entiers naturels non nuls N. On peut donc numéroter toutes les fractions comme le montre le tableau 1 où l'on voit que la troisième fraction est 2/1 tandis que la huitième est 2/3. La numérotation s'effectue par diagonales successives et les rangs des entiers (correspondant aux fractions triviales de dénominateur 1) sont les nombres triangulaires !

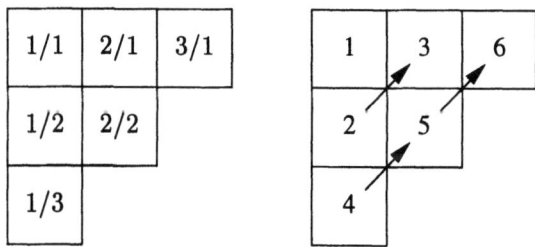

Tableau 1 – Calcul du rang d'une fraction

Écrire une fonction `diagonalize` prenant deux entiers correspondant au numérateur et au dénominateur d'une fraction et calculant son rang selon le procédé décrit dans le tableau 1. Voici un exemple montrant que 3/4 est la 18ème fraction :

```
? (diagonalize 3 4)
= 18
```

Exercice 1.8 *(solution page 162)*

Écrire une fonction `power` prenant un nombre x et un exposant entier positif n et calculant x^n. On remarquera que x^{2n} est égal à $(x^2)^n$ tandis que x^{n+1} est égal à xx^n. On pourra utiliser le prédicat `even?` pour tester la parité d'un entier.

Voici un exemple :

```
? (power 5 3)
= 125
```

Exercice 1.9 *(solution page 162)*

Soit la suite définie par la relation suivante :

$$u_{n+2} = u_n + u_{n+1}$$

Écrire une fonction, `fibonacci`, prenant en arguments les valeurs initiales de la suite soient u_0, u_1 ainsi qu'un entier naturel n et calculant u_n. Par exemple,

```
? (fibonacci 1 1 5)
= 8
? (fibonacci 1 1 10)
= 89
```

Exercice 1.10 *(solution page 163)*

Soit un couloir de largeur 2 et de longueur n que l'on désire paver avec des dalles de largeur 1 et de longueur 2. Quel est le nombre de pavages possibles ? À titre d'exemple, il y a cinq pavages possibles d'un couloir de longueur quatre comme illustré en figure 2. Écrire la fonction `paving-way` qui calcule ce nombre de pavages :

```
? (paving-way 4)
= 5
```

Figure 2 – Pavage d'un couloir de longueur quatre

Exercice 1.11 *(solution page 163)*

Écrire une fonction, `sum-of-divisors`, prenant en entrée un entier strictement positif et calculant la somme de tous ses diviseurs. Par exemple,
```
? (sum-of-divisors 14)
= 24
```

Exercice 1.12 *(solution pages 163–164)*

Un nombre est parfait lorsqu'il est égal à la somme de ses diviseurs qui lui sont strictement inférieurs. Les nombres 6 (égal à $1+2+3$) et 28 (égal à $1+2+4+7+14$) sont les deux premiers nombres parfaits. Écrire une fonction, `search-perfect-number`, qui prend un entier i et qui retourne le nombre parfait de rang i.

Exercice 1.13 *(solution page 164)*

Concevoir une fonction, `guess-integer`, prenant en entrée un nombre entier et proposant de le deviner. Cette fonction vous demande d'entrer votre choix et vous dit si ce dernier est trop haut, trop bas ou correct. Voici un exemple d'emploi :
```
? (guess-integer 33)                    ; 33 est supposé caché !
Enter your guess? 1000 too high!
Enter your guess? 100 too high!
Enter your guess? 10 too low!
Enter your guess? 50 too high!
Enter your guess? 30 too low!
Enter your guess? 33 RIGHT!
```

Exercice 1.14 *(solution pages 164–165)*

Soit la suite, dite de Syracuse, définie comme suit :

$$u_{n+1} = \begin{cases} 1 + 3u_n, & \text{si } u_n \text{ impair}; \\ u_n/2, & \text{si } u_n \text{ pair}. \end{cases}$$

Cette suite correspond à une conjecture qui veut qu'elle finisse par engendrer l'entier 1 quel que soit le nombre entier u_0 strictement positif initial. Lorsque u_n vaut 1, la suite devient cyclique passant sempiternellement de 1 à 4 puis 2 puis encore à 1. Cette propriété a été vérifiée sur des millions de nombres mais n'a pas, à notre connaissance, été démontrée.

Écrire un prédicat, `syracuse?`, testant si la suite partant d'un nombre u_0 strictement positif, donné en argument, finit par passer par 1.

Exercice 1.15 *(solution pages 165–166)*

Écrire une fonction, `exponential`, prenant en entrée un nombre flottant x ainsi qu'une précision et calculant une approximation de e^x. Par exemple,

```
? (exponential 1 0.001)
= 2.71805555556
```

Pour ce calcul, on utilisera la définition suivante :

$$e^x = \sum_{i=0}^{i=\infty} \frac{x^i}{i!}$$

On arrêtera le calcul lorsque le terme $\frac{x^i}{i!}$ est inférieur à la précision demandée. On se souviendra que cette série est convergente pour tout réel x.

Exercice 1.16 *(solution page 166)*

On peut utiliser une récursion sur les nombres et construire autre chose qu'un nombre ! Écrire une fonction, nommée `make-list`, prenant un entier naturel n et une valeur quelconque et retournant une liste de n fois cette valeur. Ainsi :

```
? (make-list 3 'ah)
= (ah ah ah)
```

Conclusions

Observez bien la récursion à l'œuvre sur les précédents exercices. Identifiez le cas de base, le cas général et le test permettant de discriminer entre ces deux cas.

Chapitre 2
Récursion sur les listes

Rappels

L'ensemble des listes $\mathcal{L}$ est l'ensemble bien fondé défini par les règles suivantes.
1. La *liste vide* appartient à $\mathcal{L}$ et est représentée par ().
2. Toute *liste non vide* appartient à $\mathcal{L}$ et résulte de l'application de la fonction nommée cons à une *valeur* et une liste, la signature de cons étant la suivante :

$$\text{cons} \;:\; \langle value \rangle \times \langle list \rangle \to \langle non\ empty\ list \rangle$$

Elle construit une nouvelle liste formée d'un *premier élément* qui est le premier argument et d'un *reste* qui est le second argument. Le premier élément d'une liste non vide est obtenu par l'accesseur car, tandis que le reste est donné par cdr.

Toute liste satisfait le prédicat list?, tandis que seule la liste vide est reconnue par le prédicat null?.

Le schéma de récursion sur les listes est semblable à la définition de l'ensemble des listes. Dans le *cas de base*, on reçoit une liste vide que l'on traite directement. Le *cas inductif* concerne une liste non vide ; son traitement consiste à effectuer un appel récursif sur le reste de liste, et à en combiner le résultat avec la liste ou certains de ses éléments (souvent le premier). Schématiquement, une fonction récursive sur les listes s'écrit :

```
(define fonction
  (lambda (l)
    (if (null? l)
        base
        (combiner l (fonction (cdr l))))))
```

où *base* est la valeur retournée dans le cas de base et *combiner* est la fonction combinant la liste elle-même (ou certains de ses éléments) avec le résultat de l'appel récursif sur le reste de la liste.

Le schéma ci-dessus peut naturellement se généraliser en admettant plusieurs appels récursifs, des appels imbriqués ou encore en traitant des éléments non immédiats. Ainsi, dans ce dernier cas, la fonction de réduction cdr pourrait être remplacée par cddr ou toute autre fonction qui diminue le reste de la liste. Il convient alors d'adapter le cas de base afin d'éviter les erreurs telle l'évaluation de (cddr l) où l comporte moins de deux éléments. Bien entendu, on peut définir de la sorte des fonctions à plusieurs arguments. Quoique la récursion « porte » généralement sur un seul de ceux-ci, il existe des cas où la récursion porte sur plusieurs arguments ; par exemple, si (*fonction* a b) entraîne l'appel de (*fonction* c d), il faudra alors que $c \prec a$ et $d \preceq b$ ou encore $c \preceq a$ et $d \prec b$, où $y \prec x$ signifie que y est un composant de x.

Exercice 2.1

Définir la fonction sum qui calcule la somme des éléments d'une liste.

```
? (sum '(1 2 3 4 5))
= 15
```

Solution de l'exercice 2.1

Dans le cas de base, une liste vide ne contient pas d'éléments. Par conséquent, leur somme n'est pas définie. Nous retournons la valeur 0, élément neutre de l'addition. Dans le cas inductif, la somme des éléments d'une liste non vide est donnée par l'addition du premier élément et du résultat de l'appel récursif sur le reste de la liste.

```
(define sum
  (lambda (l)
    (if (null? l)
        0
        (+ (car l) (sum (cdr l))))))
```

Exercice 2.2

Définir la fonction length qui calcule la longueur d'une liste.

Solution de l'exercice 2.2

Le cas de base est la liste vide dont la longueur est 0. Dans le cas inductif, la longueur d'une liste non vide est donnée par 1 plus la longueur du reste de la liste. La solution s'écrit de la façon suivante :

```
(define length
  (lambda (l)
    (if (null? l)
        0
        (+ 1 (length (cdr l))))))
```

Dans cet exemple, on notera que le cas inductif n'utilise pas la valeur du premier élément de la liste.

Exercice 2.3

On demande d'écrire une fonction `twice` qui prend une liste de nombres en argument et qui retourne une nouvelle liste où chaque élément de la liste reçue en entrée est multiplié par deux.

```
? (twice '(1 2 3 4 5))
= (2 4 6 8 10)
```

Solution de l'exercice 2.3

Dans le cas de base, on reçoit une liste vide et la valeur de `twice` est la liste vide. Dans le cas inductif, on traite une liste l non vide ; la valeur de `twice` est une liste non vide dont le premier élément est le premier élement de l multiplié par 2 et le reste résulte de l'appel récursif de `twice` sur le reste de l.

```
(define twice
  (lambda (l)
    (if (null? l)
        '()
        (cons (* 2 (car l)) (twice (cdr l))))))
```

Exercice 2.4

Soit à définir la procédure `remove-first` qui prend comme arguments un symbole s et une liste de symboles lsym et qui construit une liste avec les mêmes éléments, et dans le même ordre que la liste lsym, à l'exception de la première occurrence du symbole s qui est enlevée. Si le symbole s n'appartient pas à lsym, `remove-first` retourne lsym inchangée.

```
? (remove-first 'b '(a b c b d e))
= (a c b d e)
```

Solution de l'exercice 2.4

Si la liste de symboles est vide, alors il n'y a pas de symbole s à enlever ; la réponse est la liste vide.

```
(define remove-first
  (lambda (s lsym)
    (cond ((null? lsym) '())
          ...
          )))
```

Si lsym est non vide, il y a un résultat immédiat si la première occurrence de s est le premier élément de lsym, le résultat est alors le reste de la liste.

```
(define remove-first
  (lambda (s lsym)
```

```
(cond ((null? lsym) '())
      ((eq? (car lsym) s) (cdr lsym))
       ...
      )))
```

Si le premier élément de la liste n'est pas s (donc n'est pas la première occurrence de s), ce premier élément de lsym doit aussi être le premier élément de la réponse. De plus, la première occurrence de s dans lsym doit être sa première occurrence dans le reste de lsym ; donc le reste de la réponse est le résultat de l'enlèvement de la première occurrence de s du reste de lsym. Puisque le reste de lsym est plus court que lsym, on peut appeler récursivement remove-first pour enlever s du reste de lsym. La réponse, dans ce cas, est obtenue en « consant » le premier élément et le résultat de (remove-first s (cdr lsym)). On obtient :

```
(define remove-first
  (lambda (s lsym)
    (cond ((null? lsym) '())
          ((eq? (car lsym) s) (cdr lsym))
          (else (cons (car lsym)
                      (remove-first s (cdr lsym))))))))
```

Exercice 2.5 *(solution page 167)*

Écrire la fonction remq qui prend une liste et un symbole en entrée et qui retourne une liste où toutes les occurrences du symbole ont été retirées. On ne considère que les symboles apparaissant au « premier niveau » de la liste, comme indiqué dans le deuxième exemple.

```
? (remq 'b '(a b c b d e))
= (a c d e)
? (remq 'b '(a b c (b) d e))
= (a c (b) d e)
```

Exercice 2.6 *(solution page 167)*

Écrire la fonction remove-k-first qui enlève d'une liste l les k premières occurrences d'un élément donné.

```
? (remove-k-first 'a 2 '(1 2 a 3 4 a 5 6 a 7))
= (1 2 3 4 5 6 a 7)
```

Exercice 2.7 *(solution pages 167–168)*

Définir la fonction count qui prend un symbole s et une liste l de symboles et compte les occurrences de s dans l.

```
? (count 'b '(a b c b d b e))
= 3
```

Exercice 2.8 (solution page 168)

Écrire une fonction `longest` qui retourne la plus longue liste d'une liste de listes donnée.
```
? (longest '((-1 3) (a b c d) () (a b)))
= (a b c d)
```
S'il y a plusieurs sous-listes satisfaisant la propriété, on retournera la première de celles-ci.

Exercice 2.9 (solution page 168)

Définir une fonction `and-map` qui vérifie que tous les éléments d'une liste donnée vérifient un prédicat donné.
```
? (and-map odd? '(1 2 3 4 5))
= #F
? (and-map odd? '(1 3 5))
= #T
```

Exercice 2.10 (solution pages 168–169)

Concevoir une fonction `generate` prenant une liste d'atomes et retournant une forme la calculant. Le code engendré ne fera usage que de la primitive `cons`.
```
? (generate '(a b 10))
= (cons 'a (cons 'b (cons '10 '())))
```

On appelle *table* une structure de données associant des clés à des valeurs. En particulier, il est fréquent de représenter une table à une dimension par une liste dite *associative*.

Définition 1 *Une liste* associative, *ou encore* A-liste, *est une liste d'associations, clés–valeurs ; toute association entre une clé et une valeur y est représentée par une paire dont le car est la clé et dont le cdr est la valeur. Par exemple, la liste associative suivante associe les valeurs 1, 2 et 3 aux clés* a, b *et* c, *respectivement.*
```
((a . 1) (b . 2) (c . 3))
```

Exercice 2.11 (solution page 169)

On donne une liste d'atomes l. On demande d'écrire une fonction récursive `frequency` qui produit (sous forme de liste associative) une table de fréquence d'apparition de chacun des atomes dans la liste l.
```
? (frequency '(a 1 a 2 2 2 u u))
= ((u . 2) (2 . 3) (a . 2) (1 . 1))
```

Exercice 2.12 *(solution page 170)*

Soit un nombre n et une liste l ; la liste l est composée uniquement de nombres ou de symboles atomiques. On demande d'écrire une fonction appear qui a pour valeur la liste des éléments apparaissant au moins n fois dans l.

```
? (appear '(a 1 a 2 2 2 u b u) 2)
= (u 2 a)
```

Exercice 2.13 *(solution page 170)*

Définir la fonction odds qui prend une liste de symboles en entrée et qui a pour valeur la liste de tous les symboles de rang impair.

```
? (odds '(a b c d e f))
= (a c e)
? (odds '(a b c d e f g))
= (a c e g)
```

Exercice 2.14 *(solution page 170)*

Définir la fonction alternate qui prend une liste de symboles en entrée et qui retourne la liste où les symboles de rang pair ont été permutés avec les symboles de rang impair ; c'est-à-dire que l'on permute le premier et le deuxième éléments, le troisième et le quatrième, et ainsi de suite.

```
? (alternate '(a b c d e f))
= (b a d c f e)
? (alternate '(a b c d e f g))
= (b a d c f e g)
```

Exercice 2.15 *(solution page 171)*

Définir la fonction stammer prenant une liste de symboles en argument, et retournant une liste où tous les symboles sont répétés.

```
? (stammer '(a b c d))
= (a a b b c c d d)
```

Exercice 2.16 *(solution page 171)*

Définir la fonction stammer-n prenant une liste de symboles et un nombre n en arguments et retournant une liste où tous les symboles sont répétés n fois.

```
? (stammer-n '(hello my dear) 4)
= (hello hello hello hello my my my my dear dear dear dear)
```

Exercice 2.17 *(solution page 171)*

Définir la fonction unique prenant une liste de symboles en entrée et retournant une liste où toutes les occurrences successives d'un symbole sont remplacées par un seul symbole. Dans le second exemple, nous faisons référence à la fonction stammer-n définie à l'exercice 2.16 (page 16/171).

```
? (unique '(a a a b b a a a c c))
= (a b a c)
? (unique (stammer-n '(hello my dear) 4))
= (hello my dear)
```

Exercice 2.18 *(solution page 172)*

Définir la fonction first-occurrence qui prend une liste l en entrée et dont le résultat est la liste formée des éléments différents de l ordonnés selon leur ordre de première apparition dans l. Dans le second exemple, nous faisons à nouveau référence à la fonction stammer-n définie à l'exercice 2.16 (page 16/171).

```
? (first-occurrence '(a a a b b a a a c c))
= (a b c)
? (first-occurrence (stammer-n '(hello my dear) 4))
= (hello my dear)
```

Comparer first-occurrence et unique de l'exercice 2.17 (page 17/171).

Exercice 2.19 *(solution page 172)*

Écrire la fonction substitute prenant un symbole old, une valeur quelconque new et une liste l et retournant la liste l dont les occurrences de old sont remplacées par la valeur new.

```
? (substitute 'c '(a b) '(a c (a b c) c b))
= (a (a b) (a b c) (a b) b)
```

Exercice 2.20 *(solution page 173)*

Soit à écrire la fonction list-ref retournant l'élément de position n dans une liste l. Attention, le premier élément d'une liste est en position zéro.

```
? (list-ref '(a b c d e) 0)
= a
? (list-ref '(a b c d e) 3)
= d
```

Exercice 2.21 *(solution page 173)*

Concevoir la fonction `list-tail` appliquant successivement n fois la fonction `cdr` à une liste l donnée.

```
? (list-tail '(a b c d e) 0)
= (a b c d e)
? (list-tail '(a b c d e) 3)
= (d e)
```

Exercice 2.22 *(solution page 173)*

Définir une fonction `associate` prenant en entrée une liste l de symboles, un vecteur `vect` et un symbole s. Elle retourne `#f` si le symbole s n'appartient pas à la liste de symboles l et elle retourne une paire si s appartient à la liste l ; la paire est composée de la position du symbole dans la liste et de la valeur du vecteur à cette position.

```
? (associate '(a b c) '#(10 20 30) 'b)
= (1 . 20)
? (associate '(a b c) '#(10 20 30) 'd)
= #F
```

Exercice 2.23 *(solution page 174)*

On demande d'écrire une fonction `give-cards` qui prend trois arguments :
- Une liste de cartes (la représentation d'une carte n'est pas précisée et la fonction `give-cards` doit en être indépendante).
- Le nombre de joueurs.
- La façon de distribuer les cartes (il s'agit d'une liste de nombres, par exemple (4 5 4) signifie que chaque joueur reçoit d'abord 4 cartes, ensuite chaque joueur en reçoit 5, et ensuite 4).

Elle retourne une paire pointée composée de la liste des cartes distribuées à chaque joueur et de la liste des cartes éventuellement restantes.

```
(define cards '(a1 a2 a3 a4 a5
                b1 b2 b3 b4 b5
                c1 c2 c3 c4 c5
                d1 d2 d3 d4 d5))
? (car (give-cards cards 4 '(1 2 1)))
= ((a1 b1 a5 c3) (a2 b3 b2 c4) (a3 b5 b4 c5) (a4 c2 c1 d1))
? (cdr (give-cards cards 4 '(1 2 1)))
= (d2 d3 d4 d5)
```

Exercice 2.24 *(solution page 175)*

Écrire une fonction `follow` qui, pour un symbole s et une liste de symboles l, retourne l'ensemble de tous les symboles dans l qui suivent directement les occurrences de s. Lorsque le symbole s apparaît en dernière position de la liste il n'est suivi par aucun autre symbole. Conventionnellement, on *choisit* de retourner la liste vide pour marquer ce fait.

```
? (follow 'b '(a b c b d e))
= (c d)
? (follow 'b '(a b c b d b))
= (c d ())
? (follow 'b '(a b b d b e))
= (b d e)
```

Exercice 2.25 *(solution page 175)*

Écrire une fonction `precede` qui, pour un symbole s et une liste de symboles l, retourne l'ensemble de tous les symboles dans l qui apparaissent directement avant les occurrences de s. Lorsque le symbole s apparaît en première position de la liste il n'est précédé par aucun autre symbole. Conventionnellement, on *choisit* de retourner la liste vide pour marquer ce fait.

```
? (precede 'b '(a b c b d e))
= (a c)
? (precede 'b '(a b c b b d))
= (a c b)
? (precede 'b '(b a c b d b))
= (() c d)
```

Exercice 2.26 *(solution pages 175-176)*

Définir une fonction `pairlis` recevant deux listes de même longueur l1 et l2 et construisant une liste associative associant chaque élément de l1 avec l'élément correspondant de l2.

```
? (pairlis '(a b c) '(1 2 3))
= ((a . 1) (b . 2) (c . 3))
```

Exercice 2.27 *(solution page 176)*

Écrire la fonction `all-pairs` qui prend deux listes en arguments et qui retourne la liste de toutes les paires que l'on peut former en « consant » un élément de la première liste à un élément de la seconde.

```
? (all-pairs '(1 2) '(a b c))
= ((1 . a) (1 . b) (1 . c) (2 . a) (2 . b) (2 . c))
```

Exercice 2.28 *(solution pages 176–177)*

Définir une fonction `binary-sum` prenant en arguments deux nombres binaires et dont le résultat est le nombre binaire résultant de leur somme. Les nombres sont représentés sous forme de liste de chiffres 0 ou 1 en commençant par les bits de poids faible.

```
? (binary-sum '(0 1 1) '(0 1 0 0 1))
= (0 0 0 1 1)
```

Exercice 2.29 *(solution page 177)*

Définir une fonction `binary-mult` prenant en arguments deux nombres binaires et dont le résultat est le nombre binaire résultant de leur produit. Les nombres sont représentés sous forme de liste de chiffres 0 ou 1 en commençant par les bits de poids faible.

```
? (binary-mult '(1 0 1 1) '(1 1))
= (1 1 1 0 0 1)
```

Il est permis d'utiliser la fonction `binary-sum` écrite à l'exercice 2.28 (page 20/176–177).

Exercice 2.30 *(solution pages 177–178)*

On peut représenter un nombre en chiffres romains par une liste constituée des symboles M D C L X V I dont les valeurs sont respectivement 1000 500 100 50 10 5 1. De plus, dans un nombre exprimé en chiffres romains, la valeur d'une lettre dépend de sa position dans la représentation : par exemple la combinaison XI représente le nombre 11 tandis que la combinaison IX représente le nombre 9. De manière générale, la valeur d'une lettre est comptée négativement quand elle précède une lettre de valeur supérieure et positivement dans le cas contraire. Écrire la fonction `roman->int` qui convertit un nombre romain dans l'entier correspondant.

```
? (roman->int '(M C M L X X X I V))
= 1984
? (roman->int '(M C M X C I X))
= 1999
? (roman->int '(C M X C I X))
= 999
```

Exercice 2.31 *(solution pages 178–179)*

On représente un polynôme de degré n (à une variable X) $A_0 + A_1 X + \ldots + A_n X^n$ sous la forme de la liste de ses coefficients (A$_0$ A$_1$ ... A$_n$). On demande d'écrire les quatre fonctions suivantes :
- sum-poly qui additionne deux polynômes quelconques P1 et P2,
- mult-constant qui multiplie un polynôme P par une constante C,
- mult-var qui multiplie un polynôme P par la variable X,
- mult-poly qui multiplie deux polynômes quelconques P1 et P2.

```
? (sum-poly '(1 2 1) '(0 1 2 1))
= (1 3 3 1)
? (mult-constant 5 '(1 2 1))
= (5 10 5)
? (mult-var '(1 2 1))
= (0 1 2 1)
? (mult-poly '(1 2 1) '(0 1 2 1))
= (0 1 4 6 4 1)
```

Définition 2 *Une relation binaire R sur un ensemble S est un ensemble de paires (x, y) avec $x, y \in S$. On définit trois propriétés :*

1. *Une relation R est réflexive, si pour tout $x \in S$, alors $(x, x) \in R$.*
2. *Une relation R est symétrique, si pour tout $x, y \in S$ tels que $(x, y) \in R$, alors $(y, x) \in R$.*
3. *Une relation R est transitive, si pour tout $x, y, z \in S$ tels que $(x, y) \in R$ et $(y, z) \in R$, alors $(x, z) \in R$.*

Dans les exercices qui suivent, nous représentons une relation par une liste associative, chaque couple de la relation étant une paire de cette liste.

Exercice 2.32 *(solution page 179)*

On demande de programmer la fonction reflexive? déterminant si la relation est réflexive. Dans le premier exemple, la paire (a . a) ne fait pas partie de la relation ; celle-ci n'est donc pas réflexive.

```
? (reflexive?
    '((a . b) (a . d) (b . b) (d . a) (d . d)))
= #F
? (reflexive? '((b . b) (d . d)))
= #T
```

Exercice 2.33 *(solution page 180)*

Définir la fonction `symmetric?` qui détermine si une relation est symétrique. Dans le premier exemple, le couple (a . b) ne possède pas de symétrique.

```
? (symmetric?
    '((a . b) (a . d) (b . b) (d . a) (d . d)))
= #F
? (symmetric?
    '((a . b) (b . a) (b . b) (d . a) (a . d)))
= #T
```

Exercice 2.34 *(solution page 180)*

Écrire la fonction `transitive?` qui détermine si une relation est transitive.

```
? (transitive?
    '((a . a)
      (a . b)
      (a . d)
      (b . b)
      (d . a)
      (d . b)
      (d . d)))
= #T
```

Exercice 2.35 *(solution pages 180–181)*

On représente un ensemble par une liste dont les éléments ne sont pas ordonnés et sont sans répétition. On demande de définir les fonctions `set-intersection`, `set-union` et `set-difference` opérant sur ces ensembles.

```
? (set-intersection '(a b c d e) '(b x d y z))
= (b d)
? (set-union '(a b c d e) '(b x d y z))
= (a c e b x d y z)
? (set-difference '(a b c d e) '(b x d y z))
= (a c e)
```

Exercice 2.36 *(solution page 181)*

Soient deux listes de nombres ordonnées par la relation $\leq$. Définir la fonction `merge` qui fusionne ces deux listes en une liste ordonnée. Les doublons sont acceptés dans les arguments et dans le résultat.

```
? (merge '(2 6 18 54) '(1 3 9 18 27 81))
= (1 2 3 6 9 18 18 27 54 81)
```

Exercice 2.37 *(solution page 181)*

Écrire une fonction `split` prenant deux arguments : une liste l et un prédicat unaire `pred`. `split` a pour valeur `#f` si aucun élément de l ne vérifie le prédicat `pred`, sinon `split` a pour valeur une paire composée de deux listes l1 et l2 telles que `(append l1 l2)` est égale à l et telles que l2 a pour premier élément, le premier élément de l satisfaisant `pred`.
```
? (split '(1 2 3 4 -1 7 8 9 10) negative?)
= ((1 2 3 4) -1 7 8 9 10)
```

Exercice 2.38 *(solution page 182)*

Écrire une fonction `filter+` prenant en arguments une liste l et un prédicat unaire. Elle a pour valeur la liste des éléments de l satisfaisant le prédicat *et* la liste de ceux ne le satisfaisant pas.
```
? (filter+ '(1 -2 3 4 -1 7 8 -9 10) negative?)
= ((-2 -1 -9) 1 3 4 7 8 10)
```

Définition 3 *Une liste s est un suffixe d'une liste l, s'il existe une liste x telle que la concaténation de x et s donne l :* `(equal? l (append x s))`.

Exercice 2.39 *(solution page 182)*

Définir une fonction `suffix` retournant tous les suffixes d'une liste. L'ordre dans lequel les suffixes sont retournés n'est pas imposé ; nous affichons ici tous les suffixes ordonnés par taille décroissante.
```
? (suffix '(s u f f i x))
= ((s u f f i x) (u f f i x) (f f i x) (f i x) (i x) (x) ())
```

Définition 4 *Une liste p est un préfixe d'une liste l, s'il existe une liste x telle que la concaténation de p et x donne l :* `(equal? l (append p x))`.

Exercice 2.40 *(solution pages 182–183)*

Définir la fonction `prefix` qui retourne la liste de tous les préfixes d'une liste donnée. L'ordre dans lequel les préfixes sont retournés n'est pas imposé ; nous affichons ici tous les préfixes ordonnés par taille décroissante.
```
? (prefix '(p r e f i x))
= ((p r e f i x) (p r e f i) (p r e f) (p r e) (p r) (p) ())
```

Exercice 2.41 *(solution pages 183–184)*

La fonction `is-suffix?` attend deux arguments l1 et l2 et rend la valeur vraie si et seulement si la liste l1 est suffixe de la liste l2. C'est notamment le cas lorsque la liste l1 résulte d'une application répétée (éventuellement nulle) de la fonction cdr sur l2.

```
? (is-suffix? '(1 2 3) '(4 3 2 1 2 3))
= #T
? (is-suffix? '(1 2 3) '(4 3 2 1 2))
= #F
```

Exercice 2.42 *(solution pages 184–185)*

La fonction `common-suffix` a pour valeur la plus longue des sous-listes qui sont suffixes communs à l1 et l2 passés en arguments.

```
? (common-suffix
     '(73 45 3 4 56 5 6 8)
     '(3 4 5 6 8))
= (5 6 8)
? (common-suffix '(73 45 3 4 56 5 6 8) '(3 4 5))
= ()
```

Exercice 2.43 *(solution page 185)*

Soient les listes l1 et l2. Construire la fonction (upto l1 l2) qui retourne la liste des éléments de l2 qui précèdent ceux de l1 si l1 est un suffixe de l2, et #f sinon.

```
? (upto '(c d e) '(a b c d e))
= (a b)
? (upto '(a d e) '(a b c d e))
= #F
```

Exercice 2.44 *(solution page 185)*

Soit à programmer la fonction `subsets` qui retourne la liste de tous les sous-ensembles d'un ensemble décrit par une liste.

```
? (subsets '(a b c))
= (() (c) (b) (b c) (a) (a c) (a b) (a b c))
```

Exercice 2.45 *(solution page 186)*

Soit un alphabet décrit par une liste de symboles. Écrire une fonction words qui engendre la liste des mots de longueur n pouvant être écrits dans cet alphabet. Il est permis de répéter un même symbole dans un mot.

```
? (words 2 '(a b c))
= ((a a) (b a) (c a) (a b) (b b) (c b) (a c) (b c) (c c))
```

Définition 5 *Soit une liste* l. *On définit une séquence de* l *comme une suite non vide d'éléments apparaissant à des positions successives dans* l ; *une séquence est elle-même représentée par une liste.*

Exercice 2.46 *(solution page 186)*

Définir la fonction sequences qui retourne la liste de toutes les séquences d'une liste donnée.

```
? (sequences '(a b c d))
= ((a)
   (a b)
   (a b c)
   (a b c d)
   (b)
   (b c)
   (b c d)
   (c)
   (c d)
   (d))
```

Exercice 2.47 *(solution page 187)*

Définir la fonction parts qui retourne la liste de toutes les façons possibles de découper une liste l donnée. Un découpage d'une liste l est une liste de séquences de l telles que la concaténation des séquences donne l.

```
? (parts '(a b c))
= (((a) (b) (c)) ((a) (b c)) ((a b) (c)) ((a b c)))
```

Exercice 2.48 *(solution pages 187–188)*

Soit une liste l et un nombre entier x strictement positif. On suppose que x n'excède pas la taille de la liste l. On demande de trouver toutes les façons de partager la liste l en x séquences non vides telles que la concaténation de celles-ci redonne la liste l.

```
? (separate '(a b c d) 3)
= (((a) (b) (c d)) ((a) (b c) (d)) ((a b) (c) (d)))
```

Définition 6 *Une partition d'un ensemble E est un ensemble de sous-ensembles de E, non vides et deux à deux disjoints, telle que la réunion de ces sous-ensembles donne E.*

Exercice 2.49 *(solution pages 188–189)*

Écrire une fonction qui donne toutes les partitions d'un ensemble donné. On représente les ensembles par des listes sans répétitions.

```
? (partition '(a b c))
= (((a) (b) (c))
   ((a) (b c))
   ((a b) (c))
   ((b) (a c))
   ((a b c)))
```

Exercice 2.50

On a une collection d'objets ; chaque objet a un *poids* (naturel ou nul) et une *utilité* (réel strictement positif). On se donne aussi un *poids maximal* (nombre naturel). Un *chargement* est une sous-collection d'objets ; le poids d'un chargement est naturellement la somme des poids des objets qu'il contient ; son utilité est la somme des utilités. Le problème consiste à déterminer le chargement d'utilité maximale, dont le poids n'excède pas le poids maximal. (Problème du « sac à dos » ou knapsack).

Solution de l'exercice 2.50

L'idée algorithmique consiste simplement à répartir les entités à considérer ou à dénombrer en deux classes que l'on traite séparément (appels récursifs), puis à combiner les deux résultats partiels.

Dans le cas de base, la collection est vide ou le poids maximal est nul ; la solution est alors le chargement vide, d'utilité nulle. Dans le cas inductif, la collection C n'est pas vide et le poids maximal Pm est strictement positif. Par rapport à un objet Obj de la collection, il y a deux types de chargements : ceux qui négligent Obj (type I) et ceux qui contiennent Obj (type II).

Un chargement de type I est relatif à la collection $C\backslash\{Obj\}$ et au poids maximal Pm. Un chargement de type II comporte Obj, plus un chargement relatif à la collection $C\backslash\{Obj\}$ et au poids maximal $Pm - p(Obj)$, avec $p(Obj)$ le poids de Obj ; le type II n'existe pas si $Pm < p(Obj)$.

La tactique est donc de calculer, séparément, les deux solutions optimales, relatives à une collection amputée d'un élément (parfois une seule, si $Pm < p(Obj)$), puis d'en déduire le chargement optimal pour la collection donnée.

On représentera une collection par une liste d'objets, chacun concrétisé par une paire dont le premier élément est son poids et le second son utilité.

```
(define make-object    cons)
(define object-weight  car)
(define object-utility cdr)
```

Un chargement sera représenté par une structure de données composée d'une sous-collection, d'un poids et d'une utilité de chargement.

```
(define make-load      list)
(define load-objects   car)
(define load-weight    cadr)
(define load-utility   caddr)
```

L'écriture du programme débute par le traitement du double cas de base : poids limite nul ou collection vide.

```
(define knapsack
  (lambda (max-weight collection)
    (if (or (= max-weight 0) (null? collection))
        (make-load '() 0 0)
        (...))))
```

La partie à préciser concerne le cas inductif. Son traitement requiert la distinction d'un objet Obj de C et pour savoir si on devra considérer une solution de type II, il faut comparer le poids de Obj au poids maximal ; on a :

```
(define knapsack
  (lambda (max-weight collection)
    (if (or (= max-weight 0) (null? collection))
        (make-load '() 0 0)
        (let ((obj (car collection)))
          (if (< max-weight (object-weight obj))
              (knapsack max-weight (cdr collection))
              (...))))))
```

Le cas simple où le poids de Obj excède max-weight étant réglé, il reste à calculer la solution de type I, appelée load1, et celle de type II, load2 ; ensuite l'on détermine si la solution cherchée est load1 ou la solution obtenue en ajoutant obj à load2.

```
(define knapsack
  (lambda (max-weight collection)
    (if (or (= max-weight 0) (null? collection))
```

```
        (make-load '() 0 0)
        (let ((obj (car collection)))
          (if (< max-weight (object-weight obj))
              (knapsack max-weight (cdr collection))
              (let ((load1 (knapsack max-weight
                                     (cdr collection)))
                    (load2 (knapsack (- max-weight
                                        (object-weight obj))
                                     (cdr collection))))
                (if (<= (+ (load-utility load2)
                           (object-utility obj))
                        (load-utility load1))
                    load1
                    (make-load (cons obj (load-objects load2))
                               (+ (object-weight obj)
                                  (load-weight load2))
                               (+ (object-utility obj)
                                  (load-utility load2)))))))))
```

Par exemple, considérons la collection d'objets suivante :

```
(define *collection*
  (list (make-object 4 9) (make-object 3 8) (make-object 2 4)
        (make-object 1 1) (make-object 2 3) (make-object 6 9)
        (make-object 5 5) (make-object 4 8) (make-object 1 2)
        (make-object 2 1) (make-object 1 2) (make-object 1 1)
        (make-object 7 9) (make-object 6 6) (make-object 5 4)
        (make-object 4 5) (make-object 3 2) (make-object 2 3)
        (make-object 2 2) (make-object 3 3)))
? (knapsack 0 *collection*)
= (() 0 0)
? (knapsack 5 *collection*)
= (((3 . 8) (1 . 2) (1 . 2)) 5 12)
? (knapsack 10 *collection*)
= (((4 . 9) (3 . 8) (2 . 4) (1 . 2)) 10 23)
? (knapsack 15 *collection*)
= (((4 . 9) (3 . 8) (2 . 4) (4 . 8) (1 . 2) (1 . 2)) 15 33)
? (knapsack 20 *collection*)
= (((4 . 9) (3 . 8) (2 . 4) (6 . 9) (4 . 8) (1 . 2)) 20 40)
```

Le problème du sac à dos utilise une technique de programmation générale, consistant à faire deux appels récursifs dans le cas inductif ; l'un est commencé avec l'intention d'ajouter le premier élément de la liste à la collection, tandis que l'autre a pour but de fournir un résultat négligeant ce premier élément. Nous utiliserons cette technique dans les quelques exercices qui suivent.

Exercice 2.51 (solution pages 189–190)

Écrire une fonction countdown prenant comme arguments un nombre naturel n et un ensemble collection de naturels non nuls, et retournant un sous-ensemble de collection, de taille minimale, et dont la somme des éléments vaut exactement n. Si un tel sous-ensemble n'existe pas, la fonction countdown retourne faux.

```
? (countdown 10 '(1 2 3 4 5 6))
= (4 6)
? (countdown 20 '(1 2 3 4 5 6))
= (2 3 4 5 6)
? (countdown 200 '(1 2 3 4 5 6))
= #F
```

Exercice 2.52 (solution pages 190–192)

On demande de définir une fonction max-sum-sequence qui pour une liste donnée retourne une séquence dont la somme des éléments est la plus grande. Si plusieurs séquences ont une somme maximale, on retournera la première rencontrée.

```
? (max-sum-sequence '(1 2 3 4 6 7 8 9 10))
= (1 2 3 4 6 7 8 9 10)
? (max-sum-sequence '(1 2 3 4 -6 7 8 9 10))
= (1 2 3 4 -6 7 8 9 10)
? (max-sum-sequence '(1 2 3 4 -60 7 8 10 9))
= (7 8 10 9)
```

Exercice 2.53 (solution pages 193–194)

Définir une fonction longest-increasing-sequence qui retourne la plus grande séquence croissante d'une liste de nombres. Si plusieurs séquences possèdent une même longueur maximale, on retournera la première rencontrée.

```
? (longest-increasing-sequence
    '(1 2 3 4 6 7 8 9 10))
= (1 2 3 4 6 7 8 9 10)
? (longest-increasing-sequence
    '(1 2 3 4 -6 7 8 9 10))
= (-6 7 8 9 10)
? (longest-increasing-sequence
    '(1 2 3 4 -60 7 8 10 9))
= (1 2 3 4)
```

***Exercice 2.54** (solution page 194)*

Le filtrage est une activité importante en Lisp (ou en ML) qui consiste à vérifier si une expression est conforme à un filtre. Le filtre est une description simple décrivant la forme que doit revêtir une expression pour être acceptable ou filtrée avec succès.

On considère pour l'instant des listes de symboles. Un filtre sera une liste de filtres élémentaires c'est-à-dire soit un symbole, soit un trou élémentaire noté ?-. Le filtre (foo ?- bar) accepte toute expression de trois termes dont le premier est le symbole foo et le dernier, le symbole bar. Le second peut être n'importe quoi.

Programmer cette fonction match1 dont voici quelques exemples :

```
? (match1 '(foo) '(foo ?- bar))
= #F
? (match1 '(foo bar bar) '(foo ?- bar))
= #T
? (match1 '(foo hux bar wix) '(foo ?- bar))
= #F
? (match1 '(foo hux bar wix) '(foo ?- bar ?-))
= #T
```

***Exercice 2.55** (solution page 194)*

Un nouveau filtre est créé, le trou extensible, noté ..., qui peut accepter un nombre quelconque de termes. Ainsi le filtre (foo ... bar) accepte-t-il toute liste débutant par foo et s'achevant par bar.

```
? (match2 '(foo bar) '(foo ... bar))
= #T
? (match2 '(foo hux bar) '(foo ... bar))
= #T
? (match2 '(foo hux bar wix bar) '(foo ... bar))
= #T
? (match2 '(foo hux bar wix bach) '(foo ... bar))
= #F
? (match2
    '(foo hux bar wix bach)
    '(foo ... bar ...))
= #T
```

Définition 7 *Soit un ensemble de registres représentés par des symboles. Un transfert de registres, ou encore transfert, est un ensemble de paires de registres. Le premier élément de chaque paire est appelé source, tandis que le second est nommé destination. Chaque paire* (r1 . r2) *d'un transfert signifie que le contenu de* r2 *après transfert est le contenu de* r1 *avant celui-ci.*

Le transfert de registres ((r3 . r1) (r1 . r2) (r2 . r3)) *est représenté dans la partie gauche de la figure 1, tandis que* ((r1 . r2) (r2 . r5) (r4 . r3) (r5 . r4)) *est représenté dans la partie droite de la figure 1. Un* transfert se doit d'être « déterministe » : le contenu d'un registre après transfert est donné par le contenu d'un seul registre avant transfert.

Afin de simplifier la résolution du problème, nous ne considérons que des transferts linéaires ou le contenu d'un registre n'est versé au plus que dans un registre. Plus formellement, un transfert linéaire T de registres $r_1, \ldots, r_n$ est un ensemble de paires de registres tel que si $(r_i, r_j) \in T$ et $(r_i, r_k) \in T$, alors $r_j = r_k$. De façon symétrique, si $(r_i, r_j) \in T$ et $(r_k, r_j) \in T$, alors $r_i = r_k$.

De plus, nous ne traitons ici que deux cas particuliers de transfert qui sont la rotation et le décalage de registres. La figure 1 contient à gauche un exemple de rotation et à droite un exemple de décalage.

Une rotation de registres $r_1, \ldots, r_n$ est un transfert linéaire composé de n paires $(r_n, r_{n-1}), \ldots, (r_i, r_{i-1}), \ldots, (r_2, r_1), (r_1, r_n)$. Un décalage de registres est un transfert linéaire qui n'est pas une rotation.

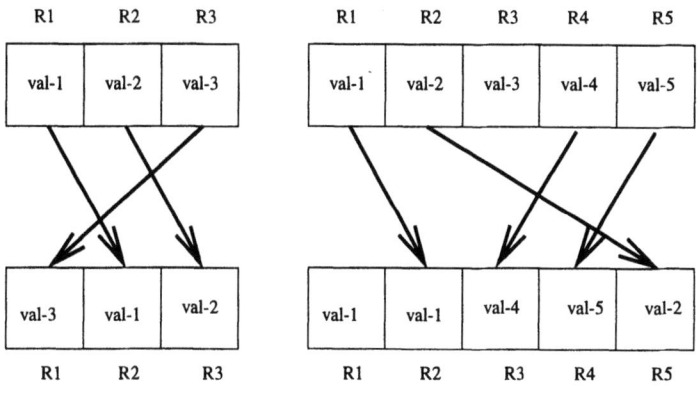

Figure 1 – Rotation et décalage

Un transfert de registres est déclaratif car il décrit l'état avant le transfert et l'état après celui-ci. Afin de réaliser un transfert, il faut déplacer les contenus des registres un à un. Chaque déplacement peut également être représenté par une paire de registres, le premier étant l'origine, et le second la destination. On appelle affectation une liste ordonnée de déplacements. Un transfert sera réalisé en exécutant tous les déplacements d'une affectation ; on peut donc considérer l'affectation comme un algorithme réalisant un transfert. Il existe deux types d'affectations.

1. L'affectation parallèle suppose qu'il existe autant de registres temporaires que de registres concernés par le transfert. Son exécution a pour effet de déplacer les contenus des registres dans autant de registres temporaires, et de déplacer ensuite le contenu de chaque registre temporaire dans le registre correspondant (partie gauche de la figure 2).

2. L'affectation séquentielle[1] suppose qu'il existe un seul registre temporaire. Son exécution a pour effet de déplacer le contenu d'un registre dans le registre tem-

---
[1] Pour une affectation parallèle, une machine parallèle peut effectuer les n premiers déplacements en parallèle, suivis des n suivants ; le temps d'exécution serait celui de deux déplace-

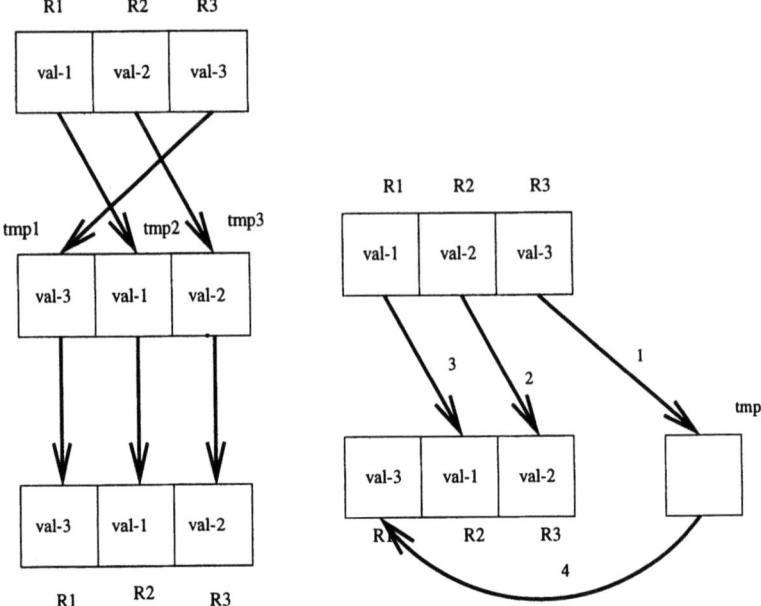

Figure 2 – Affectations parallèle et séquentielle

poraire, et de proche en proche à déplacer les contenus de registres jusqu'au dernier qui recevra le contenu du registre temporaire (partie droite de la figure 2).

Exercice 2.56 *(solution page 195)*

Définir un prédicat `linear-transfer?` qui vérifie qu'un transfert reçu en argument est linéaire, c'est-à-dire que le contenu d'un registre n'est versé que dans un registre, au plus. On vérifiera également que le transfert est déterministe. Dans le deuxième exemple, `r3` est deux fois source, tandis que `r1` est destination à deux reprises dans le troisième exemple.

```
? (linear-transfer?
     '((r1 . r2) (r2 . r3) (r3 . r1)))
= #T
? (linear-transfer?
     '((r1 . r2) (r2 . r3) (r3 . r1) (r3 . r4)))
= #F
? (linear-transfer?
     '((r1 . r2) (r2 . r3) (r3 . r1) (r2 . r1)))
= #F
? (linear-transfer?
```

---

ments. Au contraire une affectation séquentielle requiert l'exécution de $n+1$ déplacements successifs.

```
         '((r1 . r2) (r2 . r5) (r4 . r3) (r5 . r4)))
    = #T
```

Exercice 2.57 *(solution pages 195–196)*

Définir un prédicat `rotation?` qui indique si un transfert linéaire est une rotation.
```
? (rotation? '((r1 . r2) (r2 . r3) (r3 . r1)))
= #T
? (rotation?
         '((r1 . r2) (r2 . r5) (r4 . r3) (r5 . r4)))
= #F
```

Exercice 2.58 *(solution page 196)*

Définir un prédicat `shift?` qui indique si un transfert linéaire est un décalage ; ne pas utiliser `rotation?` pour son implantation.
```
? (shift? '((r1 . r2) (r2 . r3) (r3 . r1)))
= #F
? (shift?
         '((r1 . r2) (r2 . r5) (r4 . r3) (r5 . r4)))
= #T
```

Exercice 2.59 *(solution pages 196–197)*

On demande de définir la fonction `par-assign` prenant deux arguments : un transfert satisfaisant le prédicat `rotation?` de l'exercice 2.57 (page 33/195–196) et une liste de registres temporaires de même longueur que la rotation ; elle a pour valeur une affectation parallèle réalisant ce transfert.
```
? (par-assign
      '((r1 . r2) (r2 . r3) (r3 . r1))
      '(tmp1 tmp2 tmp3))
= ((r1 . tmp2)
   (r2 . tmp3)
   (r3 . tmp1)
   (tmp1 . r1)
   (tmp2 . r2)
   (tmp3 . r3))
```

Exercice 2.60 *(solution page 197)*

Écrire la fonction `seq-assign` qui prend en arguments une rotation (c'est-à-dire un transfert satisfaisant `rotation` ?) et un registre temporaire ; elle a pour valeur une affectation séquentielle qui implante la rotation.

```
? (seq-assign '((r1 . r2) (r2 . r1)) 'tmp)
= ((r2 . tmp) (r1 . r2) (tmp . r1))
? (seq-assign
    '((r1 . r2) (r2 . r3) (r3 . r1))
    'tmp)
= ((r2 . tmp) (r1 . r2) (r3 . r1) (tmp . r3))
```

Exercice 2.61 *(solution pages 197–198)*

On demande de définir la fonction `shift-assign` prenant en argument un transfert satisfaisant le prédicat `shift` ? de l'exercice 2.58 (page 33/196) ; elle a pour valeur l'affectation implantant le décalage. Le premier exemple est relatif à la partie droite de la figure 1 (page 31). On notera que l'union de deux décalages concernant des registres différents forme un décalage. Le décalage du troisième exemple est formé de l'union des deux précédents.

```
? (shift-assign
    '((r1 . r2) (r2 . r5) (r4 . r3) (r5 . r4)))
= ((r4 . r3) (r5 . r4) (r2 . r5) (r1 . r2))
? (shift-assign '((r7 . r8) (r6 . r7)))
= ((r7 . r8) (r6 . r7))
? (shift-assign
    '((r1 . r2)
      (r2 . r5)
      (r4 . r3)
      (r5 . r4)
      (r7 . r8)
      (r6 . r7)))
= ((r4 . r3)
   (r5 . r4)
   (r2 . r5)
   (r1 . r2)
   (r7 . r8)
   (r6 . r7))
```

CHAPITRE 3
Récursion sur les arbres binaires

Rappels

Dans ce chapitre, on manipule des arbres binaires, des S-expressions et des listes profondes. On présente d'abord une définition abstraite des arbres binaires ainsi qu'un simple schéma de récursion associé. Ensuite, on instancie cette définition et ce schéma aux S-expressions et aux listes profondes, qui sont des structures de données prédéfinies en Scheme.

L'ensemble des arbres binaires $\mathcal{B}$ est l'ensemble bien fondé défini par les règles suivantes :

1. Une *feuille* appartient à $\mathcal{B}$ et résulte de la construction d'un objet par le constructeur `make-leaf` ayant la signature suivante :

$$\texttt{make-leaf} \quad : \quad \langle value \rangle \to \langle leaf \rangle$$

   Cette fonction construit une feuille formée d'une valeur qui peut être obtenue par l'accesseur `leaf-content`.

$$\texttt{leaf-content} \quad : \quad \langle leaf \rangle \to \langle value \rangle$$

2. Un *nœud* appartient à $\mathcal{B}$ et résulte de la construction de deux arbres binaires par le constructeur `make-node` ayant la signature suivante :

$$\texttt{make-node} \quad : \quad \langle btree \rangle \times \langle btree \rangle \to \langle node \rangle$$

   Cette fonction construit un nœud formé d'un sous-arbre de gauche et d'un sous-arbre de droite, qui peuvent être obtenus par les accesseurs `node-left` et `node-right`.

$$\texttt{node-right, node-left} \quad : \quad \langle node \rangle \to \langle btree \rangle$$

3. Il n'y a pas d'autre moyen de construire un élément de $\mathcal{B}$.

$$\langle btree \rangle \quad ::= \quad \langle leaf \rangle \mid \langle node \rangle$$

Les nœuds sont reconnus par le prédicat `node?` et les feuilles par `leaf?`.

Le schéma de récursion sur les arbres binaires est semblable à la définition de l'ensemble des arbres binaires. Dans le *cas de base*, on traite une feuille pour laquelle on retourne un résultat directement. Le *cas inductif* concerne un nœud ; son traitement consiste à effectuer des appels récursifs sur les sous-arbres de gauche et de droite, et à en combiner les résultats. Schématiquement, une fonction récursive sur les arbres binaires s'écrit ainsi :

```
(define fonction
  (lambda (tree)
    (if (leaf? tree)
        (base (leaf-content tree))
        (combiner (fonction (node-left tree))
                  (fonction (node-right tree))))))
```

Ce schéma simple de récursion ne traite bien sûr pas tous les cas, mais il représente l'essence de la récursion sur les arbres binaires. Dans les exercices, on rencontrera d'autres variantes, où par exemple le résultat de l'appel sur le sous-arbre de gauche est utilisé lors de l'appel récursif à droite.

Dans certains énoncés, on utilisera une variante de la définition de $\mathcal{B}$ où les nœuds possèdent aussi une valeur. Leur constructeur make-vnode prend alors un argument supplémentaire et un nouvel accesseur node-content est défini.

$$\begin{array}{rl}\texttt{make-vnode} & : \langle value\rangle \times \langle btree\rangle \times \langle btree\rangle \to \langle node\rangle \\ \texttt{node-content} & : \langle node\rangle \to \langle value\rangle\end{array}$$

Les S-expressions de Scheme sont un cas particulier de la représentation abstraite des arbres binaires donnée ci-dessus. Le constructeur de nœud est la fonction cons dont les accesseurs car et cdr donnent les sous-arbres de gauche et de droite respectivement. Une valeur retournée par cons est appelée *paire pointée* ou encore *paire*, et est reconnue par le prédicat pair?. Par définition, une feuille est tout objet différent d'une paire. Les feuilles d'une S-expression sont couramment appelées *atomes* et sont reconnues par le prédicat ainsi défini :

```
(define atom?
  (lambda (x)
    (not (pair? x))))
```

On notera qu'il n'y a pas de constructeur explicite pour les atomes et que par conséquent il n'y a pas d'équivalent à l'accesseur leaf-content. Le schéma de récursion d'une fonction manipulant des S-expressions s'écrit de la façon suivante :

```
(define fonction
  (lambda (S-exp)
    (if (atom? S-exp)
        (base S-exp)
        (combiner (fonction (car S-exp))
                  (fonction (cdr S-exp))))))
```

Dans le chapitre 2, on a vu que la fonction `cons` pouvait être utilisée pour construire des listes plates.

$$\text{cons} : \langle value \rangle \times \langle list \rangle \rightarrow \langle non\ empty\ list \rangle$$

En fait, nous venons juste de voir que `cons` construit des paires, quels que soient ses arguments. Par conséquent, il est possible de définir un nouveau type de liste où les éléments peuvent être eux-mêmes des listes. On définit les listes profondes par la grammaire suivante :

$$\langle deep\ list \rangle \quad ::= \quad () \ | \ (\ \langle element \rangle\ .\ \langle deep\ list \rangle\ )$$
$$\langle element \rangle \quad ::= \quad \langle literal \rangle \ | \ \langle deep\ list \rangle$$
$$\langle literal \rangle \quad ::= \quad \langle number \rangle \ | \ \langle boolean \rangle \ | \ \langle symbol \rangle$$

Ces listes profondes sont aussi des S-expressions et l'on pourrait utiliser le schéma général de récursion des S-expressions pour les manipuler. En pratique, il est préférable d'utiliser un schéma de récursion plus approprié, qui utilise la propriété selon laquelle une liste se termine toujours par la liste vide à la fin de la chaîne des `cdr`.

Le cas de base est la liste vide. Dans le cas inductif, on procède récursivement sur le `cdr` et récursivement sur le `car` si ce dernier est une liste.

```
(define fonction
  (lambda (l)
    (if (null? l)
        base
        (if (list? (car l))
            (combiner1 (fonction (car l))
                       (fonction (cdr l)))
            (combiner2 (car l)
                       (fonction (cdr l)))))))
```

En lieu et place du test `(list? (car l))` dont le coût est proportionnel à la longueur de `(car l)`, on préfère utiliser `(or (pair? (car l)) (null? (car l)))` de coût constant.

Les commentaires de généralisation des schémas de récursion explicités au chapitre 2 sont également d'application dans ce chapitre.

Remarque. Nous avons présenté ici la notion d'arbre binaire *complet*, qui est soit une feuille soit un nœud composé de deux sous-arbres complets. Dans le chapitre 4, on verra des exemples d'arbres binaires pouvant avoir 0, 1 ou 2 fils. Dans ce chapitre, nous présentons les listes profondes comme un cas particulier de S-expressions ; les listes profondes sont également utilisées dans le chapitre 4, comme représentation des arbres n-aires.

§1. Exercices utilisant une représentation abstraite d'arbre binaire

Exercice 3.1

Définir la fonction `sum-tree` qui calcule la somme des valeurs aux feuilles d'un arbre binaire.

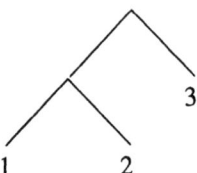

```
(define the-tree
  (make-node (make-node (make-leaf 1) (make-leaf 2))
             (make-leaf  3)))
? (sum-tree the-tree)
= 6
```

Solution de l'exercice 3.1

La fonction `sum-tree` suit le schéma de récursion sur les arbres binaires abstraits. Dans le cas de base, la somme d'une feuille est donnée par son contenu. Dans le cas inductif, on traite un nœud. On additionne les valeurs retournées par les appels récursifs sur les sous-arbres de gauche et de droite.

```
(define sum-tree
  (lambda (tree)
    (if (leaf? tree)
        (leaf-content tree)
        (+ (sum-tree (node-left tree))
           (sum-tree (node-right tree))))))
```

Exercice 3.2

Définir la fonction `sum-all-tree` qui calcule la somme des valeurs aux feuilles et aux nœuds d'un arbre binaire.

```
(define the-tree2
  (make-vnode 20
              (make-vnode 30
                          (make-leaf 1)
                          (make-leaf 2))
              (make-leaf  3)))
? (sum-all-tree the-tree2)
= 56
```

Solution de l'exercice 3.2

La fonction `sum-all-tree` est une variante de `sum-tree`. Seul le cas inductif change : on doit à présent ajouter la valeur contenue dans le nœud aux résultats des deux appels récursifs.

```
(define sum-all-tree
  (lambda (tree)
    (if (leaf? tree)
        (leaf-content tree)
        (+ (node-content tree)
           (sum-all-tree (node-left tree))
           (sum-all-tree (node-right tree))))))
```

Grâce à notre représentation abstraite d'arbre, on notera que la fonction `sum-tree` définie à l'exercice 3.1 (page 38) reste applicable sur les arbres dont les nœuds possèdent une valeur.

Définition 8 *La frondaison d'un arbre binaire est la liste de toutes ses feuilles obtenues par un parcours en profondeur de gauche à droite.*

Exercice 3.3

Définir la fonction `fringe` qui calcule la frondaison d'un arbre binaire.
```
? (fringe the-tree)
= (1 2 3)
```

Solution de l'exercice 3.3

Dans le cas de base, la frondaison d'une feuille est donnée par son contenu retourné dans une liste. Dans le cas inductif, on calcule les frondaisons des sous-arbres de gauche et droite ; on concatène ensuite les résultats obtenus.

```
(define fringe
  (lambda (tree)
    (if (leaf? tree)
        (list (leaf-content tree))
        (append (fringe (node-left tree))
                (fringe (node-right tree))))))
```

Cette définition est malheureusement inefficace car chaque appel de `append` copie son premier argument. A la place, on préfère `fringe2` une version avec un paramètre accumulant `acc` qui contient la frondaison du sous-arbre déjà parcouru. Dans le cas de base, lorsque l'on rencontre une feuille, son contenu peut simplement être ajouté en tête du paramètre accumulant. Dans le cas inductif, on appelle récursivement la fonction sur le sous-arbre de droite (en passant le paramètre `acc` courant). Le résultat est la frondaison du sous-arbre qui apparaît à la droite du sous-arbre de gauche ; ce résultat est passé comme paramètre accumulant lors de l'appel récursif sur le sous-arbre de gauche.

```
(define fringe2
  (lambda (tree)
    (fringe-aux tree '())))
(define fringe-aux
  (lambda (tree acc)
    (if (leaf? tree)
        (cons (leaf-content tree) acc)
        (fringe-aux (node-left tree)
                    (fringe-aux (node-right tree) acc)))))
```

Si l'on avait procédé à l'appel récursif sur le sous-arbre de gauche avant l'appel sur celui de droite, on aurait alors construit la frondaison renversée.

Autre solution de l'exercice 3.3

Une troisième variante consiste à gérer explicitement une pile d'arbres dont il reste à calculer la frondaison. Cette pile est représentée par une liste. Initialement, la pile est définie par la liste contenant l'arbre reçu en argument. La récursion devient alors une récursion sur une liste plate. Si la pile est vide, la frondaison est la liste vide. Si la tête de la pile est un arbre, deux cas sont possibles. Si l'arbre est une feuille, celle-ci doit être ajoutée en tête de la frondaison obtenue par traitement du reste de la pile. Si l'arbre est un nœud, ses fils de gauche et droite sont placés en tête de la pile (après avoir enlevé l'arbre) ; on procède alors récursivement avec la nouvelle pile.

```
(define fringe3
  (lambda (tree)
    (let f3 ((stack (list tree)))
      (cond ((null? stack) '())
            ((leaf? (car stack))
             (cons (leaf-content (car stack))
                   (f3 (cdr stack))))
            (else (f3 (cons (node-left (car stack))
                            (cons (node-right (car stack))
                                  (cdr stack)))))))))
```

On remarquera que le second appel récursif se fait sur une liste qui est plus longue que celle reçue en argument. On pourrait dès lors se demander si cette fonction termine. Cette fonction se comporte correctement car s'il est vrai que la longueur de la pile augmente, le nombre de nœuds qu'elle contient a en fait diminué.

Exercice 3.4

Donnez trois représentations possibles des arbres binaires.

Solution de l'exercice 3.4

La première solution utilise une représentation sous forme de paires. Elle suppose que les valeurs représentées aux feuilles ne sont pas des paires.

```
(define make-node1
  (lambda (left right)
    (cons left right)))
(define make-leaf1
  (lambda (value) value))
```

Les accesseurs gauche et droite sont simplement les primitives car et cdr, et le prédicat pour un nœud est défini en terme de pair?.

```
(define node-left1 car)
(define node-right1 cdr)
(define node1? pair?)
```

Une feuille est définie comme n'étant pas une paire ; l'accesseur à son contenu est la fonction identité.

```
(define leaf1?
  (lambda (tree)
    (not (pair? tree))))
(define leaf-content1
  (lambda (x) x))
```

La deuxième représentation se base sur des vecteurs. Un nœud est formé d'un vecteur composé d'une étiquette unique representation2-tag, du symbole n et des deux sous-fils.

```
(define make-node2
  (lambda (left right)
    (vector representation2-tag 'n left right)))
(define node-left2
  (lambda (node)
    (vector-ref node 2)))
(define node-right2
  (lambda (node)
    (vector-ref node 3)))
(define node2?
  (lambda (tree)
    (and (vector? tree)
         (eq? (vector-ref tree 0) representation2-tag)
         (eq? (vector-ref tree 1) 'n))))
(define representation2-tag "bt")
```

Une feuille est un vecteur composé d'une étiquette unique, du symbole l et d'un contenu.

```
(define make-leaf2
  (lambda (value)
    (vector representation2-tag 'l value)))
(define leaf2?
  (lambda (tree)
    (and (vector? tree)
         (eq? (vector-ref tree 0) representation2-tag)
         (eq? (vector-ref tree 1) 'l))))
(define leaf-content2
```

```
    (lambda (node)
      (vector-ref node 2)))
```

La troisième solution utilise des représentations explicites et uniques pour les nœuds et feuilles. De plus, dans cette représentation, on autorise des valeurs aux nœuds.

```
(define make-node3
  (lambda (value left right)
    (cons node-tag3 (cons value (cons left right)))))
(define make-leaf3
  (lambda (value)
    (cons leaf-tag3 value)))
(define node-tag3 "node3")
(define leaf-tag3 "leaf3")
(define node-left3 caddr)
(define node-right3 cdddr)
(define node3?
  (lambda (tree)
    (and (pair? tree)
         (eq? (car tree) node-tag3))))
(define leaf3?
  (lambda (tree)
    (and (pair? tree)
         (eq? (car tree) leaf-tag3))))
(define leaf-content3 cdr)
(define node-content3 cadr)
```

Exercice 3.5 *(solution page 199)*

Définir une fonction `nbr-leaves` qui donne le nombre de feuilles d'un arbre binaire.

```
? (nbr-leaves the-tree)
= 3
```

Exercice 3.6 *(solution page 199)*

Definir une fonction `sum-annotate` qui reçoit un arbre en argument et qui construit un nouvel arbre où la valeur de chaque nœud est donnée par la somme des feuilles accessibles depuis ce nœud. Le résultat est ici affiché en utilisant la troisième représentation de l'exercice 3.4 (page 40–42).

```
? (sum-annotate the-tree2)
= ("node3"
    6
    ("node3" 3 ("leaf3" . 1) "leaf3" . 2)
    "leaf3"
    .
    3)
```

Définition 9 *La* profondeur *d'un arbre binaire est donnée par le nombre maximum d'opérations successives* `node-left` *ou* `node-right` *que l'on peut exécuter sur cet arbre.*

Exercice 3.7 (solution page 200)

Soit à concevoir la fonction `depth` qui donne la profondeur d'un arbre binaire.
```
? (depth the-tree)
= 2
```

Exercice 3.8 (solution page 200)

Écrire une fonction `depth-annotate` qui prend un arbre en entrée et qui retourne un arbre dont la valeur de chaque feuille est remplacée par sa profondeur par rapport à la racine. Le résultat de l'exemple suivant est obtenu en utilisant la représentation sous forme de S-expression de l'exercice 3.4 (page 40–42).
```
? (depth-annotate the-tree)
= ((2 . 2) . 1)
```

Définition 10 *Soit la définition inductive d'*arbre équilibré. *Une feuille d'un arbre est équilibrée. Un arbre est équilibré si son sous-arbre de gauche est équilibré, si son sous-arbre de droite est équilibré, et si les profondeurs de ses deux sous-arbres ne diffèrent que d'une unité au plus.*

Exercice 3.9 (solution page 201)

Écrire une fonction `balanced?` qui détermine si un arbre est équilibré.
```
? (balanced? the-tree)
= #T
```

Définition 11 *On appelle un* chemin *une liste de symboles* `l` *et* `r` *(correspondant aux opérations gauche et droite). Un chemin indique une séquence d'accesseurs qui peut être appliquée à un arbre en partant de sa racine. Le symbole* `l` *indique le sous-arbre de gauche et le symbole* `r` *celui de droite.*

Exercice 3.10 (solution pages 201-202)

Écrire une fonction `after-path` prenant un chemin et un arbre et retournant un sous-arbre de ce dernier obtenu en appliquant les opérations indiquées par le chemin. Le résultat de l'exemple suivant est obtenu en utilisant la représentation sous forme de S-expression de l'exercice 3.4 (page 40–42).
```
? (after-path '(l r) the-tree)
= 2
```

Exercice 3.11 *(solution page 202)*

Soit à définir la fonction map-tree prenant un arbre binaire tree et une fonction en entrée et construisant un arbre de même forme que tree où chaque feuille est le résultat de l'application de la fonction sur la feuille correspondante de tree. Dans l'exemple suivant, l'arbre binaire retourné par map-tree est une S-expression selon la première représentation de l'exercice 3.4 (page 40–42).

```
? (map-tree (lambda (x) (+ x 1)) the-tree)
= ((2 . 3) . 4)
```

Exercice 3.12 *(solution pages 202–203)*

Soit un arbre binaire tree. On souhaite construire un nouvel arbre binaire de même structure que tree où les feuilles satisfaisant un prédicat pred sont conservées et celles ne le satisfaisant pas sont remplacées par la feuille formée du symbole bottom (que l'on réserve à cet usage).

Ensuite, on veut construire un nouvel arbre binaire qui ne contient plus aucune occurrence de bottom ; l'on réorganise un arbre binaire en fonction de ses fils de gauche et de droite selon les règles schématiques décrites ci-dessous. Par exemple, dans le premier cas, si le fils de gauche d'un arbre est bottom et que le fils de droite est un arbre, alors le résultat est le fils de droite.

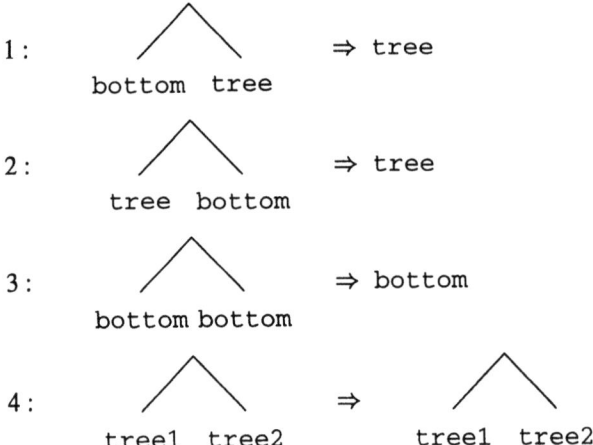

Ces règles seront appliquées récursivement jusqu'à ce que tous les symboles bottom soient éliminés ou jusqu'à ce que l'arbre binaire se réduise à la seule feuille bottom.

On demande de programmer une fonction reorganise-tree pour résoudre ce problème, en se basant sur les fonctions annotate-tree, shrink-tree et reorganise-tree.

- La fonction `annotate-tree` prend un arbre binaire `tree` et un prédicat `pred` en arguments ; elle a pour valeur un arbre dont les feuilles ne satisfaisant pas un prédicat `pred` sont remplacées par `bottom`. Il est permis d'utiliser la fonction `map-tree` vue à l'exercice 3.11 (page 44/202).
- La fonction `shrink-tree` réorganise récursivement un arbre `tree` en éliminant les occurrences de `bottom` selon la méthode ci-dessus.
- La fonction `reorganise-tree` élimine les feuilles d'un arbre `tree` ne satisfaisant pas un prédicat `pred`.

```
? (annotate-tree odd? the-tree)
= ((1 . bottom) . 3)
? (reorganise-tree odd? the-tree)
= (1 . 3)
```

Exercice 3.13 (solution pages 203–205)

On représente un arbre généalogique de la façon suivante. Un arbre généalogique est une liste associative ; à chaque symbole (représentant un nom) on associe deux informations : le père et la mère (représentés aussi par leur nom). On suppose qu'il y a unicité des noms dans l'arbre généalogique. On demande d'écrire les fonctions suivantes :
- `father` retourne le père d'un individu ;
- `mother` retourne la mère d'un individu ;
- `brother-or-sister?` indique si deux individus sont frères ou sœurs ;
- `ancestor?` indique si un individu est un ancêtre d'un autre ;
- `oldest-ancestor` recherche le ou les plus vieux ancêtres d'un individu. Par plus vieux, on entend celui par rapport auquel la différence de génération est la plus grande.

On supposera qu'on est en présence d'une famille où l'arbre généalogique est bien un arbre et non pas un graphe.

```
(define *tree* '( (john dave lucy)
                  (dave bob  rachel)
                  (ann dave lucy)
                  (bob steve fiona)))
? (father 'john *tree*)
= dave
? (mother 'john *tree*)
= lucy
? (father 'julian *tree*)
= #F
? (ancestor? 'john 'steve *tree*)
= #T
? (ancestor? 'julian 'steve *tree*)
= #F
? (oldest-ancestor 'john *tree*)
= (steve fiona)
```

```
? (oldest-ancestor 'julian *tree*)
= #F
```

§2. Exercices sur les S-expressions

Exercice 3.14

Définir la fonction `nbr-atoms` qui calcule le nombre d'atomes dans une S-expression.
```
? (nbr-atoms '((a . b) c . d))
= 4
? (nbr-atoms '((a b) (c d)))
= 7
? (nbr-atoms '((()) (() (()))))
= 7
```

Solution de l'exercice 3.14

Dans le cas de base, on traite un atome et la fonction `nbr-atoms` retourne 1. Dans le cas inductif, on somme les appels récursifs sur le `car` et le `cdr` de la paire reçue.
```
(define nbr-atoms
  (lambda (S-exp)
    (if (atom? S-exp)
        1
        (+ (nbr-atoms (car S-exp))
           (nbr-atoms (cdr S-exp))))))
```

Exercice 3.15 (solution page 205)

Définir la fonction `nbr-pairs` retournant le nombre de paires utilisées dans une S-expression.
```
? (nbr-pairs '((1 a (#t) b) c))
= 7
```

Exercice 3.16 (solution page 205)

Définir une fonction `Sexp->tree` qui convertit une S-expression en un arbre ayant la deuxième représentation, sous forme de vecteur, de l'exercice 3.4 (page 40–42).
```
? (Sexp->tree '((A . B) . C))
= #("bt"
    n
    #("bt" n #("bt" 1 A) #("bt" 1 B))
    #("bt" 1 C))
```

Exercice 3.17 *(solution pages 205–206)*

Définir une fonction Sexp->vtree qui prend une S-expression et construit un arbre ayant la troisième représentation de l'exercice 3.4 (page 40–42), où le contenu de chaque nœud est donné par une énumération selon l'ordre de parcours. Par exemple, la S-expression ((a . b) . (c . d)) sera convertie en l'arbre suivant :

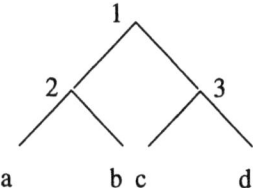

dont la représentation interne est ainsi.
```
? (Sexp->vtree '((a . b) c . d))
= ("node3"
   1
   ("node3" 2 ("leaf3" . a) "leaf3" . b)
   "node3"
   3
   ("leaf3" . c)
   "leaf3"
   .
   d)
```

Définition 12 *L'image réfléchie* selon une symétrie de miroir *d'un arbre binaire est définie de la façon suivante. L'image réfléchie d'une feuille est cette feuille. L'image réfléchie d'un nœud n est un nœud dont le sous-arbre de gauche (respectivement, de droite) est l'image réfléchie du sous-arbre de droite (respectivement, de gauche) de n.*

Exercice 3.18 *(solution page 206)*

Définir une fonction mirror qui pour une S-expression construit son image réfléchie selon une symétrie de miroir. Le résultat construit est une nouvelle S-expression où les champs car et cdr ont été échangés pour chaque paire de l'argument de mirror.
```
? (mirror (cons 1 (cons 2 3)))
= ((3 . 2) . 1)
? (mirror '(a b c d e f))
= ((((((() . f) . e) . d) . c) . b) . a)
```

Définition 13 *Un arbre binaire est dit* saturé *si toutes ses feuilles ont la même profondeur.*

Exercice 3.19 *(solution page 206)*

On demande de définir un prédicat `complete?` qui détermine si une S-expression est saturée.

```
? (complete? (cons (cons 1 2) (cons 3 4)))
= #T
? (complete? (cons (cons 1 2) 'a))
= #F
```

Exercice 3.20 *(solution page 207)*

Définir une fonction `leaves-at-depth` qui retourne la liste des feuilles apparaissant à une profondeur donnée d'une S-expression.

```
? (leaves-at-depth 0 the-tree)
= ()
? (leaves-at-depth 1 the-tree)
= (3)
? (leaves-at-depth 2 the-tree)
= (1 2)
```

Exercice 3.21 *(solution pages 207–208)*

En utilisant la même notion de chemin qu'à la définition 11, on demande d'écrire une fonction `get-path` qui retourne le chemin menant à l'occurrence la plus à gauche d'un symbole dans une S-expression. Si le symbole n'appartient pas à la S-expression, la fonction `get-path` retourne la valeur faux.

```
? (get-path
    'c
    (cons (cons 'b (cons 'a 'c)) (cons 'd 'a)))
= (l r r)
? (get-path
    'e
    (cons (cons 'b (cons 'a 'c)) (cons 'd 'a)))
= #F
```

Exercice 3.22 *(solution page 208)*

Écrire la fonction `generate-tree` qui retourne le programme nécessaire pour construire une S-expression.

```
? (generate-tree '((1 a (#t) b) c))
= (cons (cons 1
              (cons 'a (cons (cons #t '()) (cons 'b '()))))
        (cons 'c '()))
```

Exercice 3.23 (solution page 209)

Définir une fonction `same-structure`? prenant en arguments deux S-expressions et déterminant si elles ont même structure. Par définition, deux atomes ont même structure, tandis que deux paires pointées ont même structure si leur `car` et leur `cdr` ont respectivement même structure.

```
? (same-structure? '((a . b) . c) '((b . a) . d))
= #T
? (same-structure? '((a . b) . c) '(a b . c))
= #F
```

Exercice 3.24 (solution pages 209–210)

Définir une fonction `same-fringe` qui détermine si deux S-expressions ont la même frondaison.

```
? (same-fringe
    (cons 1 (cons 2 3))
    (cons (cons 1 2) 3))
= #T
```

Exercice 3.25 (solution page 210)

Écrire une fonction `is-mirror`? à valeur booléenne prenant comme paramètres deux arbres binaires et qui détermine s'ils sont en symétrie de miroir.

```
? (is-mirror? '(a b c) (mirror '(a b c)))
= #T
? (is-mirror? '((a . b) . c) '(c d . a))
= #F
```

Exercice 3.26 (solution page 210)

Écrire une fonction `substitute-tree` qui remplace toutes les occurrences d'un symbole old par new dans une S-expression exp.

```
? (substitute-tree 'old 'new '((a . old) old . b))
= ((a . new) new . b)
```

Exercice 3.27 *(solution page 211)*

Définir la fonction `follow-tree` prenant une S-expression et un symbole s en entrée et retournant la liste des atomes apparaissant après chaque occurrence de s dans la frondaison. On demande de ne pas construire la frondaison intermédiaire. Le dernier symbole de la frondaison n'a pas de successeur. Conventionnellement, on *choisit* de retourner la liste vide comme élément de la liste résultat pour marquer ce fait.

```
? (follow-tree '((a u ((a . b) . a) . c)) 'a)
= (u b c)
? (follow-tree '((a u ((a . b) . a) . c)) 'c)
= (())
? (follow-tree '((a u ((a . b) . a) . c)) 'u)
= (a)
```

Exercice 3.28 *(solution pages 211–212)*

Définir la fonction `precede-tree` prenant une S-expression et un symbole s en entrée et retournant la liste des atomes apparaissant avant chaque occurrence de s dans la frondaison. On demande de ne pas construire la frondaison intermédiaire. Le premier symbole de la frondaison n'a pas de prédécesseur. Conventionnellement, on *choisit* de retourner la liste vide comme élément de la liste résultat pour marquer ce fait.

```
? (precede-tree '((a u ((a . b) . a) . c)) 'a)
= (() u b)
? (precede-tree '((a u ((a . b) . a) . c)) 'c)
= (a)
? (precede-tree '((a u ((a . b) . a) . c)) 'u)
= (a)
```

§3. Exercices sur les listes profondes

Exercice 3.29

Définir la fonction `nbr-atoms-list` qui calcule le nombre d'atomes dans une liste profonde.

```
? (nbr-atoms-list '((a b) (c d)))
= 4
? (nbr-atoms-list '((a (b)) ((c) ((d)))))
= 4
? (nbr-atoms-list '((()) (() (())))) 
= 0
```

Solution de l'exercice 3.29

Le cas de base est une liste vide et le nombre d'atomes contenus dans cette liste est 0. Sinon, la liste est non vide et son reste doit être traité récursivement. Deux cas sont possibles pour le premier élément. Soit, il s'agit d'une liste et dans ce cas on doit faire un appel récursif sur le premier élément ; le résultat est alors donné par la somme des appels récursifs. Soit, nous sommes en présence d'un atome ; le résultat est alors 1 plus la valeur retournée par l'appel récursif sur le reste. En suivant cette analyse de cas, on obtient le code suivant.

```
(define nbr-atoms-list
  (lambda (deep-list)
    (cond ((null? deep-list) 0)
          ((list? (car deep-list))
           (+ (nbr-atoms-list (car deep-list))
              (nbr-atoms-list (cdr deep-list))))
          (else (+ 1 (nbr-atoms-list (cdr deep-list)))))))
```

Cette définition souffre cependant de deux défauts. D'une part, l'appel récursif sur le reste de la liste apparaît deux fois dans la fonction. Il serait bon qu'il n'apparaisse qu'une fois, non seulement pour des raisons d'élégance mais aussi pour faciliter la maintenance du code. D'autre part, nous utilisons le prédicat `list?` dont le coût est proportionnel à la longueur de son argument. On préférera réorganiser le code afin qu'il ne contienne qu'un seul appel récursif sur le reste de la liste, et afin que le prédicat `list?` soit remplacé par les tests `null?` et `pair?`.

```
(define nbr-atoms-list2
  (lambda (deep-list)
    (if (null? deep-list)
        0
        (let ((val (nbr-atoms-list2 (cdr deep-list))))
          (if (or (null? (car deep-list))
                  (pair? (car deep-list)))
              (+ val (nbr-atoms-list2 (car deep-list)))
              (+ val 1))))))
```

Il est possible de réorganiser davantage la fonction pour obtenir :

```
(define nbr-atoms-list3
  (lambda (deep-list)
    (if (null? deep-list)
        0
        (+ (let ((first (car deep-list)))
             (if (or (null? first) (pair? first))
                 (nbr-atoms-list3 first)
                 1))
           (nbr-atoms-list3 (cdr deep-list))))))
```

On notera que les deux définitions `nbr-atoms-list` et `nbr-atoms-list3` retournent le même résultat sur des listes profondes. Cependant, elles ne se com-

portent pas de la même façon sur les listes contenant des sous-listes impures. Par exemple :
```
? (nbr-atoms-list '((a . b) (c . d)))
= 2
```
tandis que les fonctions `nbr-atoms-list2` et `nbr-atoms-list3` ne sont pas définies.

On notera également la différence entre les fonctions `nbr-atoms` et `nbr-atoms-list`. La première, à l'opposé de la seconde, compte les occurrences de la liste vide.
```
? (nbr-atoms '((() ()) (())))
= 6
? (nbr-atoms-list '((() ()) (())))
= 0
```

Définition 14 *La* profondeur d'une liste profonde *est définie en terme de sa représentation externe ; il s'agit du nombre maximum de parenthèses ouvertes et non fermées que l'on peut trouver à gauche de toute position de sa représentation externe.*

Exercice 3.30 *(solution pages 212–213)*

Concevoir la fonction `depth-list` qui donne la profondeur d'une liste profonde. Par exemple :
```
? (depth-list '((a b) (c (d))))
= 3
```
Dans l'argument de `depth-list`, on trouve trois parenthèses ouvertes et non encore fermées à la gauche de d.

Exercice 3.31 *(solution page 213)*

Définir la fonction `remove-leftmost` qui pour une liste profonde `l` et un symbole `item` retourne la liste de laquelle on a retiré l'occurrence de `item` la plus à gauche dans `l`. Exemples :
```
? (remove-leftmost 'b '(a (b c) (d (e f))))
= (a (c) (d (e f)))
? (remove-leftmost 'd '(a (b c) d))
= (a (b c))
? (remove-leftmost 'a '(a (b c) (a (c d) e)))
= ((b c) (a (c d) e))
```
L'occurrence la plus à gauche de `item` est celle se trouvant la plus proche de la parenthèse gauche de la liste, quel que soit le nombre de parenthèses ouvertes ou fermées rencontrées entre les deux ; en l'absence de `item`, on retourne la liste `l`.

Exercice 3.32 *(solution page 214)*

Définir une fonction `reverse-all` qui prend en argument une liste profonde. Cette fonction a pour valeur la liste renversée, chacune des sous-listes étant aussi renversée.
```
? (reverse-all '((a b c) ((1 2) d e f) (g h i)))
= ((i h g) (f e d (2 1)) (c b a))
```

Exercice 3.33 *(solution page 214)*

Définir une fonction `remove-all` qui prend en arguments un symbole et une liste profonde. Cette fonction a pour valeur la liste de laquelle toutes les occurrences du symbole ont été enlevées, y compris dans les sous-listes.
```
? (remove-all 'a '((a b c) ((b a c)) ((a))))
= ((b c) ((b c)) (()))
```

Exercice 3.34 *(solution pages 214–215)*

Définir une fonction `member-all` qui vérifie si un symbole appartient à une liste ou à une de ses sous-listes. Elle retournera la sous-liste la plus à gauche commençant par ce symbole, sinon elle retournera #f si ce symbole n'appartient pas à la liste.
```
? (member-all 'd '((a b c) ((1 2) d e f) (g h i)))
= (d e f)
```

Exercice 3.35 *(solution page 215)*

Définir une fonction `fringe-list` qui prend en argument une liste profonde. Cette fonction a pour valeur la liste de tous les atomes de son argument (y compris ceux des sous-listes) dans un ordre gauche droite :
```
? (fringe-list '(a (b c (d e)) f))
= (a b c d e f)
```

Définition 15 *Un chemin d'accès à une liste profonde est une liste de nombres; chaque nombre donne l'index d'un terme dans une sous-liste donnée, compté à partir de zéro.*

Exercice 3.36 *(solution page 215)*

Écrire une fonction `after-path-list` qui retourne le terme obtenu en appliquant les opérations indiquées par un chemin à une liste profonde.
```
? (after-path-list
    '(0 2 1)
    '(((a b c) (d e f) ((h i) (j k)))))
= (j k)
```

Exercice 3.37 *(solution page 216)*

On demande d'écrire une fonction `get-path-list` qui retourne le chemin menant à l'occurrence la plus à gauche d'un symbole dans une liste profonde.

```
? (get-path-list
    'i
    '(((a b c) (d e f) ((h i) (j k)))))
= (0 2 0 1)
? (get-path-list
    'v
    '(((a b c) (d e f) ((h i) (j k)))))
= #F
? (let ((ll '(((a b c) (d e f) ((h i) (j k))))))
    (after-path-list (get-path-list 'i ll) ll))
= i
```

On souhaite raffiner la fonction `match2` *de l'exercice 2.55 (page 30/194) afin de lui ajouter un environnement, une A-liste permettant de mémoriser des expressions filtrées.*

Exercice 3.38 *(solution pages 216–217)*

On ne restreint plus maintenant les expressions à des listes linéaires de symboles, parallèlement les filtres pourront contenir eux-mêmes des sous-filtres. Concevoir une fonction `match3` capable de filtrer des arbres binaires avec des trous ?- et des trous .... Par exemple :

```
? (match3 '(x (y)) '((foo ...) ?- (... bar)))
= #F
? (match3
    '((foo bar) (foo bar) (foo bar))
    '((foo ...) ?- (... bar)))
= #T
```

Exercice 3.39 *(solution pages 217–218)*

Ajouter à la fonction `match3` le filtre `*or` qui permet d'exprimer un choix parmi un nombre quelconque de filtres. Par exemple :

```
? (match4 '(b) '((*or a b)))
= #T
```

Exercice 3.40 *(solution page 218)*

On appelle *ensemble* une liste qui ne contient pas de répétition. Ainsi (a b c) est un ensemble, mais pas (a b c b). Deux ensembles sont égaux s'ils ont les mêmes éléments non nécessairement disposés dans le même ordre. Par exemple, les éléments (a (b) c) et (a c (b)) sont égaux. Un ensemble généralisé est une liste sans répétition, dont les éléments sont des atomes ou des ensembles généralisés.

On demande d'écrire une fonction genset? qui prend une liste en argument et qui détermine si cette liste représente un ensemble généralisé.

```
? (genset? '((a (b (c))) (b (c))))
= #T
? (genset? '((a (b (c)) ((c) b))))
= #F
```

Exercice 3.41 *(solution pages 218–219)*

Considérons des arbres binaires tels qu'un nombre entier est lié à chacun de leurs nœuds. Ces arbres peuvent être représentés par des listes profondes obéissant à la définition suivante :

$$\langle tree \rangle \quad ::= \quad \langle value \rangle$$
$$\langle tree \rangle \quad ::= \quad (\langle value \rangle \; \langle tree \rangle \; \langle tree \rangle)$$
$$\langle value \rangle \quad ::= \quad \langle integer \rangle$$

Soit un tel arbre t. Un chemin de t est une liste d'arbres $(t_1 \ldots t_i \ldots t_m)$, sous-arbres de t, tels que :
- t_1 est t,
- t_m est une feuille de t,
- t_{i+1} est le fils d'un nœud t_i de t, $1 \leq i < m$.

La somme d'un chemin est définie comme la somme des valeurs aux nœuds de ce chemin. Écrire une fonction min-sum-path qui retourne la liste des valeurs aux nœuds d'un chemin de somme minimale. S'il existe plusieurs chemins différents de somme minimale, alors on renvoie une seule de ces listes de valeurs.

```
? (min-sum-path '(10 5 (-4 3 20)))
= (10 -4 3)
```

Chapitre 4
Récursion sur les arbres n-aires et les graphes

Rappels

Jusqu'a présent, nous avons manipulé des arbres binaires dits complets, définis inductivement en termes de feuilles et de nœuds nécessairement composés d'un sous-arbre de gauche et d'un sous-arbre de droite. Dans ce chapitre, nous étudions d'autres types d'arbres où le nombre de fils d'un nœud peut être variable et distinct de deux : nous les appellons arbres *n-aires*.

Dans ces rappels nous ne définissons pas un type abstrait pour les arbres n-aires. A la place, pour chaque application envisagée, nous définirons des types concrets d'arbres. Par exemple, dans ce chapitre, on rencontrera des expressions Scheme, des expressions arithmétiques ou des arbres binaires non complets.

Le schéma récursif des arbres n-aires est une généralisation de celui des arbres binaires. Le cas de base concerne celui des feuilles, ou encore des nœuds sans fils, que l'on traite directement. Le cas inductif s'occupe des nœuds ayant des fils.

Le schéma de récursion sur les arbres n-aires prend alors la forme de deux fonctions mutuellement récursives. La première traite les cas de base reconnus par le prédicat no-children? et appelle la seconde pour traiter la liste des fils, que l'on suppose ici obtenue par node-children. La seconde opère récursivement sur tous les fils reçus en argument.

```
(define fonction
  (lambda (tree)
    (if (no-children? tree)
        (base tree)
        (combiner tree
                  (fonction* (node-children tree))))))

(define fonction*
  (lambda (trees)
    (if (null? trees)
        base2
        (combiner2 (fonction (car trees))
                   (fonction* (cdr trees))))))
```

A nouveau, il s'agit d'une description schématique de la récursion sur des arbres n-aires. Suivant les domaines d'application, l'on instanciera ce schéma en des solutions plus appropriées ou plus efficaces. Mais l'essence de la récursion restera la même, à savoir que le cas de base arrête le traitement sur les feuilles tandis que le cas inductif procède récursivement sur les sous-composants. Finalement, les remarques de généralisation des schémas de récursion explicités au chapitre 2 sont également d'application dans ce chapitre.

Les graphes sont formés d'un ensemble de *nœuds* reliés par des *arcs*. En général, il y a plus d'une suite d'arcs, ou *chemin*, partant d'un nœud pour en rejoindre un autre. C'est cette propriété qui fonde la difficulté des parcours de graphes et qui oblige, d'une manière ou d'une autre, à se souvenir des nœuds traversés afin de les reconsidérer d'un autre œil si, d'aventure, ils sont à nouveau rencontrés. La complexité des algorithmes sur les graphes excède largement celle des algorithmes sur les arbres aussi ne doit-on introduire des traitements sur des graphes qu'à bon escient.

Les arbres sont des graphes. Les graphes peuvent être des DAG (pour *directed acyclic graph* ou graphe sans circuit) auquel cas ils correspondent à des arbres qui possèderaient des branches partagées. Enfin, les graphes peuvent contenir des *cycles*.

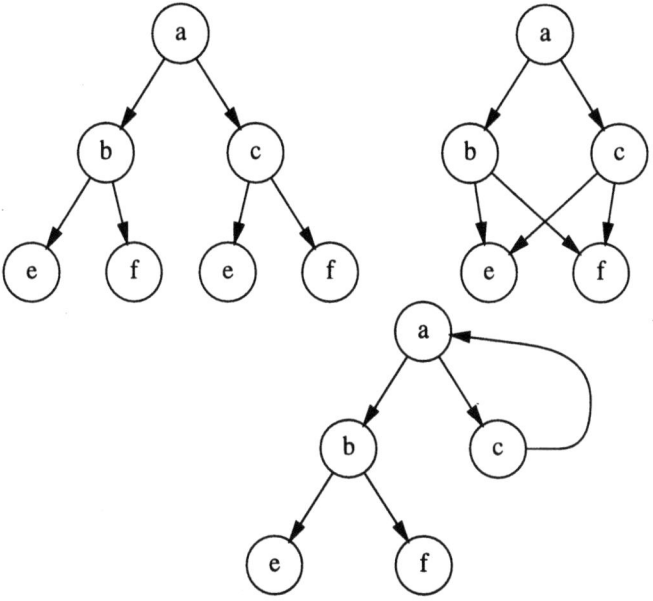

Figure 1 – Arbre, graphe sans circuit, graphe

Que ce soit pour la recherche d'un nœud particulier ou la couverture totale d'un graphe, afin d'assurer une propriété globale dans les deux cas, il importe de ne pas réitérer des traitements déjà opérés ni, horreur !, de boucler. Ces deux facettes sont liées puisque les recherches s'arrêtent, au pire, lorsque tout le graphe a été parcouru.

La forme générale d'une récursion sur les graphes est une extension du schéma de récursion sur les arbres n-aires ; deux fonctions mutuellement récursives se chargent respectivement de traiter un nœud et de traiter une liste de successeurs. En plus, ces fonctions mutuellement récursives se doivent de maintenir l'ensemble des nœuds déjà traversés. L'identification des nœuds traversés est fondamentale pour l'arrêt. On peut adopter, pour les cas simples et peu profonds, une liste. Il est également possible, suivant la nature de l'algorithme, de ne mémoriser que le chemin courant (reliant le nœud de départ au nœud courant) plutôt que l'ensemble des nœuds précédemment rencontrés. Cette technique identifie bien les boucles mais ne permet pas d'éviter de traiter de multiples fois des sous-parties communes du graphe initial. Ces diverses variantes sont discutées dans l'exercice 4.22 (page 70–72).

§1. Exercices sur les arbres

On définit la syntaxe de mini-Scheme par la grammaire suivante, où $\langle term \rangle^*$ dénote zéro, une ou plusieurs occurrences de $\langle term \rangle$.

$$
\begin{aligned}
\langle expr \rangle &::= \langle variable \rangle \mid \langle number \rangle \mid \langle combination \rangle \\
&\quad \mid \langle lambda\text{-}expr \rangle \mid \langle conditional \rangle \\
\langle variable \rangle &::= symbol \notin \{\texttt{lambda}, \texttt{if}\} \\
\langle number \rangle &::= number \\
\langle combination \rangle &::= (\ \langle expr \rangle\ \langle expr \rangle^*\ ) \\
\langle lambda\text{-}expr \rangle &::= (\texttt{lambda}\ (\ \langle variable \rangle^*\ )\ \langle expr \rangle\ \langle expr \rangle^*\ ) \\
\langle conditional \rangle &::= (\texttt{if}\ \langle expr \rangle\ \langle expr \rangle\ \langle expr \rangle)
\end{aligned}
$$

Figure 2 – Grammaire de mini-Scheme

Une expression peut être une variable, un nombre, une combinaison, une expression lambda ou une conditionnelle. Les expressions de mini-Scheme sont des arbres n-aires dont les feuilles sont les variables et nombres et dont les nœuds sont les autres expressions.

Exercice 4.1 (solution pages 220–221)

On demande de définir une fonction `syntax-expr?` qui vérifie qu'une expression satisfait la syntaxe de mini-Scheme.

```
? (syntax-expr? '(lambda (x) (cons x 1)))
= #T
? (syntax-expr? '(lambda (x) (cons lambda x)))
= #F
```

Exercice 4.2 *(solution pages 221–222)*

Définir la fonction `free-variables` qui retourne la liste des variables libres d'une expression de mini-Scheme.

```
? (free-variables
    '(cons z (lambda (x) (cons x u))))
= (z cons u)
? (free-variables
    '(cons z (lambda (y) (cons x u))))
= (z cons x u)
```

Soit la représentation suivante pour les arbres n-aires. Un nœud est défini par une paire pointée dont le premier élément contient une valeur quelconque et dont le second est une liste de fils. On prédéfinit les accesseurs `node-value` *et* `node-children` *qui retournent respectivement la valeur associée à un nœud et la liste des fils d'un nœud :*

```
(define node-value
  (lambda (x)
    (car x)))
(define node-children
  (lambda (x)
    (cdr x)))
```

Pour rappel, une feuille est définie comme un nœud n'ayant pas de fils.

Exercice 4.3 *(solution pages 222–223)*

Définir la fonction `depth-first` retournant la liste des valeurs des nœuds d'un arbre n-aire parcouru en profondeur. Le parcours *en profondeur* d'un arbre est celui qui traite d'abord la valeur de ce nœud et qui procède ensuite récursivement sur le premier fils ; lorsque le traitement de ce dernier est terminé, le deuxième fils est parcouru, et ainsi de suite.

```
? (depth-first '(a (b) (c) (d) (e)))
= (a b c d e)
? (depth-first
    '(a (b (z)) (c (w) (u)) (d (x)) (e (y (v)))))
= (a b z c w u d x e y v)
```

Exercice 4.4 *(solution page 223)*

Définir la fonction `breadth-first` retournant la liste des nœuds d'un arbre n-aire parcouru en largeur. Le parcours *en largeur* est celui qui traite d'abord la valeur du premier nœud, c'est-à-dire le nœud de profondeur zéro ; il procède ensuite avec les valeurs de tous les nœuds de profondeur 1, et ainsi de suite.

```
? (breadth-first '(a (b) (c) (d) (e)))
= (a b c d e)
? (breadth-first
    '(a (b (z)) (c (w) (u)) (d (x)) (e (y (v)))))
= (a b c d e z w u x y v)
```

Définition 16 *Un arbre n-aire est dit n-saturé si toutes ses feuilles ont la même profondeur et si tous ses nœuds internes ont le même nombre de fils.*

Exercice 4.5 (solution page 224)

Écrire la fonction `n-complete?` qui indique si un arbre n-aire est n-saturé.

```
? (n-complete? '(a (b) (c) (d) (e)))
= #T
? (n-complete? '(a (b (z)) (c (w) (u)) (d (x))))
= #F
```

A présent, on considère une nouvelle forme d'arbre binaire. A l'opposé des arbres binaires du chapitre 3, nous acceptons des arbres non complets*, c'est-à-dire des arbres dont les nœuds n'ont pas nécessairement un sous-arbre de gauche et un sous-arbre de droite. De plus, on considère des arbres* binaires de recherche *répondant aux définitions suivantes :*

Définition 17 *Un arbre* binaire incomplet *est un arbre formé de nœuds composés d'une valeur et de sous-arbres de gauche et de droite optionnels.*

Définition 18 *Un arbre* binaire de recherche *est un arbre binaire incomplet, tel que la valeur de tout nœud est plus grande que la valeur des nœuds apparaissant dans son sous-arbre de gauche, et qu'elle est plus petite que la valeur des nœuds apparaissant dans son sous-arbre de droite.*

On utilise les constructeur et accesseurs suivants :

```
(define make-bstree
  (lambda (val left right)
    (list val left right)))
(define bstree-left cadr)
(define bstree-right caddr)
```

On marque l'absence d'un sous-arbre par la valeur `#f`. Par exemple, `t0` est un arbre binaire de recherche :

```
(define t0 (make-bstree 4
                (make-bstree 1
                  (make-bstree 0 #f #f)
                  (make-bstree 3 #f #f))
                (make-bstree 8
                  #f
                  (make-bstree 9 #f #f))))
```

et sa représentation interne est la suivante.

```
? t0
= (4 (1 (0 #F #F) (3 #F #F)) (8 #F (9 #F #F)))
```

Exercice 4.6 *(solution pages 224–225)*

Écrire un prédicat `bstree?` dont l'argument est un arbre binaire incomplet, et qui vérifie si cet arbre est de recherche. Dans le premier exemple, le prédicat retourne faux car la valeur 3 apparaît dans un sous-arbre à droite de la valeur 4.

```
? (bstree?
    (make-bstree
      4
      (make-bstree 1 #f #f)
      (make-bstree 8 (make-bstree 3 #f #f) #f)))
= #F
? (bstree? t0)
= #T
```

Exercice 4.7 *(solution pages 225–226)*

Soit à écrire la fonction `enumerate-bstree` qui retourne les valeurs d'un arbre binaire de recherche par ordre croissant.

```
? (enumerate-bstree t0)
= (0 1 3 4 8 9)
```

Exercice 4.8 *(solution page 226)*

Définir la fonction `lookup-bstree` qui cherche si un nombre appartient à un arbre binaire de recherche.

```
? (lookup-bstree 5 t0)
= #F
? (lookup-bstree 9 t0)
= #T
```

Exercice 4.9 *(solution pages 226–227)*

Définir une fonction `insert-bstree` qui prend une valeur et un arbre binaire de recherche et qui retourne un nouvel arbre binaire de recherche qui contient en plus la valeur insérée.

```
(define t1 (insert-bstree 3
             (insert-bstree 1
               (insert-bstree 8
                 (insert-bstree 4 #f)))))
(define t2 (insert-bstree 7 t1))
(define t3 (insert-bstree 0 t2))
(define t4 (insert-bstree 9 t3))
? t4
= (4 (1 (0 #F #F) (3 #F #F)) (8 (7 #F #F) (9 #F #F)))
```

Dans ce problème, si l'on essaye d'ajouter une valeur déjà présente dans l'arbre, on retournera cet arbre.

Définition 19 *Soient des expressions arithmétiques définies de la façon suivante.*

$$\begin{aligned}
\langle aexpr \rangle &::= \langle variable \rangle \mid \langle number \rangle \mid (+ \langle aexpr \rangle \langle aexpr \rangle) \\
&\quad \mid (* \langle aexpr \rangle \langle aexpr \rangle) \mid (- \langle aexpr \rangle \langle aexpr \rangle) \\
&\quad \mid (- \langle aexpr \rangle) \\
\langle variable \rangle &::= symbol \notin \{+, *, -\} \\
\langle number \rangle &::= number
\end{aligned}$$

Les expressions arithmétiques peuvent être des variables, des nombres, des sommes binaires, des produits binaires, des différences binaires ou des différences unaires. Ces dernières sont utilisées pour changer le signe de leur argument.

Exercice 4.10 *(solution pages 227–228)*

Définir la fonction `arith-eval` qui évalue des expressions arithmétiques. En plus d'une expression, cette fonction recevra une liste associative représentant les valeurs des variables.

```
? (arith-eval '(+ (- 2) 3) '())
= 1
? (arith-eval '(+ (- x) y) '((x . 2) (y . 3)))
= 1
```

Exercice 4.11 *(solution page 228)*

Linéariser une expression arithmétique de la définition 19. Afin de distinguer la soustraction unaire de la soustraction binaire dans la représentation linéaire, on représente la première par - -.

```
? (linearize '(+ (- 3) (* (- 2 3) 5)))
= (+ - 3 * - 2 3 5)
```

Il est possible de programmer la fonction inverse unlinearize *convertissant la représentation linéaire en la représentation de la définition 19. Nous étudions cette fonction à l'exercice 5.13 (page 82/255–256) et à l'exercice 6.15 (page 98/272).*

Exercice 4.12 *(solution page 229)*

Définir la fonction arith-simplify qui simplifie une expression arithmétique en utilisant les règles suivantes :

$\forall x \in \langle aexpr \rangle$,

$x * 1 = x,$	$1 * x = x$	1 est un neutre pour la multiplication
$0 * x = 0,$	$x * 0 = 0$	0 est un absorbant pour la multiplication
$0 + x = x,$	$x + 0 = x$	0 est un neutre pour l'addition
$x - 0 = x$		0 est un neutre pour la soustraction
$0 - x = -x$	$- - x = x$	

```
? (arith-simplify '(+ (* 1 x) (+ (- (- 0)) y)))
= (+ x y)
```

Exercice 4.13 *(solution page 230)*

Définir la fonction differentiate qui calcule la dérivée d'une expression arithmétique par rapport à une variable donnée. Pour rappel, la dérivée d'un terme par rapport à une variable est définie de la façon suivante :

$$\frac{\partial (x+y)}{\partial v} = \frac{\partial x}{\partial v} + \frac{\partial y}{\partial v} \qquad \frac{\partial (x-y)}{\partial v} = \frac{\partial x}{\partial v} - \frac{\partial y}{\partial v}$$

$$\frac{\partial (-x)}{\partial v} = -\frac{\partial x}{\partial v} \qquad \frac{\partial (x*y)}{\partial v} = \frac{\partial x}{\partial v} * y + x * \frac{\partial y}{\partial v}$$

```
? (differentiate '(* x y) 'x)
= (+ (* 1 y) (* x 0))
? (arith-simplify (differentiate '(* x y) 'x))
= y
```

Définition 20 *On généralise à présent les expressions arithmétiques en acceptant un nombre variable d'arguments.*

$$
\begin{aligned}
\langle aexpr\rangle &::= \langle variable\rangle \mid \langle number\rangle \mid (\texttt{+}\ \langle aexpr\rangle^*\ ) \\
&\quad \mid (\texttt{*}\ \langle aexpr\rangle^*\ ) \mid (\texttt{-}\ \langle aexpr\rangle^*\ ) \\
\langle variable\rangle &::= symbol \notin \{+, *, -\} \\
\langle number\rangle &::= number
\end{aligned}
$$

Exercice 4.14 *(solution pages 230–232)*

Définir la fonction `arith-simplify2` qui simplifie une expression arithmétique à nombre variable d'arguments.

```
? (arith-simplify2
    '(- (* 1 x 1 0) (+ u 1 (* 0) (- (- 0)) y)))
= (- (+ u 1 y))
```

Exercice 4.15 *(solution pages 232–234)*

Définir la fonction `differentiate2` qui calcule la dérivée d'une expression arithmétique à nombre variable d'arguments par rapport à une variable donnée.

```
? (differentiate2 '(* (+ x 5 z) y z) 'x)
= (+ (* (+ 1 0 0) y z) (* (+ x 5 z) 0 z) (* (+ x 5 z) y 0))
? (arith-simplify2
    (differentiate2 '(* (+ x 5 z) y z) 'x))
= (* y z)
```

Exercice 4.16 *(solution pages 234–235)*

Un robot est capable d'effectuer un certain nombre d'actions élémentaires (tourner une articulation, déplacer des outils, etc ...). Pour représenter un plan d'actions, on peut composer des actions au moyen de deux opérations complexes : `sequence` indiquant que le robot doit effectuer un ensemble d'actions en séquence et `parallel` indiquant qu'un ensemble d'opérations peuvent être effectuées en parallèle.

Un plan d'actions est représenté par une structure obéissant à la définition suivante (un plan d'actions étant une $\langle action\rangle$) :

$$
\begin{aligned}
\langle action\rangle &::= \langle simple\ action\rangle \mid \langle composed\ action\rangle \\
\langle simple\ action\rangle &::= (\texttt{action}\ .\ \langle parameters\rangle) \\
\langle parameters\rangle &::= \text{une liste quelconque} \\
\langle composed\ action\rangle &::= (\texttt{sequence}\ .\ \langle action\ list\rangle) \\
&\quad \mid (\texttt{parallel}\ .\ \langle action\ list\rangle) \\
\langle action\ list\rangle &::= (\langle action\rangle^*)
\end{aligned}
$$

Par exemple :
```
(define plan-1
  '(sequence
     (sequence
       (action lift arm2)
       (parallel (parallel (action open pliers1)
                           (action close pliers2))
                 (action move tool7)
                 (action move tool9)))
     (action rotate arm1)))
```
On demande d'écrire une fonction récursive `plan-simplify` qui simplifie la représentation d'un plan d'actions en réduisant :
- des groupes de groupes d'actions à effectuer en séquence en une seule séquence d'actions,
- des groupes de groupes d'actions à effectuer en parallèle en un seul groupe parallèle d'actions.

La séquence d'actions `plan-1` donnée plus haut peut se réduire de la façon suivante.
```
? (plan-simplify plan-1)
= (sequence
    (action lift arm2)
    (parallel
      (action open pliers1)
      (action close pliers2)
      (action move tool7)
      (action move tool9))
    (action rotate arm1))
```

Exercice 4.17 (solution pages 235–236)

On donne une structure hiérarchique de classes (c'est-à-dire que toute classe est sous-classe d'une et une seule classe sauf la racine de la hiérarchie qui n'est sous-classe d'aucune classe).

On associe à chaque classe un ensemble de propriétés ; chaque propriété est représentée sous la forme d'une valeur associée à un indicateur. Toute classe (sauf la racine de la hiérarchie) possède une propriété `super-class` qui a pour valeur le *nom* de la classe supérieure.

On appelle héritage par défaut de propriété le fait que si une classe c_1 n'a pas une propriété P donnée, alors elle « hérite » la propriété P de la classe c_2 dont c_1 est sous-classe. (Le processus d'héritage peut être appliqué récursivement jusqu'à trouver la propriété P donnée dans une des classes supérieures ou bien aboutir, sans succès, à la racine de la hiérarchie.)

On demande d'écrire une fonction `inherit` qui, recevant un indicateur de propriété p, un nom de classe c et un système hiérarchique de classes H (dont on donnera l'organisation plus loin) produit comme valeur la valeur associée à cette propriété p ou faux si la propriété n'a pas pu être héritée.

La hiérarchie de classe H sera représentée sous la forme suivante.

$$\langle H \rangle ::= () \mid (\langle class\text{-}description \rangle . \langle H \rangle)$$
$$\langle class\text{-}description \rangle ::= (\langle class \rangle . \langle p\text{-}list \rangle)$$
$$\langle class \rangle ::= \text{nom de la classe}$$
$$\langle p\text{-}list \rangle ::= () \mid (\langle p \rangle \langle v \rangle . \langle p\text{-}list \rangle)$$
$$\langle p \rangle ::= \text{nom de propriété}$$
$$\langle v \rangle ::= \text{valeur associée à une propriété}$$

```
(define *class-hierarchy*
  '((canides griffes non-retractiles super-class carnivores)
    (felides griffes retractiles super-class carnivores)
    (guepard griffes non-retractiles super-class felides)
    (carnivores alimentation viande)))
? (inherit 'griffes 'canides *class-hierarchy*)
= non-retractiles
? (inherit
    'alimentation
    'felides
    *class-hierarchy*)
= viande
? (inherit 'denture 'canides *class-hierarchy*)
= #F
```

Définition 21 *On définit des expressions logiques par la grammaire suivante.*

$$\langle logic\ expr \rangle ::= \langle constant \rangle \mid \langle proposition \rangle \mid \langle composite \rangle$$
$$\langle proposition \rangle ::= symbol$$
$$\langle constant \rangle ::= \#t \mid \#f$$
$$\langle composite \rangle ::= \neg \langle logic\ expr \rangle \mid \langle logic\ expr \rangle \vee \langle logic\ expr \rangle$$
$$\mid \langle logic\ expr \rangle \wedge \langle logic\ expr \rangle$$

Nous choisissons une représentation des expressions booléennes sous forme de liste, avec opérateur apparaissant en première position.

```
(define constant?
  (lambda (exp) (or (eq? exp #f)(eq? exp #t))))
(define proposition? symbol?)
(define not?
  (lambda (exp)
    (and (pair? exp) (eq? (car exp) 'not))))
(define or?
  (lambda (exp)
    (and (pair? exp) (eq? (car exp) 'or))))
(define and?
```

```
    (lambda (exp)
      (and (pair? exp) (eq? (car exp) 'and))))
(define first-operand  cadr)
(define second-operand caddr)
```

Exercice 4.18 *(solution pages 236–237)*

Une association de valeurs de vérité est définie comme une liste associative associant à chaque proposition une valeur de vérité. On demande de définir une fonction `boolean-value` qui calcule la valeur de vérité d'une expression pour une association de valeurs.

```
? (boolean-value
    '(or (not (and p #t)) p)
    '((p . #t)))
= #T
? (boolean-value
    '(or (not (or p #f)) p)
    '((p . #f)))
= #T
```

Exercice 4.19 *(solution pages 237–238)*

Une forme NNF (*negation normal form*) est soit une constante, soit une expression logique dépourvue de constante où toutes les négations (¬) ne sont appliquées qu'à des propositions. On demande de définir une fonction de conversion des expressions logiques en NNF. Pour ce faire, on utilise les trois règles de simplification suivantes.

$$\begin{array}{rcl} \neg\neg p & \to & p \\ \neg(p \vee q) & \to & (\neg p) \wedge (\neg q) \\ \neg(p \wedge q) & \to & (\neg p) \vee (\neg q) \end{array}$$

```
? (nnf '(or (not (and p #t)) p))
= (or (not p) p)
? (nnf '(not (or a (and b (not c)))))
= (and (not a) (or (not b) c))
? (nnf '(not (not (and (and #t p) (or a b)))))
= (and p (or a b))
```

Exercice 4.20 *(solution pages 238–239)*

On considère des circuits électriques numériques constitués des éléments suivants :
- n entrées $i_1, \ldots, i_n$,
- des portes AND, OR et NOT,
- m sorties $o_1, \ldots, o_m$.

Pour simplifier, on supposera que ces circuits sont construits par « strates » successives ; les entrées $i_1, \ldots, i_n$ sont les entrées d'une première « couche » de portes dont les sorties sont les entrées d'une seconde « couche » et ainsi de suite jusqu'à une dernière couche dont les sorties sont $o_1, \ldots, o_m$.

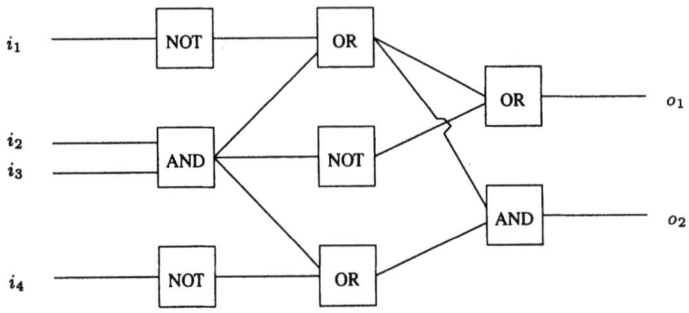

Figure 3 – Un circuit

Choisir une représentation pour de tels circuits. Écrire une fonction `get-output` qui reçoit un tel circuit et une liste de valeurs de $\{0,1\}$ pour ces entrées et qui retourne la liste des valeurs des sorties. Si `*circuit*` est la variable associée à la représentation du circuit de la figure 3, on obtient :

```
? (get-output *circuit* '(1 0 0 0))
= (1 0)
? (get-output *circuit* '(1 1 1 1))
= (1 1)
```

§2. Exercices sur les graphes

Soit un graphe dirigé représenté par une liste associative, associant chaque nœud à la liste de ses successeurs. Les nœuds sont représentés par des symboles. On définit la fonction `successors` retournant la liste des nœuds directement accessibles d'un nœud donné.

```
(define successors
  (lambda (node graph)
    (let ((val (assq node graph)))
      (if val
          (cdr val)
          '()))))
```

Soit `*graph*` défini de la façon suivante, où l'on a représenté chaque paire formant une association par la notation de paire pointée explicite.

```
(define *graph*
  '((a . (b d)) (b . (c e)) (c . (e)) (e . (b)) (f . (g))))
```

Cette structure de données représente le graphe non connexe de la figure 4.

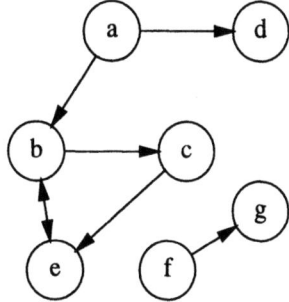

Figure 4 – Une représentation graphique de `*graph*`

Exercice 4.21

Écrire une fonction `collect-nodes` prenant un nœud et un graphe et retournant la liste de tous les nœuds accessibles depuis ce nœud. Un nœud ne doit apparaître qu'une fois au plus dans le résultat.

Dans l'exemple suivant, on peut observer que les nœuds f et g ne sont pas retournés car inaccessibles à partir de a.

```
? (collect-nodes 'a *graph*)
= (d e c b a)
```

Solution de l'exercice 4.21

L'idée de la fonction `collect-nodes` est de parcourir le graphe depuis le nœud initial et d'accumuler tout nœud rencontré dans un paramètre `memory`. Non seulement ce paramètre contient le résultat partiel demandé dans cet énoncé, mais aussi on l'utilise pour éviter de boucler en présence de cycles.

La fonction `collect-nodes` se base sur deux fonctions auxiliaires `handle-node` et `handle-successors`. La première prend un nœud `node` et une liste `memory` de nœuds déjà rencontrés ; la seconde prend une liste de nœuds et une liste `memory` semblable.

Si le nœud courant fut déjà rencontré, c'est-à-dire qu'il fait partie de `memory`, `handle-node` retourne le paramètre accumulant. Sinon, la fonction `handle-successors` est appelée sur la liste des successeurs du nœud courant. La seconde fonction auxiliaire appelle successivement `handle-node` pour chacun des nœuds contenus dans la liste passée en argument ; elle retourne les nœuds rencontrés en résultat.

```
(define collect-nodes
  (lambda (node graph)
    (define handle-node
      (lambda (node memory)
        (if (memq node memory)
            memory
```

```
              (handle-successors (successors node graph)
                                 (cons node memory)))))
    (define handle-successors
      (lambda (l memory)
        (if (pair? l)
            (let ((new-memory (handle-node (car l) memory)))
              (handle-successors (cdr l) new-memory))
            memory)))
    (handle-node node '())))
```

On démarre la récursion avec un paramètre accumulant initialement vide, signifiant qu'au départ on n'a pas encore traité de nœuds.

Définition 22 *Etant donné un graphe, on appelle* chemin d'accès, *ou plus simplement* chemin, *une liste de nœuds telle que le graphe possède un arc entre chaque paire d'éléments successifs du chemin.*

Exercice 4.22

Écrire une fonction linked prenant deux nœuds n1 et n2 et un graphe et retournant un chemin d'accès ou faux selon que le second nœud est accessible ou non à partir du premier.

```
? (linked 'a 'e *graph*)
= (a b c e)
? (linked 'a 'f *graph*)
= #F
```

Solution de l'exercice 4.22

La première version est une variante de collect-nodes, exercice 4.21 (page 69–70). Le schéma de récursion est semblable et utilise deux fonctions auxiliaires handle-node et handle-successors. Ces fonctions ont pour but de retourner un chemin entre les nœuds n1 et n2 s'il existe. Cependant, afin d'éviter de boucler en présence de cycles, il est également nécessaire de construire la liste des nœuds déjà rencontrés. Aussi, ces fonctions retournent soit le chemin demandé en cas de succès soit la liste des nœuds visités. On distinguera ces deux résultats par un booléen : vrai pour un succès et faux sinon.

Les fonctions auxiliaires prennent un paramètre supplémentaire représentant le chemin déjà parcouru. Dans handle-node, lorsque l'on rencontre n2, on retourne #t et le chemin dans une paire ; en présence d'un nœud différent de n2, on retourne #f et la liste des nœuds visités dans une paire. handle-successors itère jusqu'à un succès ou jusqu'à la fin de liste.

```
(define linked
  (lambda (n1 n2 graph)
    (define handle-node
      (lambda (node path memory)
```

```
            (if (eq? node n2)
                (cons #t (reverse (cons node path)))
                (if (memq node memory)
                    (cons #f memory)
                    (handle-successors (successors node graph)
                                       (cons node path)
                                       (cons node memory)))))))
    (define handle-successors
      (lambda (l path memory)
        (if (pair? l)
            (let ((result (handle-node (car l)
                                       path
                                       memory)))
              (if (car result)
                  result
                  (handle-successors (cdr l)
                                     path
                                     (cdr result))))
            (cons #f memory))))
    (let ((result (handle-node n1 '() '())))
      (if (car result)
          (cdr result)
          #f))))
```

Il faut distinguer path qui est la liste des nœuds rencontrés depuis le nœud initial n1 de memory qui est la liste de *tous* les nœuds visités.

Le chemin depuis l'origine est suffisant pour éviter de boucler. On peut donc écrire une variante qui retourne #f si l'on n'a pas atteint n2 ou le chemin sinon. On obtient alors une deuxième solution plus simple évitant de retourner deux résultats.

```
(define linked2
  (lambda (n1 n2 graph)
    (define handle-node
      (lambda (node path)
        (if (eq? node n2)
            (reverse (cons node path))
            (if (memq node path)
                #f
                (handle-successors (successors node graph)
                                   (cons node path))))))
    (define handle-successors
      (lambda (l path)
        (if (pair? l)
            (or (handle-node (car l) path)
                (handle-successors (cdr l) path))
            #f)))
    (handle-node n1 '())))
```

Bien qu'elles retournent le même résultat, ces deux versions n'ont pas exactement le même comportement. La première évite de visiter deux fois un même nœud, tandis que la seconde évite de traiter une deuxième fois un nœud appartenant au chemin depuis n1. Cette dernière version est acceptable par exemple si le graphe n'est pas trop grand ou que l'on accepte de traiter plusieurs fois un même nœud.

Finalement, en présence d'un graphe très grand, le programmeur pourrait souhaiter ne pas définir une fonction effectuant de trop nombreux appels récursifs. On peut alors gérer explicitement les nœuds restant à traiter à l'aide d'une file.

```
(define linked3
  (lambda (n1 n2 graph)
    (define handle-node
      (lambda (node path queue)
        (if (eq? node n2)
            (reverse (cons node path))
            (if (memq node path)
                (next queue)
                (let ((succ (successors node graph))
                      (new-path (cons node path)))
                  (next (append queue
                                (map (lambda (node)
                                       (cons node new-path))
                                     succ))))))))
    (define next
      (lambda (queue)
        (if (null? queue)
            #f
            (let ((first (car queue)))
              (handle-node (car first)
                           (cdr first)
                           (cdr queue))))))
    (handle-node n1 '() '())))
```

Grâce à la gestion explicite des nœuds restant à traiter, nous avons défini deux fonctions à récursion terminale croisée qui ne demandent pas d'accroissement de la pile de récursion. Elles utilisent une représentation explicite des nœuds restant à traiter. Diverses stratégies de parcours sont admissibles. Dans linked3, on a décidé d'ajouter la liste des successeurs en fin de file, ce qui signifie que l'on traverse l'arbre en largeur. Une variante consiste à ajouter les successeurs en tête de cette file, ce qui donne alors un parcours en profondeur.

Il est envisageable de programmer une quatrième solution utilisant une mémoire, et donc effectuant un parcours plus efficace. Comme dans la première version, on pourrait retourner deux résultats, à savoir la mémoire ou le chemin. Une variante utilisant un échappement sera étudiée à l'exercice 5.20 (page 87/258–259).

Exercice 4.23 (solution page 239)

Écrire une fonction all-paths prenant deux nœuds et un graphe et calculant la liste de tous les chemins sans circuit partant du premier nœud et débouchant au second.

```
? (all-paths 'a 'e *graph*)
= ((a b c e) (a b e))
? (all-paths 'a 'f *graph*)
= ()
```

Exercice 4.24 (solution pages 239–240)

Écrire une fonction `graph-longest-path` prenant un nœud et un graphe et calculant la longueur du plus long chemin sans circuit démarrant de ce nœud. On trouve notamment que :

```
? (graph-longest-path 'a *graph*)
= 4
```

Exercice 4.25 (solution pages 240–241)

On demande d'écrire la fonction `path-to-cycle` qui pour un graphe et un nœud de départ retourne un chemin d'accès à un cycle et un cycle du graphe accessible de ce nœud.

```
? (path-to-cycle 'a *graph*)
= ((a) b c e b)
```

Exercice 4.26 (solution pages 241–242)

Définir la fonction `all-cycles` qui retourne tous les cycles accessibles à partir d'un nœud donné.

```
? (all-cycles 'a *graph*)
= ((b e c b a) (b e b a))
```

Exercice 4.27 (solution page 242)

Écrire la fonction `graph-inverse` prenant un graphe orienté et construisant le graphe inverse. Le graphe inverse contient un arc (a, b) de a vers b si et seulement si il existe un arc (b, a) de b vers a dans le graphe initial.

```
? (graph-inverse *graph*)
= ((b a e) (d a) (c b) (e b c) (g f))
```

Exercice 4.28 (solution pages 243–244)

Etant donnée une matrice de nombres, on demande de déterminer le chemin *le plus court* qui :
- part d'une position donnée dans la matrice ;
- arrive à une position donnée dans la matrice ;
- n'effectue que des transitions verticales et horizontales dans la matrice : à partir de l'élément situé en (i,j), il n'est possible de transiter que vers les positions $(i-1,j)$, $(i+1,j)$, $(i,j-1)$ ou $(i,j+1)$ (si ces positions existent) ;
- passe par des nombres qui sont strictement supérieurs aux nombres situés avant eux sur le chemin et strictement inférieurs aux nombres situés après eux sur le chemin.

Si un tel chemin n'existe pas, on retournera la valeur #f ; s'il en existe plusieurs, on se satisfera d'un quelconque de ces chemins. On demande d'écrire les fonctions qui permettent de résoudre ce problème de recherche pour une matrice donnée. La valeur retournée devra être la liste des positions (i,j) constituant le chemin recherché.

```
(define *matrix-graph*
  (vector
    (vector 1  3  8 14 12)
    (vector 2  3  9 11 13)
    (vector 0  6  3 18  8)
    (vector 3  7  6  3 30)
    (vector 4  9 10 14 20)))
? (minimum-path *matrix-graph* '(0 . 0) '(0 . 2))
= ((0 . 0) (0 . 1) (0 . 2))
? (minimum-path *matrix-graph* '(0 . 0) '(3 . 4))
= ((0 . 0)
   (1 . 0)
   (1 . 1)
   (2 . 1)
   (3 . 1)
   (4 . 1)
   (4 . 2)
   (4 . 3)
   (4 . 4)
   (3 . 4))
? (minimum-path *matrix-graph* '(0 . 0) '(0 . 4))
= #f
```

Les exercices suivants sont aussi des problèmes de recherche dans un espace d'états. Les techniques de parcours de graphe sont à utiliser pour éviter de boucler. Ces problèmes diffèrent cependant des précédents car le graphe est construit à l'exécution, au fur et à mesure de la recherche.

Exercice 4.29 *(solution pages 244–248)*

Trois missionnaires et trois cannibales sont sur une rive d'un fleuve. Ils veulent accéder à l'autre rive et leur seul moyen de navigation est une barque qui ne peut contenir qu'une ou deux personnes. Si le nombre de missionnaires excède le nombre de cannibales sur l'une ou l'autre rive (ou sur la barque), ceux-ci seront convertis. On demande d'écrire un programme m+c qui trouve une façon de traverser le fleuve sans risquer des conversions intempestives. Une exécution possible est la suivante :

```
? (print-history (m+c))two missionaries towards right
one missionary towards left
two missionaries towards right
one missionary towards left
two cannibals towards right
one missionary one cannibal towards left
two cannibals towards right
one missionary towards left
two missionaries towards right
one missionary towards left
two missionaries towards right
```

A cette fin, on demande de :
1. Choisir une représentation de l'état du système : nombres de missionnaires et cannibales sur chaque rive et position de la barque.
2. Définir un prédicat `valid-configuration?` indiquant si une configuration est valide.
3. Définir un prédicat `final-configuration?` indiquant si une configuration est finale.
4. Définir une fonction de transition `next-configs` qui retourne les différentes configurations possibles atteignables en une étape à partir d'une configuration donnée.
5. Définir une fonction de recherche dans l'espace d'état trouvant une configuration finale.

Exercice 4.30 *(solution pages 248–250)*

Soit un pont et quatre musiciens d'un même côté de ce pont. Il fait nuit et ils ont un concert dans 17 minutes de l'autre côté du pont. Ils ont des instruments plus ou moins encombrants aussi le premier musicien met-il 1 minute pour franchir le pont, le second 2 minutes, le troisième 5 minutes et le dernier 10 minutes. Le pont ne peut supporter que deux musiciens au plus en même temps. Comme il fait nuit, une lampe est nécessaire pour traverser. Cette lampe ne peut être lancée d'un bord à l'autre, elle est nécessairement portée par un musicien. Le concert est-il possible et si oui, comment ?

CHAPITRE 5
Fonctions

Rappels

Les fonctions sont des valeurs comme les autres que `lambda` permet de construire dynamiquement. Les exercices de ce chapitre vous mèneront à concevoir puis écrire des fonctions (souvent nommées des *fonctionnelles*) qui prennent des fonctions en arguments et/ou qui en ramènent en valeur.

§1. Fonctionnelles

Exercice 5.1

Écrire une fonction, nommée `reduce`, telle que l'appel (reduce f 'e '(e_1 e_2 ... e_n)) retourne comme valeur la valeur de l'expression (f 'e_1 (f 'e_2 ... (f 'e_n 'e) ...)). Cette fonction permet de retrouver de nombreux cas intéressants (à l'efficacité près) comme la fonction `sum-of-integers`, la factorielle ou le retournement de liste :

```
? (reduce + 0 '(1 2 3 4))
= 10
? (reduce * 1 '(1 2 3 4))
= 24
? (reduce
    (lambda (item result)
      (append result (list item)))
    '()
    '(a b c d))
= (d c b a)
```

Solution de l'exercice 5.1

Exploitons l'énoncé. La fonction `reduce` est ternaire, elle prend trois arguments :
```
(define (reduce f e l) ...)
```
Le premier argument, f, est manifestement une fonction binaire de par sa position dans l'expression équivalente ; le troisième argument est explicitement une liste. La fonction f est appliquée au premier terme de cette liste. On peut donc déjà écrire :
```
(define (reduce f e l)
  (if (pair? l)
      (f (car l) ...)
      ... ) )
```
Le second argument de f est le résultat partiel de `reduce` sur le reste de la liste. Cette observation nous fournit le cas de base de la récursion sur cette liste à savoir que la valeur est e lorsque la liste (le troisième argument de `reduce`) est vide. On peut donc achever la définition et écrire :
```
(define (reduce f e l)
  (if (pair? l)
      (f (car l) (reduce f e (cdr l)))
      e ) )
```

Exercice 5.2 (solution page 251)

Définir la fonction `map` de Scheme à l'aide de la fonction `reduce` de l'exercice 5.1 (page 76–77).

Exercice 5.3 (solution page 251)

En vous inspirant des fonctions `other-sum-of-integers` et `sum-of-squares` des exercices 1.1 (page 3–5) et 1.2 (page 5–6), écrire la fonction `sum-numbers` telle que :

$$(\texttt{sum-numbers}\ n\ f) = \sum_{i=0}^{i=n} f(i)$$

Redéfinir la fonction `sum-of-squares` à l'aide de `sum-numbers`.

Exercice 5.4

Les solutions des exercices 1.1 (page 3–5) et 1.2 (page 5–6) se ressemblent fortement. Elles sont toutes deux instances d'un même schéma de récursion. Identifier ce schéma et écrire une fonction, nommée make-recursor-over-decreasing-numbers (comme c'est un peu long, nous préférerons la nommer mrodn), qui, convenablement invoquée, pourra retourner une fonction équivalente à other-sum-of-integers ou à sum-of-squares.

Solution de l'exercice 5.4

Rappelons les deux fonctions en question :
```
(define (other-sum-of-integers n)
  (if (> n 0)
      (+ n (other-sum-of-integers (- n 1)))
      0 ) )
(define (sum-of-squares n)
  (if (> n 0)
      (+ (* n n) (sum-of-squares (- n 1)))
      0 ) )
```
La fonction make-recursor-over-decreasing-numbers correspond à la partie commune entre ces deux fonctions, c'est-à-dire au traitement que doit subir la variable n avant de participer, par addition, au résultat final. La seule difficulté est de créer une fonction récursive anonyme ce qu'un letrec bien placé résoud :
```
(define (mrodn transformer)
  (letrec ((loop (lambda (n)
                   (if (> n 0)
                       (+ (transformer n) (loop (- n 1)))
                       0 ) )))
    loop ) )
```
On retrouve la fonction other-sum-of-integers en évaluant :
```
(define other-sum-of-integers
  (make-recursor-over-decreasing-numbers (lambda (n) n)) )
```
Que l'on peut immédiatement mettre en œuvre avec :
```
? (other-sum-of-integers 4)
= 10
```

Exercice 5.5 (solution page 252)

Écrire une fonction, combine-ascending-numbers, qui prend une fonction unaire f, une fonction binaire g et une constante e. Elle retourne une fonction binaire qui prend un intervalle croissant de nombres (spécifié par le premier nombre par lequel commencer et celui qu'il ne faut pas dépasser), qui applique f à tous ces nombres et qui combine ces résultats partiels par g.

En d'autres termes,

$$\text{Si} \quad h = \text{(combine-ascending-numbers } f \ g \ e)$$
$$\text{alors} \quad (h \ i \ j) = g(f(i), g(f(i+1), \ldots g(f(j-1), e) \ldots))$$

Définir la fonction sum-of-divisors, cf. exercice 1.11 (page 9/163), à l'aide de combine-ascending-numbers.

Exercice 5.6 *(solution page 252)*

Écrire une fonction, low-pass, réalisant un filtre passe-bas. La forme (low-pass f M) calcule, à partir d'une fonction unaire f de $R \to R$, une nouvelle fonction g telle que :

$$g(x) = \begin{cases} f(x), & \text{si } f(x) < M\,; \\ M, & \text{si } f(x) \geq M. \end{cases}$$

Exercice 5.7 *(solution pages 252–253)*

Écrire une fonction, y-symmetrize, qui prend une fonction f définie sur $R^+ \to R$ et qui retourne la fonction g paire étendant f comme suit :

$$g(x) = \begin{cases} f(x), & \text{si } x \geq 0\,; \\ f(-x), & \text{si } x < 0. \end{cases}$$

Utiliser les mêmes techniques pour étendre une fonction en une fonction impaire (grâce à origin-symmetrize) définie comme :

$$g(x) = \begin{cases} f(x), & \text{si } x \geq 0\,; \\ -f(-x), & \text{si } x < 0\,; \end{cases}$$

Utiliser encore les mêmes techniques pour translater une fonction d'un certain (dx, dy) grâce à translate. En d'autres termes :

$$y = f(x) \equiv g(x) - dy = f(x - dx)$$

Exercice 5.8 *(solution page 253)*

Écrire la fonction, periodize, qui prend une fonction f définie sur un intervalle $[a, b[$ (défini entre a inclus et b exclus mais b plus grand que a) et qui retourne la fonction périodique g (de période $b - a$) prolongeant f sur tout R.

***Exercice 5.9** (solution page 253)*

Écrire une fonction `extend-sinus-likewise` qui étend un arc défini sur un intervalle $[a, b[$ en une fonction périodique (de période quatre fois plus grande) définie à la manière de la fonction sinus. On utilisera bien sûr les fonctions précédentes. Par exemple, la fonction définie sur $[0, 1[$ apparaissant à gauche de la figure 1 serait étendue comme indiqué à droite de cette même figure.

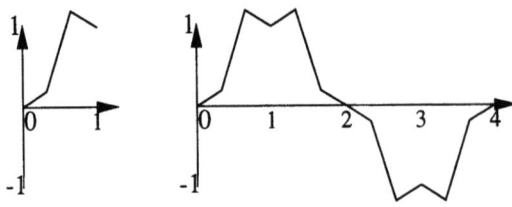

Figure 1 – Extension à la sinus

***Exercice 5.10** (solution page 254)*

Le calcul de lignes trigonométriques est coûteux car il induit en général une douzaine d'opérations sur des nombres flottants. Il est donc classique, lorsque la vitesse prime aux dépens de la précision, que l'on tabule ces fonctions c'est-à-dire que l'on précalcule les valeurs prises par la fonction en quelques points régulièrement espacés et que l'on assimile le calcul de tout point à la consultation en table de la valeur associée au point le plus proche.

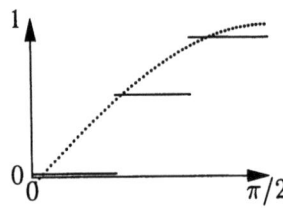

Figure 2 – Tabulation de sinus en trois paliers

La figure 2 montre la fonction *sinus* très grossièrement tabulée en trois paliers. Pour cette tabulation, la fonction *sinus* est remplacée par un vecteur ne contenant que les trois valeurs $sin(0), sin(\pi/6), sin(\pi/3)$. On définira la fonction tabulée comme :

$$\texttt{tabular-sinus } x = \begin{cases} \sin(0), & \text{si } 0 \leq x < \pi/6\,; \\ \sin(\pi/6), & \text{si } \pi/6 \leq x < \pi/3\,; \\ \sin(\pi/3), & \text{si } \pi/3 \leq x \leq \pi/2. \end{cases}$$

§1. Fonctionnelles

Écrire une fonction `discretize-with` qui prend une fonction f, un intervalle de définition $[a, b]$ et un nombre de paliers et qui retourne une fonction tabulée approximant f avec le nombre de paliers demandé. Par exemple, la fonction `tabular-sinus` ci-dessus serait obtenue par `(discretize-with sin 0 (/ pi 2) 3)`. On représentera le tableau de valeurs tabulées par un vecteur.

Exercice 5.11 *(solution pages 254–255)*

Au lieu d'indiquer le nombre de paliers souhaité comme à l'exercice 5.10 (page 80–81/254), il est aussi possible de discrétiser jusqu'à imposer une certaine précision. Écrire une fonction `discretize` qui prend une fonction f, un intervalle et une précision ε et qui retourne une fonction approximant f, tabulée avec suffisamment de paliers pour que l'écart entre les ordonnées de ces paliers soit inférieur à la précision spécifiée.

Exercice 5.12 *(solution page 255)*

Afin de mettre au point ces fonctions, il est utile de pouvoir les visualiser. Écrire une fonction `draw-function` ayant la signature suivante :

```
(draw-function f           ; la fonction à visualiser
               xmin        ; l'abscisse de départ
               xmax        ; l'abscisse d'arrivée
               xstep       ; le pas
               ymin        ; l'ordonnée minimale
               ymax        ; l'ordonnée maximale
               line-length ) ; le nombre de colonnes
```

La fonction f sera dessinée entre x_{min} et x_{max}, par pas de x_{step} sur line-length colonnes de caractères. Afin de cadrer le dessin, il est requis de fournir l'amplitude des ordonnées y_{min} et y_{max}. On écrira également abscisses et ordonnées en bout de ligne pour mieux vérifier ce qui se passe.

Voici un exemple utilisant la fonction sinus telle que discrétisée à l'exercice 5.11 (page 81/254–255) dont l'allure sinusoïdale n'échappera pas aux regards avertis.

```
? (draw-function
    (extend-sinus-likewise
      (discretize sin 0 (/ pi 2) (/ 1 10))
      (/ pi 2))
    pi
    (* 3 pi)
    (/ pi 16)
    -1.
    1.
    40)                    *         3.1415926535=>0.
                      *              3.33794219434375=>-.19509032201062404
                *                    3.5342917351875=>-.2902846772464067
             *                       3.7306412760312497=>-.5555702330056034
          *                          3.9269908168749996=>-.6343932841484619
       *                             4.1233403577187495=>-.8314696122869557
     *                               4.319689898562499=>-.8819212643338047
    *                                4.516039439406249=>-.9807852803955665
    *                                4.712388980249999=>-.9951847266680713
```

```
         *                        4.908738521093749=>-.9807852803955665
         *                        5.105088061937499=>-.9238795324984008
          *                       5.301437602781249=>-.8314696122869557
            *                     5.497787143624999=>-.7071067811706742
               *                  5.694136684468749=>-.5555702330056034
                   *              5.8904862253124985=>-.38268343235472
                       *          6.086835766156248=>-.19509032201062404
                           *      6.283185306999998=>0.
                               *  6.479534847843748=>.09801714032676807
                                  6.675884388687498=>.2902846772464067
                                  6.872233929531248=>.47139673681362415
                                  7.068583470374998=>.6343932841484619
                                  7.264933011218748=>.7730104533467157
                                  7.461282552062498=>.8819212643338047
                                  7.657632092906248=>.9569403357216197
                                  7.853981633749975=>.9951847266680713
                                  8.050331174593747=>.9807852803955665
                                  8.246680715437497=>.9238795324984008
                                  8.443030256281247=>.8314696122869557
                                  8.639379797124997=>.7071067811706742
                                  8.835729337968747=>.5555702330056034
                                  9.032078878812497=>.38268343235472
                                  9.228428419656247=>.19509032201062404
                                  9.424777960499997=>0.
```

Exercice 5.13 (solution pages 255–256)

Dans l'exercice 4.11 (page 63/228), on convertissait une S-expression représentant une expression arithmétique en une liste de symboles représentant la même expression en notation préfixée. On souhaite maintenant écrire une fonction `unlinearize` qui inverse la fonction `linearize`. Par exemple,

```
? (unlinearize
    (linearize '(+ (- 3) (* (- 2 3) 5))))
= (+ (- 3) (* (- 2 3) 5))
```

Une variante utilisant des effets de bord est étudiée à l'exercice 6.15 (page 98/272).

Exercice 5.14

L'exercice 3.38 (page 54/216–217) avait proposé une fonction de filtrage `match3` que l'on souhaite enrichir, dans les exercices qui suivent, avec des variables de filtrage.

Réécrire tout d'abord la fonction `match3` avec des continuations. La continuation normale (dite de succès) représentera ce qu'il reste à effectuer si le filtrage marche. La continuation d'échec matérialisera ce qu'il faut faire si le filtrage échoue. La continuation d'échec ne prend pas d'argument, la continuation de succès sera invoquée sur l'environnement (attendre l'exercice suivant pour qu'il prenne quelque utilité) et la continuation courante d'échec. La fonction `match6` retournera en fin de calcul l'environnement que l'on prendra égal à `()` (dont on rappelle qu'en Scheme R4RS, il vaut vrai). Ainsi :

```
? (match6 '(foo bar rab oof) '(... bar ?- ...))
= ()
```

Solution de l'exercice 5.14

La fonction de filtrage a deux principales composantes : le filtrage d'une expression par un filtre (match6-expression) ou le filtrage d'une suite d'expressions par une suite de filtres (match6-liste). Ces deux fonctions sont mutuellement récursives et spécialisées dans les filtres primitifs qu'elles traitent : ... pour match6-liste, ?- pour match6-expression. Le passage aux continuations est assez systématique. Plutôt que de retourner #t, on appelle la continuation de succès et plutôt que de retourner #f, on appelle la continuation d'échec. Plutôt que de dire « faire ceci *et* cela », on fait ceci et on rejette cela dans la continuation de succès. Plutôt que de dire « faire ceci *ou* cela », on fait ceci et on rejette cela dans la continuation d'échec. On obtient donc :

```
(define (match6 expression pattern)
  (define (match6-list expressions patterns env success fail)
    (if (pair? patterns)
        (if (eq? (car patterns) '...)
            (match6-list
              expressions (cdr patterns) env success
              (lambda ()
                (if (pair? expressions)
                    (match6-list (cdr expressions)
                                 patterns env
                                 success fail )
                    (fail) ) ) )
            (if (pair? expressions)
                (match6-expression
                  (car expressions) (car patterns) env
                  (lambda (env fail)
                    (match6-list
                      (cdr expressions) (cdr patterns) env
                      success fail ) )
                  fail )
                (fail) ) )
        (if (equal? expressions patterns)
            (success env fail)
            (fail) ) ) )
  (define (match6-expression expression pattern env
                             success fail )
    (if (eq? pattern '?-)
        (success env fail)
        (if (eq? pattern '...)
            (error 'match6 "... can't be here")
            (if (pair? pattern)
                (match6-list expression pattern env
```

```
                          success fail )
                 (if (equal? pattern expression)
                     (success env fail)
                     (fail) ) ) ) ) )
   (match6-expression expression pattern '()
                      (lambda (env fail) env)
                      (lambda () #f) ) )
```

Exercice 5.15 (solution pages 256–257)

Les variables seront nommées par des symboles dont le nom commence par un point d'interrogation. Lorsqu'une variable est rencontrée la première fois, elle est liée à la valeur qu'elle filtre et, lorsque rencontrée les fois suivantes, elle devra être égale aux expressions filtrées.

Voici quelques exemples, le premier filtre accepte toute liste de deux termes égaux tandis que le second filtre accepte toute liste de deux termes contenant une même sous-expression.

```
? (match7 '(a a) '(?x ?x))
= ((?x . a))
? (match7
    '((a b c) (r g b))
    '((... ?x ...) (... ?x ...)))
= ((?x . b))
```

Exercice 5.16 (solution pages 257–258)

Plutôt que d'être interprété par la fonction match3, exercice 3.38 (page 54/216–217), le filtre (foo ?- bar) pourrait être transformé en une fonction réalisant le même effet. On demande donc de réaliser une curryfication de match3 sur son filtre. Par exemple :

```
? (transform-pattern5 '(foo ?- bar ... hux))
= #<a Function>
? ((transform-pattern5 '(foo ?- bar ... hux))
   '(foo 5 bar hux))
= #T
? ((transform-pattern5 '(foo ?- bar ... hux))
   '(foo 5 bar 7 4 5 hux))
= #T
? ((transform-pattern5 '(foo ?- bar ... hux))
   '(foo . bar))
= #F
```

On évitera la banale solution suivante au profit d'une solution plus efficace :

```
(define (match3-curried pattern)
  (lambda (expression)
    (match3 expression pattern) ) )
```

§2. Échappements

Dans certains calculs, le résultat final est obtenu alors que tous les calculs prévus ne sont pas encore achevés. Dans d'autres calculs, une anomalie imprévue force l'abandon précipité d'un calcul jusqu'à une meilleure position où l'on pourra analyser et contourner l'anomalie. Dans ces deux cas, la notion d'échappement est essentielle.

Scheme procure la notion d'échappement sous une forme encore plus puissante qui est la notion de continuation. La notion de continuation elle-même est hors de la portée du présent livre. Nous ne traiterons donc que la notion d'échappement.

Les échappements sont mis en œuvre au moyen de la forme spéciale let/cc[1] :

(let/cc *reprise*
    expressions...)

Les *expressions* sont normalement évaluées tour à tour comme dans une séquence normale qu'introduirait la forme spéciale begin. La valeur de la dernière des *expressions* devient, normalement, la valeur de la forme tout entière.

La variable *reprise* est liée à un échappement (on dit qu'elle *capture* l'échappement) qui est une procédure unaire. Si dans le texte représentant les *expressions*, un appel de la forme (*reprise valeur*) est évalué alors le calcul de la forme let/cc tout entière est abandonné et retourne *valeur* comme résultat final.

Invoquer l'échappement affecte le contrôle puisque le calcul courant s'interrompt et force l'évaluation de la forme let/cc à s'achever avec une valeur qui est fournie en argument à la *reprise*. En ce sens, l'appelant de la fonction *reprise* ne la voit jamais revenir avec un résultat.

Exercice 5.17

Écrire une fonction, times-list, prenant une liste de nombres et retournant leur produit. Si l'un de ces nombres est nul, on retournera immédiatement le résultat final, à savoir zéro.

Solution de l'exercice 5.17

La structure de cette fonction est simple. On nomme exit le point de reprise et on définit une fonction interne qui va énumérer les nombres et les multiplier. Si l'un de ces nombres est nul, on invoque la reprise avec la valeur finale pour échapper ainsi à la suite des multiplications qui restaient à effectuer et qui n'auraient fait que propager la valeur zéro.

```
(define (times-list l)
  (let/cc exit
    (define (scan l)
      (if (pair? l)
          (let ((n (car l)))
```

---

[1] La forme spéciale let/cc peut se définir en Scheme standard, voir note 1 en fin de chapitre.

```
          (if (= 0 n)
              (exit 0)
              (* n (scan (cdr l))) ) )
      1 ) )
  (scan l) ) )
```

Ainsi l'expression (`times-list` (`cons` `0` ...)) ramène-t-elle un résultat en temps constant indépendamment de la valeur du second argument de `cons`.

Exercice 5.18

Écrire un semi-prédicat[2], nommé `prefixq`, testant si un symbole apparaît dans une liste de symboles et retournant, si ce symbole est présent, une liste contenant tous les termes précédant ce symbole. Cette fonction est complémentaire à `memq` qui retourne le suffixe de la liste commençant au symbole si présent. On a donc :

```
? (let ((gamme '(do re mi fa sol la si)))
    (append (prefixq 'fa gamme) (memq 'fa gamme)))
= (do re mi fa sol la si)
```

Solution de l'exercice 5.18

Là encore on capture la reprise en la nommant `exit` et l'on définit une fonction interne assumant que tout va très bien se passer. Cette sous-fonction recherche donc le symbole en reconstruisant le segment initial de la liste parcourue. Si l'on trouve le symbole, on achève le calcul préparé en retournant la liste vide ce qui clôture la liste retournée en résultat. Sinon on s'échappe en imposant #f.

```
(define (prefixq s l)
  (let/cc exit
    (define (scan l)
      (if (pair? l)
          (if (eq? s (car l))
              '()
              (cons (car l) (scan (cdr l))) )
          (exit #f) ) )
    (scan l) ) )
```

Exercice 5.19 (solution page 258)

Écrire un semi-prédicat `use-let/cc` qui prend une S-expression représentant une définition de fonction et qui cherche si une forme `let/cc` y apparaît. Si c'est le cas, la fonction `use-let/cc` retourne la profondeur d'apparition de cette forme autrement elle répond #f. Voici quelques exemples :

---

[2] Un semi-prédicat est une fonction qui retourne soit #f, soit une valeur différente donc nécessairement vraie mais plus intéressante que #t. La fonction memq est un exemple de semi-prédicat.

```
? (use-let/cc '(let/cc k (k 1))))
= 0
? (use-let/cc '(f (g (let/cc k 42)))))
= 2
? (use-let/cc '(f (g 42))))
= #F
```

Exercice 5.20 (solution pages 258–259)

Reprendre l'énoncé de l'exercice 4.22 (page 70–72) (page 70) en utilisant maintenant un échappement lorsque le nœud final du chemin est trouvé.

Exercice 5.21 (solution page 259)

Écrire un semi-prédicat heading qui prend une liste et retourne le préfixe de cette liste conduisant au symbole qui y apparaît au moins deux fois et dont la seconde occurrence est la plus proche du début de la liste. Ainsi :

```
? (heading '(g a b c d c a b c d e))
= (g a b)
? (heading '(g a g))
= ()
? (heading '(a r g h))
= #F
```

Exercice 5.22 (solution pages 259–260)

Écrire un semi-prédicat headings qui prend une liste et retourne le préfixe de cette liste conduisant à la première occurrence du dernier (le plus loin de la tête de la liste) symbole qui y apparaît au moins deux fois. Ainsi :

```
? (headings '(g a b c d c a b c d e))
= (g a b c)
? (headings '(g a g))
= ()
? (headings '(a r g h))
= #F
```

§3. La fonction apply et les arités multiples

Un autre trait caractéristique de Scheme est qu'il permet de définir des fonctions capables de recevoir un nombre quelconque d'arguments (la fonction list par exemple). Une extension de la syntaxe des λ-expressions permet de spécifier des fonctions prenant « au moins » un certain nombre d'arguments. Cette syntaxe répond à la grammaire :

$$\begin{array}{lcl}\langle function\rangle & ::= & (\texttt{lambda}\ \langle variables\rangle\ \langle expr\rangle\ \langle expr\rangle^*)\\ \langle variables\rangle & ::= & (\langle variable\rangle^*)\\ & | & (\langle variable\rangle^*\ .\ \langle variable\rangle)\end{array}$$

Les arguments superflus sont réunis en une liste qui représente donc un « paquet d'arguments ». Une fonction spéciale, apply, permet d'appliquer une fonction sur un tel paquet d'arguments.

Exercice 5.23 *(solution page 260)*

Définir la fonction compose qui prend deux fonctions (disons f et g) en arguments et retourne la fonction unaire composant f puis g. Le résultat de f est l'argument de g. Par exemple :
```
? (let ((kadr (compose cdr car)))
    (kadr '(a b c)))
= b
```

Exercice 5.24 *(solution page 260)*

Étendre la fonction compose, en ncompose, pour composer une fonction f prenant un nombre quelconque d'arguments avec une fonction unaire g. Par exemple :
```
? (let ((list-length (ncompose list length)))
    (list-length 1 'b "c"))
= 3
```

Exercice 5.25 *(solution page 260)*

Étendre encore la fonction compose, en compose-n, pour composer un nombre quelconque de fonctions unaires. Par exemple :
```
? (let ((kadddr (compose-n cdr cdr cdr car)))
    (kadddr '(a b c d e)))
= d
```

Exercice 5.26 *(solution pages 260–261)*

Soit une liste de coefficients et des listes de notes, on cherche à calculer la somme de ces notes affectées du coefficient approprié. Écrire donc une fonction, nommée ponderated-sum, prenant en premier argument une liste de coefficients et en arguments suivants des listes de nombres à multiplier par ces coefficients puis à sommer. Ainsi :

```
? (ponderated-sum '(1 1) '(2 3))
= 5
? (ponderated-sum '(1 2) '(2 3))
= 8
? (ponderated-sum '(1 2) '(2 3) '(4 9))
= 30
```
Cette fonction est inspirée par les calculs matriciels dans les tableurs où l'on pondère des notes par des coefficients.

Exercice 5.27 *(solution page 261)*

Le langage APL manipule des scalaires, des vecteurs et des matrices. La plupart des opérateurs savent opérer sur ces trois types de données. Ainsi l'opérateur $\sqrt{}$ appliqué à un nombre retourne la racine carrée de ce nombre tandis qu'appliqué à un vecteur retourne le vecteur des racines carrées des composantes du vecteur initial.

On demande de définir une fonction apl-izel qui prend en argument une fonction unaire et retourne une fonction qui peut être appliquée à un nombre ou à une liste similairement à APL. Ainsi :

```
? (let ((apl-sqrt (apl-izel sqrt)))
    (list (apl-sqrt 9) (apl-sqrt (list 1 4 25))))
= (3 (1 2 5))
```

Exercice 5.28 *(solution pages 261–262)*

On souhaite maintenant étendre la fonction apl-izel en apl-ize pour prendre des fonctions binaires et leur permettre de prendre n'importe quel nombre d'arguments que ce soient des nombres ou des listes de nombres. Ainsi :

```
? (let ((apl-plus (apl-ize +)))
    (list (apl-plus 3 5 9)
          (apl-plus '(1 2 3) '(4 6 8) '(-1 -1 -1))
          (apl-plus 1 '(1 2 3) -1 '(4 6 8))))
= (17 (4 7 10) (5 8 11))
```

Exercice 5.29 *(solution page 262)*

Écrire une fonction any? prenant un prédicat et une succession de listes. On appliquera tout d'abord le prédicat à tous les premiers termes des listes. Si le résultat est #t, any? retournera #t. Si le résultat est #f, on continuera en appliquant le prédicat à tous les seconds termes des listes et ainsi de suite.

```
? (any? even? '(1 2 3))
= #T
? (any? (lambda xs (any? zero? xs))
        '(1 2 3)
        '(4 0 5)
        '(7 8 9))
= #T
```

Note 1: `let/cc` en Scheme

Nous avons utilisé `let/cc` dans tout cet ouvrage pour procurer la notion d'échappement. Cette forme spéciale n'est pas prédéfinie en Scheme mais elle est souvent procurée sous ce nom ou un autre (`let/ec` en DrScheme par exemple). Si vous ne la trouvez pas dans le manuel de référence de votre implantation Scheme, voici en trois points, comment la définir.

1. `call/cc` est l'abbréviation officielle de `call-with-current-continuation` mais cette abbréviation n'est pas nécessairement présente. Définissez-la si elle manque :

   ```
   (define call/cc call-with-current-continuation)
   ```

2. Divers systèmes de macro existent en Scheme et tous les systèmes ne les procurent pas tous. Si votre système dispose des macros dites hygiéniques du R4RS, voici comment définir `let/cc` :

   ```
   (define-syntax let/cc
     (syntax-rules ()
       ((let/cc v body ...)
        (call/cc (lambda (v) body ...)) ) ) )
   ```

3. Si votre système a un autre système de macro, voici encore une autre définition dont vous pouvez vous inspirer pour votre cas particulier.

   ```
   (define-macro (let/cc var . body)
     `(call/cc (lambda (,var) . ,body)) )
   ```

CHAPITRE 6
Partage et effets de bord

Rappels

Jusqu'à présent, nous avons adopté un style de programmation purement fonctionnel, et la plupart des programmes présentés pourraient être réécrits en Miranda ou Haskell sans trop de problèmes. Scheme n'est cependant pas un langage purement fonctionnel. Tout comme Standard ML et Caml, il offre à l'utilisateur la possibilité d'effectuer des effets de bord. En Scheme, ces effets de bord peuvent être des affectations, des mutations de structures de données ou des opérations d'entrée-sortie. Dans ce chapitre, nous nous concentrons sur les affectations et les mutations.

En Scheme, l'affectation prend la forme suivante :

(set! ⟨variable⟩ ⟨expression⟩)

Afin d'évaluer une telle affectation, ⟨expression⟩ est d'abord évaluée ; soit v sa valeur. Ensuite, la liaison de la ⟨variable⟩ est changée dans l'environnement courant, et sa nouvelle valeur devient v. La valeur retournée par l'affectation n'est pas spécifiée : on utilise une affectation pour son effet de bord, et non pas pour la valeur qu'elle aurait pu retourner.

Quatre modifieurs de base existent en Scheme, pour les paires, les vecteurs et les chaînes de caractères. Leur signature est affichée ci-dessous.

set-car!	:	⟨pair⟩ × ⟨value⟩ → ⟨unspecified⟩
set-cdr!	:	⟨pair⟩ × ⟨value⟩ → ⟨unspecified⟩
vector-set!	:	⟨vector⟩ × ⟨index⟩ × ⟨value⟩ → ⟨unspecified⟩
string-set!	:	⟨string⟩ × ⟨index⟩ × ⟨value⟩ → ⟨unspecified⟩

Le modifieur set-car! attend une paire et une valeur et modifie le champs car de cette paire. La valeur retournée par set-car! n'est pas spécifiée car cette primitive est utilisée pour son effet de bord. La primitive set-cdr! est le correspondant de set-car! pour le champs cdr, tandis que les deux dernières opèrent sur les vecteurs et les chaînes de caractères.

Une autre différence importante entre Scheme et les langages fonctionnels est l'existence d'un modèle de mémoire en Scheme basé sur la notion d'égalité physique. Cette notion est présente dans la plupart des dialectes Lisp et est semblable à la notion d'égalité de pointeurs des langages impératifs. En Scheme, la fonction eq? implante l'égalité physique : elle ne retourne vrai que si ses deux arguments sont le même objet en mémoire.

Il est nécessaire de se familiariser avec la représentation des objets en mémoire, afin de bien maîtriser l'égalité physique, comprendre les partages ayant lieu en mémoire, et déterminer les effets qu'ont les modifieurs sur la mémoire. A cette fin, nous introduisons une représentation symbolique de la paire pointée, appelée notation avec boîtes ou encore *box-notation*. Une paire pointée est représentée par deux boîtes représentant les champs car et cdr. Par exemple, la paire (a . b) est représentée de la façon suivante.

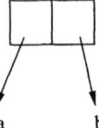

Nous utiliserons la notion de boîtes pour représenter le contenu de la mémoire[1]. Ce chapitre est organisé de la façon suivante : dans un premier temps, une série d'exercices nous familiarisera avec la notion de partage ; dans une deuxième étape, nous présentons des exercices utilisant les effets de bord à bon escient.

§1. Partage

Exercice 6.1

Donner la représentation interne avec partage explicite des résultats d'évaluation des formes suivantes :
```
(define l1 '(a b c d))
(define l2 (cons 'a (cdr l1)))
(define l3 '(1 2 3))
(define l4 (cons l1 l2))
(define l5 (append l4 l2))
(define l6 (cons '() (list (cdr l5))))
(define l7 (cons l5 '()))
```

Solution de l'exercice 6.1

La solution de ce problème est présentée à la figure 1.

1. La liste l1 est représentée par quatre paires dont les car respectifs pointent vers a, b, c et d. La liste vide contenue dans le cdr de la quatrième paire est représentée par une boîte barrée.

2. La liste l2 est constituée par une nouvelle paire dont le car est a et le cdr est celui de l1.

---

[1] Afin de préserver la lisibilité des figures de ce chapitre, nous ne représenterons pas les symboles de façon unique en mémoire.

3. La liste 13 est formée de trois nouvelles paires.
4. La liste 14 est formée d'une seule nouvelle paire dont le car est 11 et le cdr 12.
5. La liste 15 est obtenue en effectuant une copie en surface de 14, c'est-à-dire cinq paires, dont le cdr de la dernière paire est 12.
6. La liste 16 est composée de deux nouvelles paires ; la première, construite par cons, a pour car la liste vide et cdr la deuxième paire construite par list.
7. Finalement, la liste 17 possède une nouvelle paire dont le car pointe vers 15.

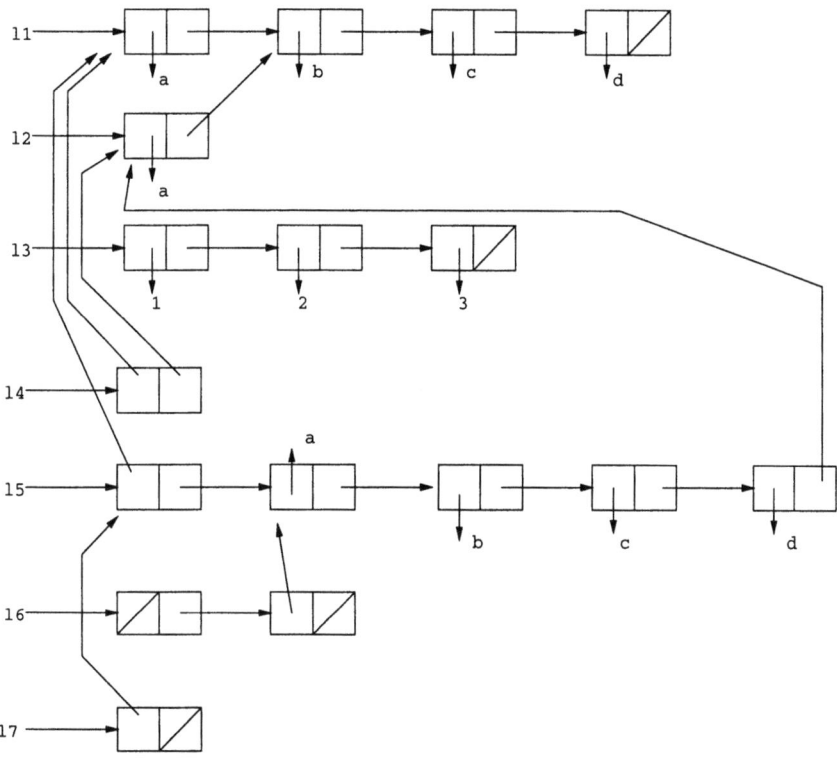

Figure 1 – Représentation interne de mémoire, exercice 6.1 (page 92–93)

Exercice 6.2

Écrire la fonction reverse! qui renverse une liste *en place*. Dans l'exemple suivant, on voit que la fonction reverse! retourne la liste renversée mais on voit également que les listes list1 et list2 ont été altérées.
```
? (begin
    (define list1 '(1 2 3 4))
```

```
    (define list2 (cddr list1))
    (reverse! list1))
= (4 3 2 1)
? list1
= (1)
? list2
= (3 2 1)
```

L'exercice 6.3 (page 94/263-264) illustre l'effet de `reverse!` sur la représentation interne de la mémoire.

Solution de l'exercice 6.2

La solution consiste à remplacer le `cdr` de chaque paire par le reste de liste renversée. On traite d'abord le cas de la liste vide. Ensuite, dans la boucle interne, la variable `previous` est initialement liée à la liste vide ; à chaque itération, `previous` est liée à la paire précédemment rencontrée.

```
(define reverse!
  (lambda (l)
    (if (null? l)
        l
        (let rev ((l l)
                  (previous '()))
          (if (null? (cdr l))
              (begin
                (set-cdr! l previous)
                l)
              (let ((cdrl (cdr l)))
                (begin
                  (set-cdr! l previous)
                  (rev cdrl l)))))))))
```

Exercice 6.3 *(solution pages 263-264)*

Evaluer les expressions suivantes et donner la représentation interne avec partage explicite des résultats d'évaluation. *Veiller à bien partager les structures.*

```
(define l1 '(a b c d))
(define l2 '(1 2 3 4))
(define l3 (cons l1 l2))
(define l4 (append l1 l3))
(define l5 (append! l1 l3))
(eq? l1 l5)
(eq? l1 l4)
(equal? l5 l4)
(define l6 (reverse! l5))
```

Exercice 6.4 (solution page 264)

Utiliser la notation avec boîtes pour représenter l'état de la mémoire après avoir évalué les expressions suivantes :
```
(define x1 (list 'a 'b 'c))
(define x2 (cons x1 '(1 2)))
(define x3 (map list x2))
(define x4 (append x3 x2))
```

Exercice 6.5 (solution page 264)

Considérons l'expression (foo *l* *l*) où *l* et foo sont définis de la façon suivante :
```
(define *l* '(5   4))

(define foo
  (lambda (a b)
    (let ((u (append a b)))
      (set-car! u (+ (car a) 3))
      (set-cdr! (cdr a) (cons 3 b))
      (list a u))))
```
Donner la représentation interne du résultat en utilisant la notation des boîtes.

Exercice 6.6 (solution pages 264–265)

Écrire une fonction nbr-different-pairs qui calcule le nombre de paires *différentes* utilisées pour construire une S-expression. La fonction nbr-different-pairs calcule le nombre réel de paires utilisées dans la structure de données suivante, tandis que la fonction nbr-pairs, exercice 3.15 (page 46/205), ne tient pas compte du partage qui y règne.
```
(define the-shared-tree
  (let* ((a (cons 1 2))
         (b (cons a   a)))
    (cons b b)))
? (nbr-different-pairs the-shared-tree)
= 3
? (nbr-pairs the-shared-tree)
= 7
```

Exercice 6.7 *(solution page 266)*

Considérer les fonctions `suffix`, exercice 2.39 (page 23/182), et `prefix`, exercice 2.40 (page 23/182–183). Donner la représentation interne sous forme de boîtes des valeurs produites par `(suffix l)` et `(prefix l)`, où l a pour valeur (1 2 3 4).

Exercice 6.8 *(solution pages 266–267)*

Définir une fonction `shared-mirror` qui pour une S-expression construit une nouvelle S-expression dont les champs `car` et `cdr` ont été échangés pour chaque paire et qui préserve le partage.

```
? (shared-mirror '(a b c d e f))
= ((((((() . f) . e) . d) . c) . b) . a)
? (nbr-different-pairs the-shared-tree)
= 3
? (nbr-different-pairs (mirror the-shared-tree))
= 7
? (nbr-different-pairs
    (shared-mirror the-shared-tree))
= 3
? (equal?
    the-shared-tree
    (shared-mirror (shared-mirror the-shared-tree)))
= #T
```

Exercice 6.9 *(solution pages 267–268)*

Concevoir la fonction `isomorphic?` qui vérifie non seulement que deux expressions sont `equal?` mais aussi qu'elles sont partagées de façon semblable.

```
? (isomorphic?
    the-shared-tree
    (shared-mirror (shared-mirror the-shared-tree)))
= #T
```

Exercice 6.10 *(solution pages 268–269)*

Écrire la fonction `shared-tree-generate` qui retourne le programme nécessaire à construire une S-expression. Cette fonction tiendra compte des partages existant dans la S-expression ; le programme engendré devra être tel que son exécution construira une S-expression avec le même partage, c'est-à-dire une S-expression qui est isomorphique (au sens de `isomorphic?`) avec l'argument de `shared-tree-generate`. Dans l'exemple ci-dessous, le programme engendré introduit de nouvelles variables afin de nommer les paires partagées. On utilisera la fonction `gensym` pour créer ces nouveaux symboles, cf. exercice 6.18 (page 99/274).

```
? (shared-tree-generate the-shared-tree)
= (let ((g2 (cons 1 2)))
    (let ((g1 (cons g2 g2))) (cons g1 g1)))
```

Exercice 6.11 (solution pages 269–270)

Il s'agit d'une variante de l'exercice 3.31 (page 52/213). On demande d'écrire une fonction `remove-leftmost2` qui pour une liste profonde `l` et un élément `item` retourne `l` si `item` n'appartient pas à `l` ou une liste dont on a retiré l'occurrence de `item` la plus à gauche dans `l` ; la liste résultat doit effectuer un partage maximum avec la liste reçue en entrée.

§2. Effets de bord

Exercice 6.12

La fonction `mapcan` comme la fonction `map` applique son premier argument fonctionnel à tous les éléments de la liste reçue en second argument. Au contraire de `map`, `mapcan` concatène tous les résultats obtenus. On suppose que la fonction appliquée construit une nouvelle liste de résultats. Par conséquent, on peut utiliser la fonction de concaténation altérante afin de combiner tous les résultats.

```
? (mapcan list '(1 2 1 2 1 2))
= (1 2 1 2 1 2)
```

Solution de l'exercice 6.12

Le schéma de cette fonction est le même que `map`, si ce n'est l'appel à `append!`.
```
(define mapcan
  (lambda (f l)
    (if (null? l)
        '()
        (append! (f (car l))
                 (mapcan f (cdr l))))))
```

Exercice 6.13 (solution pages 270–271)

Définir une fonction memoize-filter qui mémorise son argument prédicat. En faire une version avec effets de bord et une sans effets de bord. Dans tous les cas, memoize-filter crée une nouvelle liste, tout comme filter dont le code fut donné à l'exercice 4.27 (page 73/242).

```
? (memoize-filter
    (lambda (x) (display x) (newline) (odd? x))
    '(1 2 1 2 1 2))1
2
= (1 1 1)
```

Exercice 6.14 (solution pages 271–272)

Reprendre l'exercice 2.11 (page 15/169). Définir une fonction frequency! qui produit (sous forme de liste associative) une table de fréquence d'apparition de chacun des atomes dans son argument. Il est permis d'utiliser des effets de bord pour modifier la table de fréquence.

```
? (frequency! '(a 1 a 2 2 2 u u))
= ((u . 2) (2 . 3) (1 . 1) (a . 2))
```

Exercice 6.15 (solution page 272)

Écrire une fonction unlinearize ! prenant une représentation linéaire telle que produite à l'exercice 4.11 (page 63/228) et retournant une expression arithmétique telle que définie en définition 19 (page 62).

```
? (unlinearize! '(+ - 3 * - 2 3 5))
= (+ (- 3) (* (- 2 3) 5))
```

Exercice 6.16 (solution page 273)

Reprendre l'exercice 2.37 (page 23/181) et en construire une version itérative, construisant directement le résultat final, sans devoir le renverser.

```
? (split! '(1 2 3 4 -1 7 8 9 10) negative?)
= ((1 2 3 4) -1 7 8 9 10)
```

Exercice 6.17 (solution page 273)

Soient une S-expression S-exp et une liste l telles que la longueur de la liste l est égale au nombre d'atomes de la S-expression S-exp. On définit une correspondance entre chaque atome de la S-expression S-exp et chaque élément de la liste l : la position d'un atome dans la frondaison de S-exp (donnée par un parcours en profondeur de gauche à droite) est identique à la position de l'élément qui lui correspond dans l. On demande de définir une fonction change-leaves qui construit une nouvelle S-expression de même structure que S-exp mais où tout atome de S-exp fut remplacé par l'élément correspondant dans l.

```
? (change-leaves '((a b . c) d . e) '(1 2 3 4 5))
= ((1 2 . 3) 4 . 5)
? (change-leaves
    '((((1 . 2) . 3) . 4) . 5)
    '(a b c d e))
= ((((a . b) . c) . d) . e)
```

Exercice 6.18 (solution page 274)

Définir une fonction gensym retournant un symbole différent à chaque appel. Une telle fonction fut utilisée à l'exercice 6.10 (page 96–97/268–269) pour créer des noms de variables uniques.

```
? (gensym)
= g3
? (gensym)
= g4
```

Exercice 6.19 (solution page 274)

Écrire une procédure make-monitored qui prend comme entrée une procédure f qui elle-même a un argument. Le résultat retourné par make-monitored est une troisième procédure, disons mf, qui garde trace dans un compteur du nombre de fois qu'elle a été appelée. Si l'argument de mf est la valeur de get-count, alors mf retourne la valeur du compteur. Si l'argument de mf est la valeur de reset-count, alors mf remet le compteur a zéro. Pour toute autre entrée, mf retourne le résultat de l'appel de f pour cette entrée et incrémente le compteur. Afin de simplifier le programme, nous supposons que f est unaire.

```
? (begin
    (define mlist (make-monitored list))
    (mlist 1)
    (mlist 2)
    (mlist 3)
    (let ((val (mlist get-count)))
      (mlist reset-count)
```

```
      (mlist 4)
      (list val (mlist get-count))))
= (3 1)
```

Exercice 6.20 (solution pages 274–275)

Écrire un semi-prédicat `in-between` qui prend une liste et retourne le segment de liste qui se trouve entre les deux premières occurrences du premier symbole qui apparaît au moins trois fois. Ainsi :

```
? (in-between '(g a b c d c a b c d a e))
= (d)
```

§3. Structures de donnés cycliques et graphes

Ayant étudié l'affectation et les mutations offertes par le langage Scheme, nous reprenons à présent la notion de graphe étudiée au chapitre 4.

D'une part, en Scheme, toute valeur composite (c'est-à-dire contenant elle-même des valeurs, ce que peuvent vecteurs, paires pointées ou fermetures idoines) peut être assimilée à un nœud d'un graphe. Les arcs sont alors matérialisés par les accesseurs tels que `vector-ref`, `car` ou `cdr`. Les modifieurs peuvent être utilisés à bon escient pour former des cycles.

D'autre part, nous considérons à nouveau certains exercices de manipulation de graphes, et nous les implantons à présent en utilisant des effets de bord.

Exercice 6.21

La fonction `read` fabrique naturellement des arbres. Les graphes doivent, quant à eux, être construits explicitement. Écrire les expressions construisant les graphes de la figure 1, page 57, en supposant que les nœuds de ces graphes sont représentés par des listes dont le premier terme est l'étiquette du nœud et dont les termes suivants sont les nœuds fils du nœud, ordonnés de gauche à droite.

Solution de l'exercice 6.21

On veillera à ne pas tenter d'imprimer de graphes contenant des cycles, la norme Scheme n'imposant pas aux fonctions `write` ou `display` de savoir traiter ces cas. C'est pourquoi ces définitions sont enchâssées dans une séquence à valeur anodine.

```
(begin
  (define graph1
    '(a (b (e) (f))
        (c (e) (f)) ) )
  (define graph2
    (let ((sub-graph1 '(e))
          (sub-graph2 '(f))  )
```

```
          (list 'a
                (list 'b sub-graph1 sub-graph2)
                (list 'c sub-graph1 sub-graph2) ) ) )
(define graph3
  (let ((graph-a (list 'a
                       (list 'b (list 'e) (list 'f))
                       (list 'c '*wait*) )))
    (set-car! (cdr (caddr graph-a)) graph-a)
    graph-a ) )
'done )
```

On pourra vérifier que graph3 est physiquement égal au cadr de son caddr grâce à :

`(eq? graph3 (cadr (caddr graph3)))`

Exercice 6.22

L'exercice précédent mélange listes et nœuds de graphes, nous allons donc recourir à un jeu de fonctions permettant de masquer cette représentation. Les nœuds d'un graphe seront reconnus par la fonction node?, l'étiquette du nœud sera extraite grâce à node-tag tandis que node-sons retournera la liste des nœuds qu'il permet d'atteindre. Enfin, create-node construira un nœud à partir d'une étiquette et d'une liste de nœuds. Écrire ces fonctions en utilisant des listes de telle sorte que les graphes construits à l'exercice précédent soient corrects vis-à-vis de cet encodage.

Solution de l'exercice 6.22

L'encodage est très simple.

```
(define (node? e)
  (pair? e) )
(define (node-sons e)
  (cdr e) )
(define (node-tag e)
  (car e) )
(define (create-node tag . sons)
  (cons tag sons) )
```

Exercice 6.23 (solution pages 275–276)

Reprendre l'exercice précédent et adopter la représentation suivante pour les nœuds : un vecteur dont la première composante sera la chaîne de caractères "Node", la seconde sera l'étiquette et les suivantes les fils. La taille du vecteur dépend donc du nombre de fils. Écrire alors les expressions construisant les graphes de la figure 1, page 57.

Dans le chapitre 4, un graphe était représenté par une liste associative énumérant tous les nœuds et leurs successeurs directs. Dans ce chapitre, un graphe est représenté par une structure de données cyclique ; cette structure est elle même un nœud, dit point d'entrée du graphe. Dans ce cadre, énumérer les nœuds d'un graphe demande de parcourir celui-ci.

Dans le reste de ce chapitre, on reprend certains énoncés du chapitre 4 en considérant que les graphes sont à présent représentés par des structures de données cycliques. De plus, on s'autorise ici l'usage des effets de bord, qui permettent dans certains cas une amélioration de la traversée des graphes.

Exercice 6.24

Écrire une fonction, `collect-nodes`, prenant un graphe et retournant la liste de tous les nœuds qui s'y trouvent. Un nœud ne doit apparaître qu'une fois au plus dans le résultat. Cet énoncé fut déjà proposé à l'exercice 4.21 (page 69–70) ; il s'agit ici d'adopter la solution à la nouvelle représentation des graphes.

Solution de l'exercice 6.24

La fonction `collect-nodes` dépend fortement de la représentation des nœuds, ici, des listes.

```
(define (collect-nodes graph)
  (define (handle-node node memory)
    (if (node? node)
        (let ((p (memq node memory)))
          (if (pair? p)
              memory
              (let ((new-memory (cons node memory)))
                (handle-sons (node-sons node)
                             new-memory) ) ) )
        memory ) )
  (define (handle-sons sons memory)
    (if (pair? sons)
        (let ((new-memory (handle-node (car sons) memory)))
          (handle-sons (cdr sons) new-memory) )
        memory ) )
  (handle-node graph '()) )
```

On peut appliquer cette fonction pour obtenir la liste des nœuds de `graph2` et `graph3` :

```
? (map node-tag (collect-nodes graph2))
= (c f e b a)
? (map node-tag (collect-nodes graph3))
= (c f e b a)
```

Exercice 6.25 *(solution pages 276–277)*

Écrire une fonction, `count-nodes`, prenant un graphe et comptant le nombre de ses nœuds. On n'utilisera pas la fonction précédente mais on pourra s'en inspirer.

```
? (count-nodes graph3)
= 5
```

Exercice 6.26 *(solution pages 277–278)*

Écrire une fonction, `graph-longest-path2`, prenant un graphe et calculant la longueur du plus long chemin sans circuit qui s'y trouve. On trouve notamment que :

```
? (graph-longest-path2 graph3)
= 4
```

Cette longueur correspond au chemin (c a b e). Une solution purement fonctionnelle de cette énoncé fut étudiée à l'exercice 4.24 (page 73/239–240).

Exercice 6.27 *(solution page 278)*

Écrire une fonction, `find-node`, prenant un graphe et une étiquette de nœud et retournant un nœud du graphe portant cette étiquette ou #f si aucun nœud ne répond à la question.

```
? (find-node graph3 'e)
= (e)
? (find-node graph3 'k)
= #F
```

Exercice 6.28 *(solution pages 278–279)*

Semblablement à l'exercice 4.22 (page 70–72), écrire un prédicat, `linked?`, prenant un graphe et deux nœuds et testant s'il existe, dans ce graphe, un chemin entre ces deux nœuds.

```
? (linked?
   graph3
   (find-node graph3 'a)
   (find-node graph3 'e))
= #T
? (linked?
   graph3
   (find-node graph3 'e)
   (find-node graph3 'a))
= #F
```

CHAPITRE 7
Les chaînes de caractères et les vecteurs

Rappels

Les vecteurs sont des valeurs qui représentent des « paquets » d'objets Scheme hétérogènes : tous les objets d'un même vecteur ne sont pas nécessairement du même type.

Les vecteurs peuvent être construits par citation (par exemple `'#(1 2 (3 4) #(5))`) ou au moyen du constructeur `make-vector`. Ce constructeur accepte deux arguments : une taille et un élément d'initialisation. La taille est obligatoire, l'élément d'initialisation est facultatif. Si l'élément d'initialisation n'est pas fourni alors les éléments du vecteur sont initialisés avec une valeur qui dépend de l'implantation de Scheme utilisée :

```
? (make-vector 3)
= #(#F #F #F)
? (make-vector 4 'filler)
= #(filler filler filler filler)
```

Les vecteurs satisfont le prédicat `vector?`. Même si les vecteurs jouent, comme les listes, un rôle de conteneur ils se distinguent de ces dernières par deux caractéristiques :
- L'accès à chaque élément d'un vecteur se fait en temps constant (contrairement aux listes qu'il faut « dérouler » jusqu'à trouver la cellule qui contient l'élément recherché).
- Le nombre d'éléments contenus dans un vecteur est constant (contrairement aux listes, les vecteurs ne sont donc pas des structures extensibles).

L'accès aux éléments d'un vecteur se fait au moyen de la fonction standard `vector-ref` qui prend deux arguments, un vecteur et un indice. Le premier élément du vecteur est à l'indice |0| :

```
? (vector-ref '#(#\a #(3) 4 '()) 3)
= '()
```

La taille d'un vecteur (c'est-à-dire le nombre d'objets contenus) peut être obtenue au moyen de la fonction `vector-length` :

```
? (vector-length '#(#\a 3 4 '()))
= 4
```

Enfin, les vecteurs sont des structures mutables. C'est-à-dire qu'une fois construit, il est possible de modifier les éléments que le vecteur contient. Ces modifications physiques sont réalisées par la fonction `vector-set!` :

```
? (let ((s (make-vector 3 #\-)))
```

```
(vector-set! s 1 88)
s)
= #(- 88 -)
```

Les chaînes de caractères (ou simplement *chaînes* en abrégé) sont une particularisation des vecteurs pour les caractères. Une chaîne de caractères est un vecteur dont tous les éléments sont des caractères. On pourrait penser qu'il n'est pas utile d'établir une distinction entre chaîne et vecteur. Il n'en est rien et Scheme distingue ces deux types d'objets pour au moins deux raisons. Une représentation idoine des chaînes est plus compacte et donc plus efficace qu'une représentation consistant en un vecteur de caractères. De plus, distinguer les chaînes permet à l'écrivain Scheme standard d'utiliser une représentation externe, plus concise et agréable, pour les chaînes que celle utilisée pour les vecteurs.

Naturellement les chaînes sont utilisées pour représenter des textes. Les fonctions de construction et d'accès aux chaînes se nomment

`make-string`, `string`, `string-ref`, `string-set!` et `string?`. Elles sont les équivalents de `make-vector`, `vector-ref`, ... appliquées aux chaînes de caractères.

Exercice 7.1

Écrire la fonction `vector-append` qui prend deux vecteurs en arguments et construit un nouveau vecteur qui est la concaténation des deux vecteurs arguments :

```
? (vector-append
    '#(1 2 #(4 5))
    (make-vector 4 '()))
= #(1 2 #(4 5) () () () ())
```

Solution de l'exercice 7.1

La taille du nouveau vecteur est simplement la somme des tailles des deux vecteurs arguments. La fonction `vector-append` alloue un nouveau vecteur au moyen de la fonction `make-vector` puis le remplit avec les éléments des vecteurs passés en argument.

```
(define (vector-append vec1 vec2)
   (define (fill! dest write src read len)
      (let ((stop (+ read len)))
         (let loop ((r read)
                    (w write))
            (if (= r stop)
                dest
                (begin
                   (vector-set! dest w (vector-ref src r))
                   (loop (+ r 1) (+ w 1)))))))
   (let* ((len1 (vector-length vec1))
          (len2 (vector-length vec2))
```

```
        (len  (+ len1 len2))
        (vec  (make-vector len)))
   (fill! vec 0 vec1 0 len1)
   (fill! vec len1 vec2 0 len2)))
```

Exercice 7.2

Écrire la fonction, `substring`, prenant en entrée une chaîne de caractères, que l'on nommera `str`, deux indices, `start` et `end`, et construisant une nouvelle chaîne de caractères formée des caractères de `str` commençant à l'index `start` (inclus) et se terminant à l'index `end` (exclu). Par exemple,

```
? (substring "Scheme" 1 5)
= "chem"
```

On prendra soin de vérifier que :

$$0 \leq \text{start} \leq \text{end} \leq (\text{string-length str})$$

Solution de l'exercice 7.2

Avant de construire la nouvelle chaîne de caractères nous allons tester que les index sont valides. Ensuite, nous alllouerons la chaîne résultat. La longueur de cette chaîne est calculée par `end - start`. Une fois la chaîne allouée, nous la remplirons avec les caractères de `str`.

```
(define (substring str start end)
   (cond
      ((or (> end (string-length str))
           (< start 0))
       (err "substring" "index out of bound" end))
      ((> start end)
       (err "substring" "illegal index" start))
      (else
       (let* ((new-len (- end start))
              (new-str (make-string new-len)))
          (let loop ((read  start)
                     (write 0))
             (if (= read end)
                 new-str
                 (begin
                    (string-set! new-str
                                 write
                                 (string-ref str read))
                    (loop (+ read 1) (+ write 1)))))))))
```

Exercice 7.3

Écrire les fonctions `list->string` et `string->list`. La première fonction, `list->string`, prend en entrée une liste de caractères, que l'on nommera `list`, et construit une nouvelle chaîne formée des caractères de la liste. La seconde fonction `string->list` effectue l'opération inverse. Elle construit une liste à partir des caractères trouvés dans son argument que l'on nommera `str`. Ainsi,

```
? (list->string '(#\a #\b #\c))
= "abc"
? (string->list "a string")
= (a   s t r i n g)
? (list->string (string->list "another string"))
= "another string"
```

Solution de l'exercice 7.3

Pour la première fonction `list->string`, on procède de façon similaire à l'exercice 7. On calcule la taille de la chaîne résultat, on la construit puis on la remplit.

```
(define (list->string list)
   (let* ((new-len (length list))
          (new-str (make-string new-len)))
     (let loop ((i 0)
                (l list))
        (if (= i new-len)
            new-str
            (begin
               (string-set! new-str i (car l))
               (loop (+ i 1) (cdr l)))))))
```

Pour la deuxième fonction, `string->list`, la première idée qui vient à l'esprit est de parcourir tous les caractères de la chaîne en les accumulant dans une liste. Ajouter un élément en tête de liste est une opération atomique alors qu'un ajout en fin de liste ne l'est pas. Pour notre solution on accumule donc les caractères dans l'ordre inverse où ils se trouvent dans la chaîne. En conséquence il faut donc inverser la liste construite lors du parcours de la chaîne.

```
(define (string->list str)
   (let ((len (string-length str)))
     (let loop ((i    0)
                (acc '()))
        (if (= i len)
            (reverse acc)
            (loop (+ i 1)
                  (cons (string-ref str i)
                        acc))))))
```

Autre solution de l'exercice 7.3

La fonction `string` construit une chaîne à partir d'une liste de caractères :

```
? (string #\a #\space #\b)
= "a b"
```

Ainsi, l'utilisation conjointe de `apply` présentée en 3 (page 87) et `string` permet une solution plus concise mais moins efficace.

```
(define (list->string2 list-of-chars)
  (apply string list-of-chars))
```

La première version de la fonction `string->list` n'est pas très efficace parce qu'elle nécessite un parcours de la chaîne puis une inversion de la liste. C'est-à-dire que si la chaîne `str` passée en argument contient n caractères alors notre première solution effectuera un nombre d'opérations proportionnel à $2*n$. Il existe une solution très simple qui est proportionnelle à n. Il suffit pour cela de parcourir la chaîne non pas du début vers la fin mais de la fin vers le début. Ainsi, en un seul parcours, on construit la liste dans le bon ordre.

```
(define (string->list2 str)
   (let ((len (string-length str)))
     (let loop ((i   (- len 1))
                (res '()))
        (if (= i -1)
            res
            (loop (- i 1)
                  (cons (string-ref str i) res))))))
```

Exercice 7.4

Écrire les fonctions `strchr` et `strrchr`. Ces deux fonctions prennent deux arguments, une chaîne `str` et un caractère `char`. La première fonction, `strchr` retourne l'index de la première occurrence de `char` dans `str`. La deuxième fonction, `strrchr`, retourne la dernière occurrence de `char` dans `str`. Ces deux fonctions retournent `#f` si `str` ne contient pas d'occurrence de `char`. Ainsi,

```
? (strchr "toto" #\o)
= 1
? (strrchr "toto" #\o)
= 3
? (strrchr "toto" #\n)
= #F
```

Solution de l'exercice 7.4

Les deux fonctions sont construites sur le même modèle ; on examine tous les caractères contenus dans `str` jusqu'à trouver `char`. La seule différence vient du sens du parcours. Pour `strchr`, on examine les caractères du premier au dernier (de gauche à droite) ; pour `strrchr` on les examinera du dernier au premier (de droite à gauche).

```
(define (strchr str char)
   (let ((stop (- (string-length str) 1)))
      (let loop ((i 0))
         (cond
            ((= i stop)
             #f)
            ((char=? (string-ref str i) char)
             i)
            (else
             (loop (+ i 1))))))))
(define (strrchr str char)
   (let loop ((i (- (string-length str) 1)))
      (cond
         ((= i -1)
          #f)
         ((char=? (string-ref str i) char)
          i)
         (else
          (loop (- i 1))))))
```

Exercice 7.5 (solution page 280)

Écrire la fonction `basename`. Cette fonction est bien connue des utilisateurs du système d'exploitation Unix™ parce qu'elle permet de manipuler les noms de fichiers. Sous Unix, les noms de répertoires sont délimités par le caractère /. Ainsi le fichier nommé `messages` dénoté par `/var/log/messages` se trouve dans le sous-répertoire `log` du répertoire `var`. Une désignation de fichier a deux composantes : un nom de répertoire (ici `/var/log`) et un nom de fichier (ici `messages`).

La fonction `basename` supprime la composante répertoire d'une désignation de fichier. C'est à dire qu'elle prend en argument une chaîne et supprime le plus long préfixe se terminant par le caractère `#\/`, s'il existe. Ainsi,

```
? (basename "/var/log/messages")
= "messages"
```

Exercice 7.6 (solution pages 280–281)

La fonction `dirname` prend une chaîne de caractères `str` en argument et construit une nouvelle chaîne qui est formée de la composante répertoire de `str`. Si `str` ne contient pas de composante répertoire alors `dirname` retourne la chaîne `"."`. Ainsi :

```
? (dirname "/var/log/messages")
= "/var/log"
? (dirname "/log/messages")
= "/log"
? (dirname "log/messages")
= "log"
? (dirname "messages")
= "."
? (dirname "./messages")
= "."
```

Exercice 7.7 (solution pages 281–282)

Écrire la fonction `suffix`. Unix, comme de nombreux autres systèmes d'exploitation, fait une utilisation abondante des suffixes et des préfixes des désignations de fichiers. C'est, par exemple, en partie grâce aux préfixes des fichiers que l'éditeur EMACS détermine le mode dans lequel se fait l'édition d'un fichier. C'est aussi en examinant les suffixes que certains compilateurs déterminent le langage dans lequel est exprimé le fichier source. Le suffixe d'un nom de fichier est la séquence de caractères qui suit le caractère #\. le plus à droite dans la chaîne. La fonction `suffix` calcule le suffixe d'une chaîne. Ainsi,

```
? (suffix "exo.scm")
= "scm"
? (suffix "/tmp/exo/exo.scm")
= "scm"
? (suffix "/tmp/exo/exo1.2.scm")
= "scm"
```

Exercice 7.8 (solution page 282)

Écrire la fonction `string-insert!` qui prend trois arguments : une chaîne que l'on nommera `str-to`, une deuxième chaîne qui jouera un rôle de source `str-from` et un nombre `offset`. La fonction `string-insert!` copie la chaîne `str-from` dans la chaîne `str-to` à l'index `offset`. Cette fonction ne construit pas une nouvelle chaîne ; elle se contente de modifier *physiquement* la chaîne `str-to` et de retourner cette chaîne modifiée. Exemple :

```
? (let ((s "123456789"))
    (string-insert! s "ABC" 3)
    s)
= "123ABC789"
```
On prendra soin de détecter les erreurs d'intervalle.
```
? (let ((s "123456789"))
    (string-insert! s "ABC" 7)
    s)***ERROR:string-insert! - String too long
ABC

= "123456789"
```

Exercice 7.9 (solution pages 282–283)

Écrire la fonction `strstr` prenant deux arguments que l'on nommera `str1` et `str2` et qui calcule l'index de la première occurrence de `str2` dans `str1`. Si `str2` n'est pas présente dans `str1`, alors `strstr` retourne `#f`.
```
? (strstr "abcdefabcdef" "cdef")
= 2
? (strstr "abcdefabcdef" "cdefg")
= #F
```

Exercice 7.10 (solution pages 283–285)

Écrire la fonction `strtok`. Cette fonction prend en argument une chaîne `str` et une liste de caractères `delims`. La fonction retourne la liste de tous les symboles terminaux contenus dans la chaîne `str`. Un symbole terminal est une chaîne non vide dont aucun caractère n'est égal à un des caractères de `delims`. Les symboles terminaux seront classés par leur ordre d'appartenance à `str`. Ainsi :
```
? (strtok "ab cd ef_98 43_34" '(#\space #\_))
= ("ab" "cd" "ef" "98" "43" "34")
```

Exercice 7.11 (solution pages 285–286)

Le but de cet exercice est d'écrire la fonction `map-vector`, similaire à la fonction `map` mais opérant sur des vecteurs et non pas sur des listes. La fonction `map-vector` a un argument obligatoire, une fonction `fun`, et des arguments supplémentaires qui sont des vecteurs vec_1, vec_2, ..., vec_n. Tous ces vecteurs ont la même taille : l. L'arité de la fonction `fun` est le nombre de vecteurs passés en arguments optionnels à `map-vector`, c'est-à-dire n. La fonction `map-vector` construit un nouveau vecteur de taille l dont l'élément à la position i est le résultat de l'application de `fun` aux éléments à la position i des n vecteurs arguments.
```
? (map-vector (lambda () 1))
= #()
```

```
?  (map-vector (lambda (x) (+ 1 x)) '#(1 2 3))
=  #(2 3 4)
?  (map-vector * '#(1 2 3) '#(4 5 6))
=  #(4 10 18)
```

1. Écrire la fonction `map-vector-2` qui prend deux arguments, une fonction `fun` et un vecteur `vec`. Cette fonction retourne un nouveau vecteur dont les éléments sont les résultats de l'application de `fun` à tous les éléments de `vec`.
2. En utilisant la fonction `map-vector-2`, écrire la fonction `map-vector`.

Exercice 7.12 (solution pages 286–288)

ROT13 est une méthode d'encodage des documents. Elle est parfois utilisée sur le réseau pour ne pas imposer, à ceux qui ne veulent pas les lire, des documents de mauvais goût. Tout le monde sait comment décoder du ROT13 et il est admis que cela cache des plaisanteries plutôt douteuses. Libre à un utilisateur de ne pas décoder ces documents s'il ne veut pas risquer d'être offensé.

Les lettres de l'alphabet sont numérotées de 1 à 26. Lors de l'encodage une lettre numérotée n est remplacée par la lettre dont le numéro est égal à $(n+13)$ modulo 26. Écrire la fonction `rot13-string` qui encode une chaîne. L'encodage ROT13 distingue les majuscules des minuscules. *Oenib, ibhf cbhirm cnffre nh fhvinag rkrepvpr.*

Exercice 7.13 (solution pages 288–291)

L'objectif de cet exercice est d'écrire la fonction `string-justify` qui prend deux arguments, une chaîne `str` et un entier `width` et qui justifie `str` pour un affichage utilisant `width` colonnes. La chaîne `str` peut avoir plus de `width` caractères. Dans ce cas, la fonction `string-justify` coupera `str`, c'est-à-dire que `string-justify` introduira des sauts de ligne. Ainsi on a :

```
?  (begin
      (newline)
      (display
         (string-justify
            "Ceci est un essai de formatage de texte"
            50)))
|Ceci     est    un    essai   de    formatage   de    texte|

?  (begin
      (newline)
      (display
         (string-justify
            "Ceci est un essai de formatage de texte"
            10)))
|Ceci   est|
|un   essai|
```

```
|de         |
|formatage  |
|de   texte|
```

Note : pour rendre plus compréhensible l'affichage du résultat, nous avons forcé la fonction string-justify *à insérer le caractère* #\| *en début et fin de ligne. Cela n'est pas demandé dans l'exercice.*

Lorsque le formatage n'est pas possible parce qu'il existe des mots dans str qui sont plus longs que width alors la fonction string-justify tronquera ces mots. Ainsi, pour un formatage sur 8 colonnes de notre texte précédent on obtiendra :

```
? (begin
    (newline)
    (display
      (string-justify
        "Ceci est
un essai de formatage de texte"
        8)))
|Ceci    |
|est   un|
|essai   |
|de      |
|formatag|
|de      |
|texte   |
```

1. Écrire la fonction make-justified-line qui prend deux paramètres : tokens qui est une liste de chaînes et width qui est le nombre de colonnes de la justification. Cette fonction n'introduit pas de césure. On suppose donc, pour make-justified-line, que width est suffisamment large pour accueillir tokens. La fonction make-justified-line retournera toujours une chaîne de caractères dont la taille est exactement width.

   ```
   ? (make-justified-line
       '("Ceci" "est" "un" "essai")
       20)
   = "|Ceci   est  un essai|"
   ? (make-justified-line
       '("Ceci" "est" "un" "essai")
       50)
   = "|Ceci         est         un         essai|"
   ```

2. Écrire la fonction tokens-justify qui prend trois paramètres *(i)* justifier qui est une fonction à appliquer pour faire la justification d'une ligne. *(ii)* tokens qui est une liste de chaînes *(iii)* width qui est le nombre de colonnes du formatage. Cette fonction retourne une chaîne formée à partir de la liste tokens. Contrairement à make-justified-line, la liste des chaînes n'est pas supposée être suffisamment petite pour tenir sur une seule ligne. La fonction

tokens-justify détermine donc les plus longues séquences de mots qui peuvent être justifiées sur une ligne et invoque justifier sur ces séquences. Ainsi :

```
? (begin
    (newline)
    (display
      (tokens-justify
        make-justified-line
        '("Ceci" "est" "un" "essai" "de" "formatage")
        20)))
|Ceci    est    un   essai|
|de             formatage|

? (begin
    (newline)
    (display
      (tokens-justify
        make-justified-line
        '("Ceci" "est" "un" "essai" "de" "formatage")
        15)))
|Ceci    est    un|
|essai         de|
|formatage       |
```

3. Écrire la fonction string-justify.
4. Écrire la fonction string-centerize qui justifie au centre son argument str pour un affichage de width colonnes.

```
? (begin
    (newline)
    (display
      (string-centerize
        "Ceci est un essai de formatage de texte"
        50)))
|      Ceci est un essai de formatage de texte      |

? (begin
    (newline)
    (display
      (string-centerize
        "Ceci est un essai de formatage de texte"
        8)))
|  Ceci  |
| est un |
| essai  |
|   de   |
|formatag|
|   de   |
| texte  |
```

Exercice 7.14 *(solution pages 292–294)*

On propose dans cet exercice l'implantation de tables de hachage simples. Une table de hachage est un mécanisme classique d'association élément/clé. L'objectif d'une table de hachage est d'être plus efficace qu'une liste d'association. C'est-à-dire que dans le cas moyen, la recherche d'un élément dans une table de hachage se fait en temps constant. Au cours de cet exercice nous allons implanter les fonctions suivantes :

- (make-hash-table num) : num est une taille, la taille de la table de hachage. Nous verrons par la suite, qu'il ne s'agit pas du nombre d'éléments contenus dans la table.
- (hash-table? obj) : ce prédicat est satisfait si et seulement si obj est une table de hachage.
- (hash-table-put! hash key el) : cette fonction insère un nouvel élément el dans la table hash ; cet élément est associé à la clé key.
- (hash-table-get hash key) : cette fonction retourne l'élément de la table associé à la clé key.

Dans un souci de simplification, on supposera pour cet exercice que les clés sont toujours des chaînes. Le principe généralement adopté pour les tables de hachage est le suivant :

- Une table de hachage est une structure de données qui contient num+1 entrées.
- La première entrée est une fonction de conversion. Cette fonction accepte en argument une clé et retourne comme résultat une valeur numérique comprise entre 1 et *num*. Cette valeur est souvent appelée *nombre de hachage*.
- Les autres entrées de la table sont des listes. L'union des éléments contenus dans ces listes constitue l'ensemble des éléments contenus dans la table de hachage.
- Rechercher l'objet à la clé key dans la table hash se fait donc en deux temps :
    1. On calcule le nombre de hachage *num* associé à key.
    2. On parcourt tous les éléments de la liste à la position *num* dans la table *hash* à la recherche de la clé key.

    Si la table est bien équilibrée alors les listes sont petites et le temps principal de la recherche est passé dans la fonction de conversion des clés vers les nombres de hachage.

    Voici un exemple complet d'utilisation :

```
? (define *table* (make-hash-table 255))
? (hash-table? *table*)
= #T
? (hash-table? #f)
= #F
? (define *foo* (cons 1 2))
? (define *bar* (cons 3 4))
```

```
? (hash-table-put! *table* "foo" *foo*)
? (hash-table-put! *table* "bar" *bar*)
? (hash-table-get *table* "gee")
= #F
? (eq? *foo* (hash-table-get *table* "foo"))
= #T
```

- Écrire la fonction `make-key->hash-number` qui prend un argument, nommé max, qui est une borne supérieure. La fonction `make-key->hash-number` construit une fonction Λ qui prend un argument une chaîne `str` et qui retourne un entier compris dans l'intervalle $[0..max]$. La seule garantie qu'apporte la fonction Λ est qu'elle retourne un résultat unique par argument. Par exemple :

```
? (define *lambda* (make-key->hash-number 255))
? (*lambda* "foo")
? (*lambda* "bar")
? (*lambda* "foo")
```

- Écrire les fonctions `make-hash-table` et `hash-table?`. Une table de hachage sera représentée par un vecteur. Pour le prédicat `hash-table?`, il suffira de déterminer quelques contraintes que doivent satisfaire les vecteurs implantant des tables de hachage.
- Écrire les fonctions `hash-table-put!` et `hash-table-get`.

Exercice 7.15 (solution pages 294–296)

L'objectif de cet exercice est d'écrire la fonction `string-match?` qui prend deux arguments, `regexp` et `str`, et qui retourne #t si et seulement si la chaîne `str` appartient au langage rationnel (aussi appelé langage régulier) décrit par `regexp`. Pour cet exercice on se contentera d'un petit sous-ensemble des expressions régulières généralement utilisées sous Unix. On ne reconnaîtra ici que les formes *, + et $[char_{min}\text{-}char_{max}]$.

- Le caractère * exprime des répétitions éventuellement nulles. Ainsi, $m*$ accepte une chaîne composée de m zéro, une, ou plusieurs fois. Par exemple, chaîne `"ab*"` décrit le langage des mots commençant par un a suivi de 0 ou plusieurs b.

```
? (string-match? "ab*" "a")
= #T
? (string-match? "ab*" "ab")
= #T
? (string-match? "ab*" "abbb")
= #T
? (string-match? "ab*" "abbbabbb")
= #F
```

- Le caractère + exprime des répétitions non nulles. Ainsi, $m+$ accepte une chaîne composée de m une, ou plusieurs fois. Le motif $m+$ est équivalent au motif $mm*$.

```
? (string-match? "ab+" "a")
= #F
? (string-match? "ab+" "ab")
= #T
? (string-match? "ab+" "abbb")
= #T
? (string-match? "ab+" "abbbabbb")
= #F
```

- Le motif [$char_{min}$-$char_{max}$] sert à désigner un caractère parmi un intervalle. Ainsi "[a-d]" désigne le langage formé des mots "a", "b", "c" et "d".
```
? (string-match? "[0-9]" "3")
= #T
? (string-match? "[0-9]" "a")
= #F
```

- Ces opérateurs spéciaux peuvent être cumulés :
```
? (string-match? "[1-9][0-9]*" "345")
= #T
? (string-match? "[1-9][0-9]*" "0345")
= #F
? (string-match? "[1-9][0-9]*" "345.234")
= #F
```

1. Le principe que l'on adoptera pour cet exercice est de « compiler » une expression régulière regexp au moyen de la fonction compile-regexp. Le résultat de compile-regexp sera une fonction Scheme prenant deux arguments, une chaîne à tester str et une position offset dans cette chaîne et qui retournera la longueur du plus grand préfixe de str commençant à l'index donné par offset qui appartient au langage regexp. Par la suite, on appellera ces fonctions des *parseurs*. En supposant définie la fonction compile-regexp, donner la définition de la fonction string-match?.

2. Écrire la fonction make-char-parser qui prend en argument un caractère char et qui retourne un *parseur* pour le langage rationnel décrit par le seul caractère char.
```
? ((make-char-parser #\X) "X" 0)
= 1
? ((make-char-parser #\X) "abX" 0)
= #F
? ((make-char-parser #\X) "abXcd" 0)
= #F
? ((make-char-parser #\X) "abXcd" 2)
= 3
? ((make-char-parser #\X) "abcd" 0)
= #F
```

3. Écrire la fonction make-range-parser qui prend en argument deux caractères, beg et end et qui retourne un *parseur* pour le langage décrit par l'intervalle [beg-end].

   ```
   ? ((make-range-parser #\a #\z) "h" 0)
   = 1
   ? ((make-range-parser #\a #\z) "A" 0)
   = #F
   ```

4. Écrire la fonction make-*-parser qui prend en argument un *parseur* P pour un langage L et qui retourne un nouveau *parseur* reconnaissant le langage L^*.

   ```
   ? ((make-*-parser (make-range-parser #\a #\z))
      "hijkl"
      0)
   = 5
   ? ((make-*-parser (make-range-parser #\a #\z))
      "-hijkl-"
      0)
   = 0
   ```

5. Écrire la fonction make-+-parser qui prend en argument un *parseur* P pour un langage L et qui retourne un nouveau *parseur* reconnaissant le langage L^+.

   ```
   ? ((make-+-parser (make-range-parser #\a #\z))
      "hijkl"
      0)
   = 5
   ? ((make-+-parser (make-range-parser #\a #\z))
      "-hijkl-"
      0)
   = #F
   ```

6. Écrire la fonction make-concat-parser qui prend en argument deux *parseurs* pour les langages L_1 et L_2 et construit un nouveau *parseur* P qui reconnaît le langage rationnel $L_1.L_2$ (où . dénote l'opérateur de concaténation).

   ```
   ? ((make-concat-parser
        (make-char-parser #\X)
        (make-char-parser #\Y))
      "XY"
      0)
   = 2
   ? ((make-concat-parser
        (make-char-parser #\X)
        (make-char-parser #\Y))
      "ZXYZ"
      1)
   = 3
   ```

7. Donner la définition de la fonction compile-regexp.

Exercice 7.16 (solution pages 296–301)

Au cours de cet exercice, nous proposons d'écrire une version simplifiée du jeu du démineur. Dans ce jeu, des mines sont placées de façon aléatoire sur un terrain. Le but du jeu est de déterminer les emplacements de toutes les mines. Le joueur sonde des emplacements et la machine lui retourne en réponse la distance à la mine la plus proche. Si le joueur sonde un emplacement où il y a une mine le joueur a perdu. Lorsque le joueur pense avoir localisé une mine, il place une marque sur cet emplacement. Une fois que le joueur pense avoir localisé toutes les mines il arrête la partie. La machine établit alors si la partie est gagnée (si toutes les mines ont été correctement localisées) ou perdue. Voici un exemple de partie. La fonction mine commence une partie. Elle prend trois arguments, la longueur, la largeur du terrain et le nombre de mines disposées sur le terrain.

```
1:=> (mine 3 3 3)
action: try
x: 1
y: 1

  1 2 3
 +-+-+-+
1|1    |1
2|     |2
3|     |3
 +-+-+-+
  1 2 3
```

Le joueur a sondé (au moyen de la commande try) la position $(1, 1)$ où il n'y avait pas mine. Le programme a indiqué que la mine la plus proche se trouvait dans une case adjacente (parce que la distance à la mine la plus proche de la case $(1, 1)$ est 1). La partie se poursuit :

```
action: try
x: 2
y: 1

  1 2 3
 +-+-+-+
1|1 1  |1
2|     |2
3|     |3
 +-+-+-+
  1 2 3
```

Le joueur a identifié que l'emplacement $(1, 2)$ contient une mine : il l'indique au moyen de la commande mine :

```
action: mine
x: 1
y: 2

  1 2 3
  +-+-+-+
1|1 1  |1
2|?    |2
3|     |3
  +-+-+-+
  1 2 3
action: try
x: 3
y: 3
You have lost...desintegrated
  1 2 3
  +-+-+-+
1|1 1  |1
2|* *  |2
3|   * |3
  +-+-+-+
#unspecified
```

La partie s'est achevée parce que le joueur a sondé l'emplacement $(3, 3)$ qui contenait une mine. Le programme en fin de partie affiche tous les emplacements qui contenaient des mines.

Pour cet exercice, on supposera qu'il existe une fonction nommée rand qui retourne un nombre entier « aléatoire ».

1. Le terrain de jeu est représenté en Scheme par un vecteur de vecteurs. Chacun de ces vecteurs représente une ligne du terrain de jeu. Écrire la fonction make-ground qui prend deux arguments, hsize et vsize qui déterminent les dimensions du terrain.

2. Écrire les fonctions ground-ref et ground-set! qui permettent d'accéder ou de modifier un élément du terrain.

3. Écrire la fonction display-ground qui affiche un terrain à l'écran.

4. Un emplacement d'une mine sera représenté par une cellule dont le premier élément est l'abscisse de la mine et le deuxième élément son ordonnée. Une solution du jeu sera une liste d'emplacements de mines. Écrire la fonction make-solution qui construit la solution et prend trois arguments, hsize, vsize et nb-mine qui représentent la taille du terrain et le nombre de mines à placer.

5. Écrire la fonction display-ground/solution qui affiche le terrain où les mines sont rendues apparentes.

6. Écrire la fonction find-closest-mine qui prend trois arguments, hpos, vpos et solution et qui établit la plus courte distance du point (hpos, vpos) à une mine de solution.

7. Écrire la fonction won ? qui est un prédicat vérifié si et seulement si toutes les mines de solution sur le terrain ground ont été localisées et marquées par le joueur.
8. Écrire la fonction read-action qui prend un argument ground, le terrain de jeu et qui lit une action du joueur. Une action sera représentée par une liste.
9. Écrire la fonction mine qui implante le jeu du démineur.

CHAPITRE 8
Les entrées et les sorties

Rappels

Les entrées et les sorties sont réalisées en Scheme au moyen de quelques fonctions de la bibliothèque standard :
- `open-input-file` ouvre un fichier en lecture. Si le fichier peut être ouvert alors `open-input-file` retourne un objet nommé *flux d'entrée* qui répond vrai au prédicat `input-port?` ; sinon une erreur est déclenchée.
- `open-output-file` ouvre un fichier en écriture. Si le fichier peut être ouvert alors `open-output-file` retourne un objet nommé *flux de sortie* qui répond vrai au prédicat `output-port?` ; sinon erreur est déclenchée.
- `close-input-port` et `close-output-port` ferment des flux de sortie et d'entrée.
- `input-port?` et `output-port?` testent que leur argument est un port.
- `newline` prend un argument optionnel qui est un flux de sortie et écrit dessus un saut de ligne.
- `display` prend un argument `obj` plus un argument optionnel `port`. Cette fonction imprime l'argument `obj`.
- `read-char` prend un argument `port` optionnel en entrée et lit un caractère sur `port`.
- `read` prend un argument `port` optionnel en entrée et lit une expression Scheme complète sur `port`.
- `write-char` prend un argument `char` qui doit être un caractère plus un argument optionnel `port`. Cette fonction imprime le caractère `char`.
- `eof-object?` retourne vrai si et seulement si l'objet qui lui est passé en paramètre dénote une fin de fichier.

Pour toutes ces fonctions, si l'argument optionnel `port` est omis, le flux d'entrée ou de sortie standard sera utilisé.

Pour tous les exemples présentés dans ce chapitre, on considérera que le fichier `"io.txt"` existe et qu'il a le contenu suivant :

```
Scheme est un langage de programmation.
Il appartient à la famille des langages
fonctionnels. Le style de programmation
en Scheme repose fortement sur la récursion.
```

Exercice 8.1

Écrire la fonction `print` qui accepte un nombre variable d'arguments et qui écrit ces arguments dans l'ordre puis affiche un saut de ligne. Par exemple :

```
? (begin (newline) (print 1 2 "toto" 'toto '(1 2)))
12totototo(1 2)
```

Solution de l'exercice 8.1

Cette fonction est une fonction classique des langages Lisp. Elle est facile à implanter au moyen de la fonction Scheme `display`.

```
(define (print . obj)
   (for-each display obj)
   (newline))
```

Exercice 8.2

Implanter les deux fonctions de la bibliothèque Scheme `call-with-input-file` et `call-with-output-file`. Ces deux fonctions prennent deux arguments : `string` un nom de fichier, et `proc` une procédure à un argument. Ces deux fonctions ouvrent le fichier de nom `string` et invoquent `proc` avec comme argument le flux obtenu à partir de `string` et referment les fichiers.

Solution de l'exercice 8.2

Ces deux fonctions sont construites sur le même schéma. Leurs définitions sont très simples.

```
(define (call-with-input-file string proc)
   (let* ((port (open-input-file string))
          (res  (proc port)))
      (close-input-port port)
      res))

(define (call-with-output-file string proc)
   (let* ((port (open-output-file string))
          (res  (proc port)))
      (close-output-port port)
      res))
```

Exercice 8.3

Écrire la fonction `tee` inspirée de la commande Unix éponyme. Cette commande copie son entrée standard sur la sortie standard et dans un fichier dont le nom `file` est passé en argument.

Solution de l'exercice 8.3

Cette fonction se contente de lire tous les caractères du flux d'entrée standard. Il suffit donc d'écrire une boucle qui lit les caractères les uns après les autres au moyen de la fonction `read-char` puis de les écrire deux fois au moyen de la fonction `write-char`. Une fois la copie terminée, on prend soin de fermer le flux de sortie qui a été ouvert.

```
(define (tee file)
   (let ((port (open-output-file file)))
      (let loop ((char (read-char)))
         (if (eof-object? char)
             (close-output-port port)
             (begin
                (write-char char)
                (write-char char port)
                (loop (read-char)))))))
```

Exercice 8.4

Écrire la fonction `port->string` qui prend en argument un flux de lecture `port`, qui lit sur ce flux jusqu'à trouver une fin de fichier et retourne la chaîne de caractères composés de tous les caractères lus. Ainsi,

```
? (let* ((port (open-input-string
                 "Ceci est un test de port->string"))
         (res (port->string port)))
    (close-input-port port)
    res)
= "Ceci est un test de port->string"
```

Solution de l'exercice 8.4

Sans se soucier trop de l'efficacité nous construisons ici la liste des caractères lus dans `port`. Une fois tous les caractères lus, nous utilisons la fonction `list->string` vue dans l'exercice 7 du Chapitre 7 pour construire la chaîne résultat.

```
(define (port->string port)
   (let loop ((char (read-char port))
              (acc '()))
      (if (eof-object? char)
          (list->string (reverse acc))
          (loop (read-char port) (cons char acc)))))
```

Exercice 8.5

Écrire la fonction `reverse-file` qui écrit le contenu d'un fichier `file` sur la sortie standard mais en inversant l'ordre des caractères lus. Alors,

```
? (reverse-file "io.txt")
.noisrucér al rus tnemetrof esoper emehcS ne
 noitammargorp ed elyts eL .slennoitcnof
  segagnal sed ellimaf al à tneitrappa lI
   .noitammargorp ed egagnal nu tse emehcS
= #F
```

Solution de l'exercice 8.5

La difficulté de cet exercice vient du fait qu'il faut mémoriser les caractères (qui sont en nombre inconnu) pour être capable, une fois la lecture terminée, de les écrire dans l'ordre inverse. Il y a un moyen très concis d'y parvenir en utilisant une fonction récursive. La récursion prendra fin dès que le caractère lu sera l'objet désignant une fin de fichier.

```
(define (reverse-file file)
   (define (reverse-port port)
      (let ((char (read-char port)))
         (if (eof-object? char)
             char
             (begin
                (reverse-port port)
                (write-char char)))))
   (let ((port (open-input-file file)))
      (reverse-port port)
      (close-input-port port)
      #f))
```

Autre solution de l'exercice 8.5

La première solution est très concise mais elle très inefficace parce que l'emplacement mémoire nécessaire pour chaque appel récursif est beaucoup plus grand que l'information qu'on cherche à mémoriser (ici un caractère). De plus, le coût associé à chaque appel récursif est lui aussi important. Il nous faut donc donner une meilleure implantation en évitant d'utiliser des récursions. Une deuxième solution peut, par exemple, construire la liste des caractères lus en les accumulant dans l'ordre de la lecture puis afficher les caractères contenus. Cette solution est facile à mettre en œuvre parce que les listes sont des structures naturellement extensibles.

```
(define (reverse-file2 file)
   (let ((port (open-input-file file)))
      (let loop ((char (read-char port))
```

```
            (res '()))
   (if (eof-object? char)
       (begin
         (close-input-port port)
         (for-each write-char res))
       (loop (read-char port)
             (cons char res)))))))
```

Autre solution de l'exercice 8.5

La deuxième solution apporte déjà une amélioration importante par rapport à la définition récursive mais elle n'est pas idéale. Pour cette solution, nous avons construit la liste de tous les caractères. La taille d'une cellule qui compose une liste est, en général, 8 ou 16 fois plus grosse qu'un caractère. Pour mémoriser n caractères dans une liste, il faut donc construire une structure de taille $16*n$. Cela représente un gros gaspillage de mémoire. Nous allons donc présenter une troisième solution qui évite ce problème. Au lieu de stocker les caractères dans une liste, nous allons les stocker dans une chaîne de caractères. Initialement la chaîne ne contiendra que quelques caractères. La chaîne ne sera probablement pas assez grande pour accueillir tous les caractères du fichier. Comme les chaînes ne sont pas extensibles cette solution nécessitera du travail pour agrandir la chaîne tampon lorsque celle-ci sera pleine et qu'il restera des caractères à lire. Une fois la lecture terminée, il ne nous restera plus qu'à écrire les caractères de la chaîne de droite à gauche.

```
(define (reverse-file3 file)
   (let* ((port   (open-input-file file))
          (buflen 10)
          (buffer (make-string buflen)))
     (let loop ((char   (read-char port))
                (offset 0))
       (cond
         ((eof-object? char)
          (let loop ((offset (- offset 1)))
            (if (>= offset 0)
                (begin
                  (display (string-ref buffer offset))
                  (loop (- offset 1))))))
         ((= offset buflen)
          (let ((old buffer)
                (old-len buflen))
            (set! buflen (* 2 buflen))
            (set! buffer (make-string buflen))
            (string-insert! buffer old 0)
            (loop char offset)))
         (else
          (string-set! buffer offset char)
          (loop (read-char port) (+ 1 offset)))))))
```

Lorsque le tampon buffer est plein, nous en allouons un nouveau deux fois plus grand que le précédent et nous recopions les caractères déjà lus dans le nouveau tampon au moyen de la fonction string-insert ! qui a été vue dans l'exercice 7 du Chapitre 7.

Avec cette solution nous avons évité le gaspillage mémoire (bien que pour un grand fichier, il nous aura probablement fallu allouer plusieurs tampons intermédiaires) mais nous avons une exécution qui est ralentie par la recopie des tampons lorsque nous devons les faire grandir. Une taille initiale suffisamment grande peut réduire l'importance de ce problème.

Exercice 8.6 (solution pages 302-303)

Écrire la fonction read-line qui lit sur un flux d'entrée la prochaine ligne disponible et la retourne sous la forme d'une chaîne de caractères. Le caractère de fin de ligne n'est pas inclus dans le résultat de read-line. Si aucun caractère n'est disponible alors read-line retourne l'objet marquant la fin du fichier. La fonction read-line a un argument optionnel, le flux d'entrée. Par défaut read-line effectue ses lectures sur le flux d'entrée courant. Ainsi, en prenant en exemple le fichier "io.txt" des exercices précédents :

```
? (call-with-input-file "io.txt" read-line)
= "Scheme est un langage de programmation. "
```

Exercice 8.7 (solution pages 303-304)

Cet exercice propose d'écrire quelques fonctions utilitaires manipulant les flux d'entrées.

1. Écrire la fonction port->list qui prend deux arguments, une fonction de lecture reader et un flux d'entrée port. Cette fonction utilise reader pour lire sur port jusqu'à la fin de fichier. Lorsque la fin de fichier est lue, port->list retourne la liste des lectures accumulées.

   ```
   ? (call-with-input-file
        "io.txt"
        (lambda (port) (port->list read port)))
   = (Scheme
      est
      un
      langage
      de
      programmation.
      Il
      appartient
      à
      la
      famille
      des
   ```

langages
fonctionnels.
Le
style
de
programmation
en
Scheme
repose
fortement
sur
la
récursion.)

2. Écrire la fonction `port->string-list` qui prend en argument `port`, un flux d'entrée et qui retourne la liste de toutes les lignes pouvant être lues sur port.

```
? (call-with-input-file "io.txt" port->string-list)
= ("Scheme est un langage de programmation. "
   "Il appartient à la famille des langages "
   "fonctionnels. Le style de programmation "
   "en Scheme repose fortement sur la récursion.")
```

3. Écrire la fonction `port->sexp-list` qui prend en argument `port`, un flux d'entrée et qui retourne la liste de toutes les expressions Scheme pouvant être lues sur port.

```
? (call-with-input-file "io.txt" port->sexp-list)
= (Scheme
   est
   un
   langage
   de
   programmation.
   Il
   appartient
   à
   la
   famille
   des
   langages
   fonctionnels.
   Le
   style
   de
   programmation
   en
   Scheme
   repose
   fortement
```

```
      sur
      la
      récursion.)
```

4. Écrire la fonction `port->token-list` qui prend deux arguments : un flux d'entrée `port` et une liste de caractères `delims`. La fonction `port->token-list` retourne la liste des symboles terminaux (c'est-à-dire des chaînes de caractères délimitées par les caractères de textttdelims) du flux d'entrée.

```
? (call-with-input-file
    "io.txt"
    (lambda (port)
       (port->token-list port '(#\newline #\space))))
= ("Scheme"
   "est"
   "un"
   "langage"
   "de"
   "programmation."
   "Il"
   "appartient"
   "à"
   "la"
   "famille"
   "des"
   "langages"
   "fonctionnels."
   "Le"
   "style"
   "de"
   "programmation"
   "en"
   "Scheme"
   "repose"
   "fortement"
   "sur"
   "la"
   "récursion.")
```

Exercice 8.8 (solution pages 304–305)

On propose dans cet exercice d'implanter, en Scheme, le programme Unix wc.

1. Écrire la fonction `wc/port` qui prend en argument un flux d'entrée `port` et qui retourne une liste composée de trois éléments : le nombre de caractères lus dans le flux, le nombre de mots lus et le nombre de lignes lues. Pour cet exercice, on considérera qu'un mot est une suite de caractères ne contenant ni blanc ni retour à la ligne.

2. Écrire la fonction wc qui a le même comportement que wc/port mais au lieu de prendre un flux d'entrée en argument, cette fonction prend un argument optionnel qui est un nom de fichier. Si aucun paramètre n'est passé en argument à wc alors le flux d'entrée standard sera utilisé.

```
? (wc "io.txt")= (4 25 168)
```

Exercice 8.9 *(solution page 306)*

Écrire la fonction cut qui prend un nom de fichier file et un nombre variable d'arguments $range_1 \ldots range_n$. Chaque argument $range_i$ est une paire dont les deux éléments sont des nombres entiers. Cette fonction extrait et affiche du fichier file les caractères des colonnes désignées par les arguments $range_i$. Par exemple, (cut "cut.scm" '(5 . 8)) affiche tous les caractères du fichier cut.scm qui sont en colonnes 5, 6, 7 alors que (cut "cur.scm" '(5 . 6) '(7 . 8)') affiche les caractères des colonnes 5 et 7. Ainsi :

```
? (cut "io.txt" '(0 . 4) '(10 . 20))Sche un langag
Il aent à la f
foncls. Le sty
en Srepose for

= #F
```

Exercice 8.10 *(solution pages 306–307)*

Écrire une fonction inspirée de la commande Unix diff qui prend deux noms de fichier en argument, file1 et file2 et affiche les lignes qui diffèrent de file1 à file2. La représentation des résultats sera celle de Unix.

Exercice 8.11 *(solution page 307)*

En utilisant les fonctions de l'exercice 7 du Chapitre 7, écrire la fonction justify qui prend deux arguments : un flux d'entrée port et un entier width. La fonction justify affiche toutes les lignes lues dans le flux d'entrée justifiées pour un terminal possédant width colonnes.

```
? (begin
    (newline)
    (display
      (call-with-input-file
        "io.txt"
        (lambda (p) (justify p 50)))))
    #f)
Scheme   est    un   langage   de   programmation.   Il
appartient     à     la    famille    des    langages
fonctionnels. Le style  de programmation en Scheme
repose      fortement      sur      la      récursion.

= #F
```

Exercice 8.12 *(solution pages 307–308)*

Écrire les fonctions head et tail qui prennent deux arguments, un nom de fichier file et un nombre num positif. La fonction head affiche les num premières lignes de file alors que tail n'affiche que les num dernières.

Exercice 8.13 *(solution page 309)*

Implanter la fonction grep qui prend deux arguments, regexp, une expression rationnelle et file un nom de fichier. grep affiche toutes les lignes de file qui contiennent un mot appartenant à regexp. De plus, la fonction grep retourne #t si au moins une ligne a un mot appartenant à regexp. Dans le cas contraire, grep retourne #f. On se restreindra au sous-ensemble des langages rationnels introduits dans l'exercice 7 du Chapitre 7.

```
? (begin
    (newline)
    (grep "/var/[a-z]+" "/etc/passwd"))
adm:*:3:4:adm:/var/adm:
lp:*:4:7:lp:/var/spool/lpd:
mail:*:8:12:mail:/var/spool/mail:
news:*:9:13:news:/var/spool/news:
uucp:*:10:14:uucp:/var/spool/uucp:
postgres:!!:100:233:PostgreSQL Server:/var/lib/pgsql:/bin/tcsh
squid:!!:101:236::/var/spool/squid:/dev/null

= #T
```

Exercice 8.14 *(solution pages 309–311)*

Les terminaux Unix possèdent des taquets de tabulation placés tous les 8 caractères à partir du début de la ligne. À l'affichage, une tabulation (caractère numéro 9) positionne le curseur au prochain taquet.

1. Écrire le filtre detab qui lit des caractères sur un flux d'entrée et les écrit sur le flux de sortie standard en remplaçant chaque tabulation par des espaces, de telle sorte que l'entrée et la sortie aient la même apparence à l'affichage.
2. Écrire le filtre entab qui remplace des séquences d'espaces par des tabulations.

CHAPITRE 9
Évaluation

Rappels

Ce chapitre présente un évaluateur de Scheme, écrit en Scheme, et propose quelques exercices autour de cet interprète. Étudiez donc tout d'abord et soigneusement cet interprète afin d'être en mesure d'aborder les exercices.

Il existe une infinité de façons d'écrire un tel interprète et la plupart des ouvrages d'introduction à Scheme en contiennent au moins un, voire plus d'un [Que94]. L'interprète qui suit est simple et dépouillé, sa petitesse a été préférée à son esthétique.

Voici donc un interprète de Scheme. La fonction centrale de l'évaluateur se nomme evaluate, effectue l'analyse syntaxique du programme et, celle-ci une fois achevée, réalise l'action demandée.

```
(define (evaluate e env)
  (if (not (pair? e))
      (cond ((symbol? e) (lookup e env))
            ((or (number? e) (string? e)
                 (char? e) (boolean? e) )
             e )
            (else (wrong "Cannot evaluate" e)) )
      (case (car e)
        ((quote)  (cadr e))
        ((if)     (if (evaluate (cadr e) env)
                      (evaluate (caddr e) env)
                      (evaluate (cadddr e) env) ))
        ((begin)  (eprogn (cdr e) env))
        ((set!)   (update! (cadr e)
                           env
                           (evaluate (caddr e) env) ))
        ((lambda) (make-function (cadr e) (cddr e) env))
        (else     (invoke (evaluate (car e) env)
                          (evlis (cdr e) env) )) ) ) )
```

Deux mises en œuvre particulières existent pour la fonction evaluate sous la forme d'itérateurs. La fonction evlis prend une liste d'expressions, les évalue tour à tour et retourne la liste de leurs valeurs. La fonction eprogn prend une liste d'expressions, les évalue tour à tour de la gauche vers la droite mais retourne la valeur de la dernière d'entre elles.

```
(define (evlis exps env)
  (if (pair? exps)
      (cons (evaluate (car exps) env)
```

Chapitre 9. Évaluation

```
              (evlis (cdr exps) env) )
        '() ) )
(define (eprogn exps env)
  (if (pair? exps)
      (if (pair? (cdr exps))
          (begin (evaluate (car exps) env)
                 (eprogn (cdr exps) env) )
          (evaluate (car exps) env) ) ) )
```

L'évaluateur tout entier est paramétré par deux types abstraits : les environnements et les fonctions. Les fonctions ne peuvent qu'être créées ou invoquées au moyen de make-function et invoke dont une implantation possible suit. On remarquera que la création d'une fonction nécessite de connaître ses variables, son corps et son environnement de définition. Son invocation étend ce dernier en liant ses variables aux valeurs reçues.

```
(define (make-function variables body env)
  (lambda (values)
     (eprogn body (extend env variables values)) ) )
(define (invoke fn args)
  (if (procedure? fn)
      (fn args)
      (wrong "Not a function" fn) ) )
```

Les environnements sont, quant à eux, scrutés par lookup, modifiés par update! enfin, étendus par extend. Noter que la fonction extend sait manipuler les fonctions à arité variable.

```
(define (lookup id env)
  (if (pair? env)
      (if (eq? (caar env) id)
          (cdar env)
          (lookup id (cdr env)) )
      (wrong "No such binding" id) ) )
(define (update! id env value)
  (if (pair? env)
      (if (eq? (caar env) id)
          (set-cdr! (car env) value)
          (update! id (cdr env) value) )
      (wrong "No such binding" id) ) )
(define (extend env names values)
  (cond ((pair? names)
         (if (pair? values)
             (cons (cons (car names) (car values))
                   (extend env (cdr names) (cdr values)) )
             (wrong "Too few values") ) )
        ((null? names)
         (if (null? values)
             env
             (wrong "Too many values") ) )
        ((symbol? names) (cons (cons names values) env)) ) )
```

Il ne reste plus qu'à se doter d'un environnement initial et à le peupler des fonctions usuelles. Ces fonctions existent dans le Scheme sous-jacent mais doivent être adaptées au protocole qu'implante `invoke` : ce sera le rôle de `make-primitive` qui, au passage, vérifie que la fonction est appelée avec un nombre correct d'arguments.

```
(define (make-primitive name behavior comparator arity)
  (lambda (values)
    (if (comparator (length values) arity)
        (apply behavior values)
        (wrong "Incorrect arity" (list name values)) ) ) )
(define (bind n b c a)
  (cons n (make-primitive n b c a)) )
(define global-environment
  (list (bind 'cons       cons       =  2)
        (bind 'car        car        =  1)
        (bind 'cdr        cdr        =  1)
        (bind 'pair?      pair?      =  1)
        (bind 'symbol?    symbol?    =  1)
        (bind 'eq?        eq?        =  2)
        (bind 'set-car!   set-car!   =  2)
        (bind 'set-cdr!   set-cdr!   =  2)
        (bind '+          +          >= 0)
        (bind '-          -          >= 1)
        (bind '=          =          =  2)
        (bind '<          <          =  2)
        (bind '>          >          =  2)
        (bind '*          *          >= 0)
        (bind '<=         <=         =  2)
        (bind '>=         >=         =  2)
        (bind 'remainder  remainder  =  2)
        (bind 'list       list       >= 0) ) )
```

Finalement, on lance le système avec la fonction `toplevel` qui lit un programme, l'évalue, imprime son résultat et recommence.

```
(define (toplevel)
  (display (evaluate (read) global-environment))
  (toplevel) )
```

Il y a quelques situations erronées qui sont signalées à la fonction `wrong`, non définie ici, qui s'occupe du rattrapage des erreurs.

Exercice 9.1 (solution page 312)

Modifier le lancement de l'interprète pour ajouter une bannière et une invite à entrer des programmes. Détecter également la fin des interactions (la fin du flux des expressions à évaluer) pour sortir élégamment de l'interprète.

Exercice 9.2 (solution pages 312–313)

L'environnement initial est, pour l'instant, assez pauvre et ne connait aucune fonction sur les chaînes de caractères. Ajouter à l'environnement initial les fonctions string-ref, string et make-string.

Exercice 9.3 (solution page 313)

Ajouter la factorielle à l'environnement initial.

Exercice 9.4 (solution page 313)

Introduire la fonction apply dans l'environnement global. On pourra dans un premier temps se limiter à la variante binaire (qui ne prend donc que deux arguments).

Exercice 9.5 (solution page 314)

Modifier l'interprète afin de tracer les évaluations c'est-à-dire imprimer les expressions qui vont être évaluées et imprimer leur valeur une fois calculée.

Exercice 9.6 (solution page 314)

La trace précédente est par trop logorrhéique ; modifier l'interprète pour qu'il ne trace plus que les seules expressions intéressantes. Une expression ne sera intéressante que si elle satisfait un prédicat imposé par l'auteur de l'interprète.

Voici une façon de mettre en œuvre ce nouvel évaluateur. On supposera disposer d'une fonction install-evaluate! qui prendra en argument le prédicat définissant les expressions intéressantes. Dans l'exemple qui suit, ce dernier ne jugera telles que les seules alternatives. On écrira donc :

```
(install-evaluate! (lambda (e)
                    (and (pair? e)
                         (eq? (car e) (quote if)) ) ))
```

Exercice 9.7 (solution page 315)

Tracer est bien mais on peut souhaiter interagir avec l'environnement en cours d'exécution pour connaître par exemple la valeur d'une variable ou, plus généralement, celle d'une expression. Instrumenter l'interprète afin de permettre cette interaction.

Comme il serait ennuyeux de déclencher l'entrée dans une boucle d'interaction chaque fois que l'on veut évaluer une expression. On reprendra l'idée de l'exercice précédent qui permet de détecter une expression intéressante et de ne lancer une boucle d'interaction que dans ce seul cas. Pour, par exemple, ouvrir une boucle d'interaction lorsque la variable n vaudra 3, on écrira :

```
(install-interactive-evaluate!
  (lambda (e env) (and (eq? e 'n) (= 3 (lookup 'n env)))) )
```
Voici une mise en œuvre de cette instrumentation :
```
?? (((lambda (fact)
       (set! fact (lambda (n r)
                    (if (> n 1)
                        (fact (- n 1) (* r n))
                        r ) ))
       (lambda (n) (fact n 1)) )
     'wait )
    5 )
(stopped when about to eval n)
??? n
=== 3
??? r
=== 20
```
Écrire donc cette fonction `install-interactive-evaluate!`.

Exercice 9.8 (solution page 315)

L'interprète définit un certain nombre des caractéristiques du Scheme interprété. On remarquera qu'il n'est pas possible de modifier (par set !) une variable ne figurant pas dans l'environnement. Modifier l'interprète afin qu'une affectation sur une variable inconnue, la crée dans l'environnement global.

Exercice 9.9 (solution pages 315–316)

L'interprète est paramétré par la représentation des fonctions. On veut adopter une nouvelle représentation pour celles-ci telle que la valeur de cons dans le Scheme interprété soit la même que la valeur de cons dans le Scheme de base. En d'autres termes, on désire que soit vraie l'expression suivante écrite dans le Scheme de base :
```
(eq? cons (evaluate 'cons global-environment))
```

Exercice 9.10 (solution page 316)

On souhaite encore modifier la représentation des fonctions de manière maintenant à les représenter comme suit :
```
(define function-tag "closure")
(define (make-function variables body env)
  (vector function-tag variables body env) )
```
Écrire la fonction `invoke` associée et déterminer ce qu'il faudrait aussi changer dans l'interprète.

Exercice 9.11 (solution pages 316–317)

L'interprète est paramétré par la représentation des environnements. On souhaite changer celle-ci et, plutôt que d'utiliser une liste d'associations, utiliser une suite de vecteurs chaînés. Voici la nouvelle définition d'`extend` souhaitée :

```
(define (extend env names values)
  (apply vector env names values) )
```

Écrire les fonctions associées `lookup` et `update!`.

Exercice 9.12 (solution page 317)

L'interprète peut non seulement être instrumenté comme montré plus haut, mais on peut également l'enrichir pour accepter un langage plus riche. Modifier l'interprète pour qu'un nombre en position fonctionnelle soit analogue à un sélecteur de liste. Un nombre positif n correspondra à une fonction unaire retournant le terme de rang n de la liste argument. Un nombre négatif $-n$ correspondra à une fonction unaire retournant sa liste argument privée de ces n premiers termes. Ainsi :

```
? (evaluate '(2 '(a b c d e)) global-environment)
= c
? (evaluate '(-2 '(a b c d e)) global-environment)
= (c d e)
```

Exercice 9.13 (solution page 318)

On peut également autoriser une liste en position fonctionnelle auquel cas ce doit être une liste de fonctions que l'on appliquera aux arguments en collectant les résultats pour en faire une liste. Ainsi :

```
? (evaluate
    '((list car cdr) '(a b c))
    global-environment)
= (a (b c))
? (evaluate
    '((list (list 2 1) -1 -2) '(a b c))
    global-environment)
= ((c b) (b c) (c))
```

Exercice 9.14 (solution pages 318–319)

Le langage interprété est assez frustre. Modifier l'interprète pour ajouter la forme `let`. On ne s'intéressera qu'à la forme simple du `let` ayant la syntaxe :

```
(let ( (variable₀ expression₀)
       ...
       (variableₙ expressionₙ) )
  formes... )
```

Exercice 9.15 *(solution pages 319–320)*

Modifier encore l'interprète pour accepter les `define` internes dans le corps des formes `lambda` et `let`.

Exercice 9.16 *(solution pages 320–321)*

Plutôt que d'introduire de nouvelles formes spéciales comme `let` (cf. exercice 9.14 (page 137/318–319)), on pourrait utiliser le fait qu'une forme `let` peut se réécrire en l'application d'une fonction anonyme comme le montre l'équivalence suivante :

```
(let ((variable₀ expression₀)        ((lambda (variable₀ ... variableₙ)
  ...                                   formes... )
      (variableₙ expressionₙ) )       expression₀ ... expressionₙ )
  formes... )
```

Pour utiliser ce fait, on introduira une fonction nommée expand qui, avant de débuter l'évaluation, réécrira l'expression à évaluer suivant toutes les règles d'expansion. La structure de la fonction d'expansion devra autoriser de rajouter simplement de nouvelles règles. La reconnaissance des expressions à réécrire se fera en accord avec les usages en Scheme : toute forme débutant par un symbole associé à une règle d'expansion sera expansée jusqu'à ne plus contenir de formes expansables.

Exercice 9.17 *(solution page 321)*

Les expanseurs introduits à l'exercice 9.16 (page 138/320–321) devaient être écrits dans le langage de l'implantation. Faire en sorte de permettre au langage interprété d'ajouter ses règles de réécritures donc des expanseurs qui seront écrits dans le langage interprété. Il est suggéré pour ce faire de définir une macro nommée `define-macro`. Voici par exemple comment l'on pourrait définir le mot clé `let` :

```
(define-macro (let bindings . body)
   (cons (cons 'lambda (cons (map car bindings) body))
         (map cadr bindings) ) )
```

Exercice 9.18 *(solution pages 321–326)*

Faire en sorte que l'interprète puisse s'interpréter lui-même c'est-à-dire de saisir de sa propre définition pour l'exécuter. On souhaite donc, que pour toute expression *e*, l'on ne puisse différencier, dans le Scheme de base, les deux résultats suivants :

```
(evaluate e global-environment)
(evaluate '(evaluate e global-environment) global-environment)
```

CHAPITRE 10
Dessins et combinateurs

Rappels

Notre but dans ce chapitre est de définir un langage de création graphique, de l'implanter, et ensuite de programmer dans ce langage afin de produire des dessins. Nous utiliserons deux méthodes de création de graphisme : la *tortue Logo* pour les dessins élémentaires et des *combinateurs* permettant de combiner des dessins.

Une tortue est caractérisée par un état composé des informations suivantes :
1. la position de la tortue exprimée en termes de ses coordonnées cartésiennes,
2. la direction vers laquelle la tortue pointe,
3. la situation du crayon (baissé, la tortue dessine lorsqu'elle se déplace, relevé, elle ne dessine pas).

Dans l'exemple suivant, on démarre la tortue de la position $(0,0)$, pointant dans une direction initiale de 20 degrés (0 degré indiquant le nord), et avec un crayon abaissé. La commande forward avance la tortue du nombre d'unités passé en argument dans la direction courante. La commande turn change la direction : un argument positif tourne la tortue vers la droite tandis qu'un nombre négatif la tourne vers la gauche. La commande up soulève le crayon alors que down l'abaisse.

```
(define (the-figure)
  (turtle-engine 0 0              ; initial position
                 20                ; initial bearing
                 'down             ; initial status
                 '((forward 30)    ; sequence of commands
                   (turn 90)
                   (forward 30)
                   (turn 90)
                   (up)
                   (forward 30)
                   (down)
                   (turn 90)
                   (forward 30)
                   )))
(define (make-figure)
  (make-ps-file (the-figure)
                "ps/figure.ps"))
```

Afin de simplifier la tâche, on ne produira pas de graphisme directement mais une liste contenant les segments de droite à dessiner. Chaque segment sera composé de quatre éléments : les coordonnées cartésiennes du point origine suivies des coordonnées cartésiennes du point destination. Par exemple, l'évaluation des commandes ci-dessus a produit les trois segments de droite suivants.

```
? (the-figure)
= ((0 0 10.260604299770065 28.19077862357725)
   (10.260604299770065
    28.19077862357725
    38.45138292334731
    17.930174323807186)
   (28.19077862357725
    -10.260604299770065
    -3.552713678800501e-15
    -5.329070518200751e-15))
```

Ces descriptions de segments de droite sont prises en argument par une fonction `make-ps-file` qui produit un fichier contenant les commandes PostScript affichant ces droites.

Afin de rendre le programme indépendant de la représentation exacte des segments de droite, nous utiliserons le constructeur de segments de droite `make-line`.

```
(define make-line
  (lambda (x-pos1 y-pos1 x-pos2 y-pos2)
    (list x-pos1 y-pos1 x-pos2 y-pos2)))
```

Les accesseurs sont définis de façon immédiate.

```
(define line-x1 car)
(define line-y1 cadr)
(define line-x2 caddr)
(define line-y2 cadddr)
```

Nous définissons un type abstrait pour l'état d'une tortue avec le constructeur et les accesseurs suivants :

```
(define make-turtle-state
  (lambda (x-pos y-pos direction status)
    (vector x-pos y-pos direction status)))
(define (turtle-x-pos state)
  (vector-ref state 0))
(define (turtle-y-pos state)
  (vector-ref state 1))
(define (turtle-direction state)
  (vector-ref state 2))
(define (turtle-status state)
  (vector-ref state 3))
```

Exercice 10.1 (solution pages 327–328)

Définir une fonction `eval-turtle-command` recevant un état de tortue (c'est-à-dire une position, une direction et un état du crayon) et une commande. Elle retourne

un résultat constitué d'un nouvel état de tortue et d'une liste de segments de droite à dessiner. Les commandes acceptées par la tortue sont les suivantes :
- (forward *len*) : forward avance la tortue dans la direction courante de la longueur donnée. Si la tortue est abaissée, une droite sera affichée.
- (turn *angle*) : turn change la direction de la tortue.
- (up) : up soulève le crayon.
- (down) : down abaisse le crayon.

On utilisera les constructeurs et accesseurs pour les résultats composés d'un état de tortue et d'un ensemble de segments.

```
(define make-result cons)
(define result-state car)
(define result-lines cdr)
```

Dans les exemples ci-dessous, le lecteur constatera que les angles passés en argument sont exprimés en degré, et utilisent les conventions de navigation : 0 degré indique le nord et les angles croissent dans le sens des aiguilles d'une montre. En interne, on utilise les radians dans le sens trigonométrique.

```
? *init-turtle-state*
= #(0 0 0 down)
? (eval-turtle-command
     *init-turtle-state*
     '(turn 90))
= (#(0 0 -1.5707963267948966 down))
? (eval-turtle-command
     *init-turtle-state*
     '(forward 20))
= (#(20 0 0 down) (0 0 20 0))
? (eval-turtle-command *init-turtle-state* '(up))
= (#(0 0 0 up))
```

Exercice 10.2 *(solution pages 328–329)*

Définir une fonction eval-turtle-command-sequence qui comme eval-turtle-command prend un état de la tortue mais reçoit une *liste* de commandes. Elle retourne également un résultat composé d'un nouvel état de la tortue et d'une liste de segments de droite à dessiner.

```
? (eval-turtle-command-sequence
     *init-turtle-state*
     '((forward 30)
       (turn 90)
       (forward 30)
       (turn 90)
       (up)
       (forward 30)
       (down)
       (turn 90)
       (forward 30)))
```

```
= (#(-1.9580149134001967e-15
    -3.552713678800501e-15
    -4.71238898038469
    down)
  (3.552713678800501e-15
   -30.000000000000004
   -1.9580149134001967e-15
   -3.552713678800501e-15)
  (30 0 30.000000000000004 -30.)
  (0 0 30 0))
```

Exercice 10.3

A présent il est aisé de définir une fonction `turtle-engine` prenant la position d'une tortue, sa direction, l'état du crayon et une liste de commandes et retournant la liste de segments de droite à dessiner.

Solution de l'exercice 10.3

La fonction `turtle-engine` fait appel à `eval-turtle-command-sequence` en lui passant l'état initial de la tortue. On veille également à convertir les angles en radians.

```
(define turtle-engine
  (lambda (x-pos y-pos degrees status commands)
    (let* ((direction (- pi/2 (radian degrees)))
           (state (make-turtle-state x-pos
                                     y-pos
                                     direction
                                     status))
           (result (eval-turtle-command-sequence state
                                                 commands)))
      (reverse (result-lines result)))))
```

Le résultat final est la liste de segments de droite à dessiner. Afin de faciliter la mise au point, il est pratique de retourner ces segments dans l'ordre dans lequel ils furent dessinées, ce qui explique l'appel à la fonction `reverse`.

Exercice 10.4 (solution page 329)

Écrire une fonction `make-ps-file` qui reçoit une liste de segments de droite et un nom de fichier et qui produit un fichier de ce nom dont le contenu est une séquence de commandes PostScript affichant ces segments. Par exemple, le code PostScript produit par la fonction `make-figure` a la forme suivante. Les opérateurs `moveto` et `lineto` sont postfixés. Ils demandent deux coordonnées cartésiennes. Le premier place le curseur à la position spécifiée par ses deux arguments, tandis que le second trace une droite jusqu'à la seconde position, spécifiée par ses deux arguments. Finalement, l'opérateur `stroke` affiche le chemin, initialisé par `newpath` et composé de la séquence de segments de droite.

```
%!PS-Adobe-2.0 EPSF-2.0
newpath
0 0 moveto
10.260604299770065 28.19077862357725 lineto
10.260604299770065 28.19077862357725 moveto
38.45138292334731 17.930174323807186 lineto
28.19077862357725 -10.260604299770065 moveto
-3.552713678800501e-15 -5.329070518200751e-15 lineto
stroke
```

La fonction turtle-engine *définie à l'exercice 10.3 (page 142) retourne une séquence de droites à afficher en réponse à une série de commandes destinées à la tortue. Les exercices suivants définissent des* combinateurs *qui prennent des ensembles de segments et en produisent des nouveaux.*

Exercice 10.5 *(solution pages 329–330)*

Définir une fonction translate prenant deux coordonnées cartésiennes et retournant une fonction ; cette dernière accepte une liste de segments de droite en argument et retourne une liste de segments ayant subi une translation selon les coordonnées reçues. Dans l'exemple ci-dessous, la figure utilisée durant l'introduction de ce chapitre fut déplacée de 40 unités vers la droite.

```
(define (make-translated-figure)
  (make-ps-file ((translate 40 0) (the-figure))
                "ps/translated-figure.ps"))
```

Exercice 10.6 *(solution page 330)*

Définir la fonction d'ordre supérieur beside prenant une distance l en argument. Elle a pour valeur une fonction acceptant deux listes de segments de droite et produisant une seule liste résultant de la juxtaposition des deux figures ; la position de la deuxième figure est obtenue par translation d'une distance l selon l'axe des x.

```
(define (two-figures)
  ((beside 40) (the-figure) (the-figure)))
(define (make-two-figures)
  (make-ps-file (two-figures)
                "ps/two-figures.ps"))
```

Exercice 10.7 (solution page 330)

Définir la fonction above possédant la même signature que beside définie à l'exercice 10, mais plaçant la deuxième figure au-dessus de la première, translatée selon l'axe des y de la distance donnée en argument.

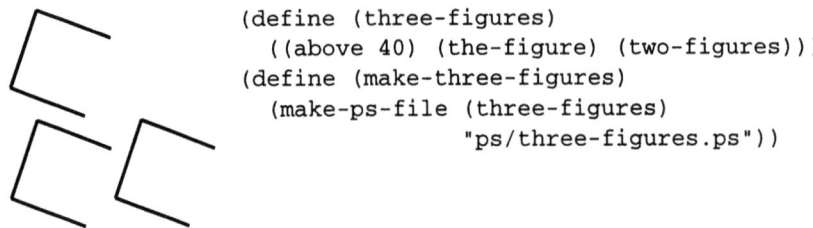

```
(define (three-figures)
  ((above 40) (the-figure) (two-figures)))
(define (make-three-figures)
  (make-ps-file (three-figures)
                "ps/three-figures.ps"))
```

Exercice 10.8 (solution pages 330–331)

Définir une fonction rotate qui prend en arguments les coordonnées cartésiennes d'un point et un angle et qui a pour valeur une fonction ; cette dernière prend une liste de segments de droite en entrée et retourne une liste de segments de droite ayant subi une rotation dont l'angle et l'axe de rotation sont spécifiés par les arguments passés à rotate.

Dans l'exemple ci-dessous, on choisit un axe de rotation en (40,40) et un angle de 20 degrés.

```
(define (rot-three-figures)
  ((rotate 40 40 20) (three-figures)))
(define (make-rot-three-figures)
  (make-ps-file (rot-three-figures)
                "ps/rot-three-figures.ps"))
```

Cette fonction rotate peut-être utilisée pour définir une fonction rotate90 appliquant une rotation de 90 degrés à tout dessin passé en argument.

```
(define rotate90
  (rotate 0 0 90))
```

Exercice 10.9 (solution page 331)

On demande de programmer une fonction scale prenant deux arguments scale-x et scale-y. Elle a pour valeur une fonction qui pour un dessin composé d'une liste de droites retourne un nouveau dessin dont les coordonnés selon l'axe des x furent multipliées par scale-x et celles selon l'axe des y par scale-y.

Dans l'exemple ci-dessous, la figure a eu ses coordonnées x multipliées par 0.4 tandis que celles selon l'axe des y furent augmentées de 50%.

```
(define (scale-three-figures)
  ((scale 0.4 1.5) (three-figures)))
(define (make-scale-three-figures)
  (make-ps-file (scale-three-figures)
                "ps/scale-three-figures.ps"))
```

Exercice 10.10 (solution page 332)

On demande de définir une fonction `mirror` qui prend en argument une liste de segments et retourne une liste de segments symétriques selon l'axe des x.

```
(define (mirror-figures)
  (mirror (two-figures)))
(define (make-mirror-figures)
  (make-ps-file (mirror-figures)
                "ps/mirror-figures.ps"))
```

A présent, nous revenons au langage de commande de la tortue et l'étendons de nouvelles commandes permettant des itérations et acceptant des expressions arithmétiques.

Exercice 10.11 (solution pages 332–333)

Le but de cet exercice est d'étendre le langage de commande de la tortue avec les commandes `repeat` et `begin`. Elles sont définies de la façon suivante :
- (repeat ⟨*number*⟩ ⟨*command*⟩) : repeat demande un nombre et une commande et exécute la commande autant de fois que spéficié par ce nombre.
- (begin ⟨*command*⟩ ...) : begin prend un nombre variable de commandes en argument et les exécute de gauche à droite.

```
                    (define (make-square)
                      (make-ps-file
                        (turtle-engine 0 0
                                       20
                                       'down
                                       '((repeat 4
                                                 (begin
                                                   (forward 30)
                                                   (turn 90)))))
                         "ps/square.ps"))
```

Afin de supporter ces nouvelles commandes, on demande de définir une nouvelle version de `eval-turtle-command1` qui accepte `repeat` et `begin`.

Exercice 10.12 *(solution pages 333–334)*

Définir une fonction `polygon` construisant un polygone à autant de côtés que spécifié en argument.

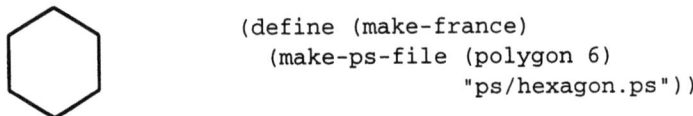

```
                    (define (make-france)
                      (make-ps-file (polygon 6)
                                    "ps/hexagon.ps"))
```

Utiliser le langage de commande de la tortue pour définir cette fonction.

Exercice 10.13 *(solution pages 334–337)*

Tel que défini, le langage de commande de la tortue ne permet pas de dessiner des segments de droite dont la longueur varie au cours du temps. En effet, afin d'offrir une telle facilité, le langage devrait posséder une notion de variable dont la valeur varie au cours du temps, au fur et à mesure des itérations.

Le but de cet exercice est d'introduire des variables dans le langage. Une variable sera associée à une nouvelle construction d'itération ; la valeur d'une variable sera donnée par la valeur courante du compteur d'itérations. Ces variables peuvent être utilisées dans des expressions arithmétiques afin de paramétrer les commandes du langage telles que `forward`, `turn` ou même `repeat`.

La nouvelle construction d'itération est `repeat-var` ainsi définie :

(`repeat-var` ⟨*expr*⟩ ⟨*var*⟩ ⟨*command*⟩) : `repeat-var` prend une expression arithmétique, une variable et une commande. L'expression arithmétique doit s'évaluer en un entier n. Elle exécute la commande n fois, créant une liaison entre la variable ⟨*var*⟩ et la valeur courante du compteur d'itération. Initialement, la variable est liée à n et sa valeur décroît à chaque pas d'itération.

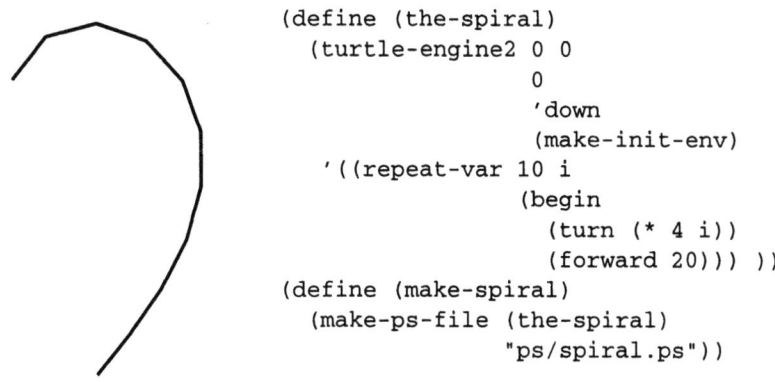

```
(define (the-spiral)
  (turtle-engine2 0 0
                  0
                  'down
                  (make-init-env)
                  '((repeat-var 10 i
                        (begin
                          (turn (* 4 i))
                          (forward 20))) )))
(define (make-spiral)
  (make-ps-file (the-spiral)
                "ps/spiral.ps"))
```

L'introduction de ces variables demande une profonde réorganisation de l'interprète de commande de la tortue. Nous introduisons une notion d'environnement associant des variables à des valeurs. On procédera ensuite de la façon suivante.

1. On supposera l'existence d'une fonction eval-exp prenant une expression arithmétique et un environnement, et retournant la valeur de cette expression. La fonction arith-eval, exercice 4.10 (page 62/227–228), ou encore une fonction d'évaluation plus générale telle eval rencontrée au chapitre 9 pourraient être utilisées à cet effet.

2. On définira une fonction eval-turtle-command2 qui prend un environnement en plus des arguments requis par eval-turtle-command de l'exercice 10.1 (page 140–141/327–328). A présent, les commandes forward, turn, repeat peuvent prendre des expressions arithmétiques en guise de longueur *len*, d'angle *angle* ou de borne d'itération.

3. Définir eval-turtle-command-sequence2 acceptant une liste de commandes comme à l'exercice 10.2 (page 141–142/328–329). Cette dernière fonction sera utilisée par turtle-engine2, acceptant un environnement, de la façon suivante.

```
(define turtle-engine2
  (lambda (x-pos y-pos degrees status env commands)
    (let* ((direction (- pi/2 (radian degrees)))
           (state (make-turtle-state x-pos
                                     y-pos
                                     direction
                                     status))
           (result (eval-turtle-command-sequence2
                                     state
                                     env
                                     commands)))
      (reverse (result-lines result)))))
```

4. Finalement, on étendra la fonction eval-turtle-command2 afin qu'elle accepte la commande repeat-var définie ci-dessus.

Exercice 10.14 *(solution pages 337–338)*

L'état d'une tortue est formé de sa position, de sa direction, et de l'état du crayon. On demande de définir deux commandes save-state et restore-state. La première lie l'état de la tortue à une variable, tandis que la seconde restaure un état de tortue qui était associé à une variable.

Ces deux commandes sont définies de la façon suivante.
- (save-state ⟨var⟩ ⟨body⟩)) : save-state ajoute à l'environnement courant une liaison entre la variable ⟨var⟩ et l'état de la tortue ; ensuite, elle évalue la commande ⟨body⟩ dans ce nouvel environnement.
- (restore-state ⟨var⟩) : restore-state obtient la valeur de la variable ⟨var⟩, qui doit être un état de tortue ; après évaluation de cette commande, l'état de la tortue est défini par l'état qui était associé à cette variable.

```
(define (make-restart)
  (make-ps-file
    (turtle-engine2 0 0
                    180
                    'down
                    (make-init-env)
                    '((save-state init-state
                        (forward 20)
                        (turn -20)
                        (forward 20)
                        (turn -20)
                        (forward 20)
                        (turn -20)
                        (forward 20)
                        (turn -60)
                        (restore-state init-state)
                        (repeat 7
                                (begin
                                  (turn -5)
                                  (forward 30))))))
    "ps/restart.ps"))
```

Exercice 10.15 *(solution pages 338–339)*

Le but de cet exercice est de définir un mécanisme par lequel il est possible de donner un nom à une séquence de commandes. Cette séquence de commandes peut ensuite être activée en appelant ce nom. Afin d'être général, il faut pouvoir paramétrer la séquence de commandes. Lors de son activation, il suffira de passer en argument les valeurs souhaitées pour les paramètres de la séquence de commandes.

En fait, ce mécanime d'abstraction est le mécanisme de fonction auquel nous nous sommes habitués en Scheme. On introduit deux nouvelles commandes : l'une pour créer une procédure et l'autre pour l'activer.

- (with-fun ⟨var⟩ (⟨var⟩*) ⟨command body⟩ ⟨command⟩*) :
with-fun agit semblablement à un letrec en Scheme ; elle ajoute une liaison entre ⟨var⟩ et une fermeture attendant le nombre de paramètres spéficiés dans la liste (⟨var⟩*) et ayant pour corps ⟨command body⟩ ; ensuite, elle évalue la séquence de commande ⟨command⟩* dans le nouvel environnement.
- (⟨command name⟩ ⟨expr⟩*) : cette commande cherche la valeur associée à ⟨command name⟩ dans l'environnement. Celle-ci doit être une fermeture qui sera appliquée aux valeurs des différentes expressions ⟨expr⟩.

```
(define (make-spiral2)
  (make-ps-file
    (turtle-engine2 50 0
                    0
                    'down
                    (make-init-env)
        '((save-state init-state)
          (with-fun spiral (s n)
            (begin
              (restore-state init-state)
              (repeat-var s i (begin
                                (turn (* 3 i))
                                (forward n)))))
          (spiral 15 15)
          (spiral 15 12)
          (spiral 15 10)
          (spiral 15 8)
          (spiral 15 6)
          (spiral 15 4)
          (spiral 15 2)))))
    "ps/spiral2.ps"))
```

On demande de définir with-fun de façon telle qu'il soit légal de référencer le nouveau nom à l'intérieur de la nouvelle commande elle-même. Cela permettra à l'utilisateur de définir des commandes récursives.

Exercice 10.16 *(solution page 339)*

Soit à définir la fonction iterate, prenant en argument un combinateur binaire et un nombre, et retournant une fonction qui pour une séquence de segments de droite produit une nouvelle séquence par application successive du combinateur autant de fois qu'indiqué par le nombre.

Si f représente un combinateur binaire, n un nombre et l une séquence de droites, iterate produit la séquence de droites que l'on obtiendrait par application directe de f à l de la façon suivante :

$$(f\ l\ (f\ l\ \ldots (f\ l\ '())))),$$

où f est appliqué n fois.

```
(define (make-iterated-figure)
  (make-ps-file (the-iterated-figure)
                "ps/iterated-figure.ps"))
(define (the-iterated-figure)
  ((scale 4 1)
   ((iterate (lambda (lines1 lines2)
               ((beside 40) lines1
                ((rotate 0 0 0) ((scale 0.5 1) lines2))))
             6)
    (polygon 5))))
```

Exercice 10.17 (solution pages 339–340)

Cet exercice a pour but de programmer une fonction qui sera utilisée dans l'exercice suivant pour la construction d'une fractale. Soit un segment de droite de longueur 3ℓ. Ce segment peut être divisé en trois segments de longueur ℓ. Le segment du milieu peut être remplacé par deux segments de longueur ℓ ainsi que représenté dans la figure ci-dessous. On demande de programmer une fonction qui dessine une telle ligne brisée pour une longueur 1 donnée.

```
(define (make-triangle)
  (make-ps-file (the-triangle 30 80)
                "ps/triangle.ps"))
```

Il est possible de programmer cette fonction en manipulant des coordonnées cartésiennes. Il est cependant bien plus aisé d'utiliser le langage de la tortue.

Exercice 10.18 (solution page 340)

En utilisant la tortue, dessiner le flocon de Koch, qui est défini de façon inductive. Le flocon de degré 0 est un triangle. On obtient un flocon de degré $n+1$ en remplaçant tout segment de droite d'un flocon de degré n par une séquence de lignes brisées comme décrite à l'exercice 10. La figure 1 représente les flocons de Koch de degrés 0 à 5.

Figure 1 – Les flocons de Koch

Le langage de commande de la tortue a pour effet de changer l'état de la tortue et d'engendrer une liste de droites à dessiner. Dans un premier temps, nous avons pris une approche purement fonctionnelle où la fonction `eval-turtle-command` *prend un état et une commande et retourne un nouvel état et une liste de droites. Dans les exercices suivants, on s'autorise à utiliser les effets de bord.*

Nous définissons à présent des modifieurs de l'état de la tortue.

```
(define (set-turtle-x-pos! state v)
  (vector-set! state 0 v))
(define (set-turtle-y-pos! state v)
  (vector-set! state 1 v))
(define (set-turtle-direction! state v)
  (vector-set! state 2 v))
(define (set-turtle-status! state v)
  (vector-set! state 3 v))
```

Exercice 10.19 (solution pages 341–342)

Définir une variante de la fonction `eval-turtle-command` prenant un état de la tortue, un environnement et une commande et retournant la liste des segments de droite à dessiner. L'état de la tortue aura été modifié en fonction de la commande.

Exercice 10.20 *(solution pages 342–343)*

Définir les deux fonctions auxiliaires `eval-save-state` et `eval-restore-state` afin qu'elles prennent un état de tortue mutable en argument.

Exercice 10.21 *(solution pages 343–344)*

Soit une feuille pliée en deux. Considérons à nouveau la tortue, mais supposons que son crayon soit capable d'écrire simultanément sur *toutes* les couches de papier sur lesquelles elle se déplace. On demande de définir un opérateur `single-unfold` prenant une liste de segments en entrée et retournant un nouveau dessin obtenu en « dépliant la feuille de travail ». On suppose que le pli se trouve exactement sur l'axe des x, et que la feuille de travail se trouve dans le demi plan des y positifs ; le résultat contiendra le dessin original et le symétrique selon l'axe des x. Par exemple, la fonction `pine` déplie le dessin produit par la fonction `saw` et le déplace verticalement de 19 unités.

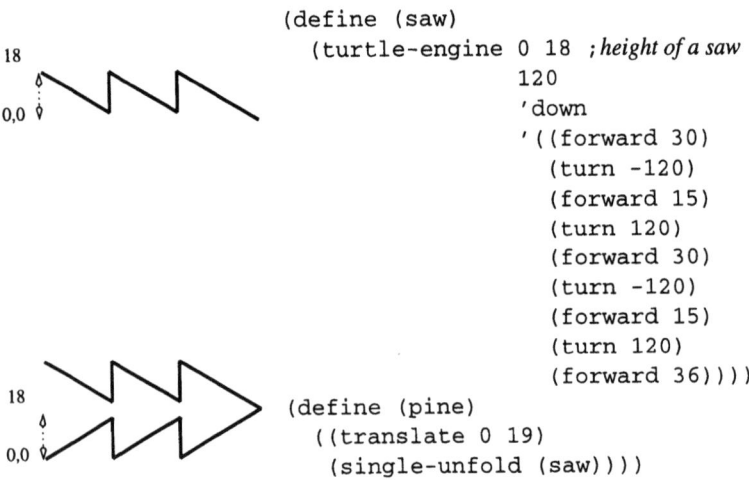

```
(define (saw)
  (turtle-engine 0 18    ; height of a saw
                 120
                 'down
                 '((forward 30)
                   (turn -120)
                   (forward 15)
                   (turn 120)
                   (forward 30)
                   (turn -120)
                   (forward 15)
                   (turn 120)
                   (forward 36))))

(define (pine)
  ((translate 0 19)
   (single-unfold (saw))))
```

Exercice 10.22 *(solution pages 344–345)*

Le but de cet exercice est de généraliser l'opérateur `single-unfold` afin d'accepter un nombre quelconque de plis. On considère d'abord le cas où les plis sont tous parallèles à l'axe des x. On a donc une feuille initiale, que l'on a pliée en deux horizontalement, et encore en deux, et ainsi de suite.

Définir une fonction `linear-unfold` qui prend un nombre n et une taille `size` en arguments et qui déplie les n plis ; on suppose que les coordonnées y du dessin sont comprises dans l'intervalle [0,`size`].

Dans l'exemple ci-dessous, la fonction `forest` déplie trois fois le dessin `pine` et lui applique une rotation de 90 degrés. On obtient dès lors 2^3 occurrences de `pine` juxtaposées.

```
(define (forest)
  ((rotate 0 0 -90)
   ((linear-unfold 3 38) (pine))))
```

Exercice 10.23 (solution page 345)

Une autre façon de plier une feuille est de diviser en deux l'angle formé par la feuille à chaque étape. Typiquement, on plie la feuille en deux, on la tourne de 90 degrés, on la plie encore en deux, on obtient un angle de 90 degrés que l'on divise en deux, et ainsi de suite.

Définir une fonction circular-unfold qui prend un nombre n et déplie une succession de n de ces plis. Dans l'exemple ci-dessous, la fonction flower déplie cinq fois le dessin produit par a-new-figure; 2^5 occurrences de ce motif apparaissent dans un cercle.

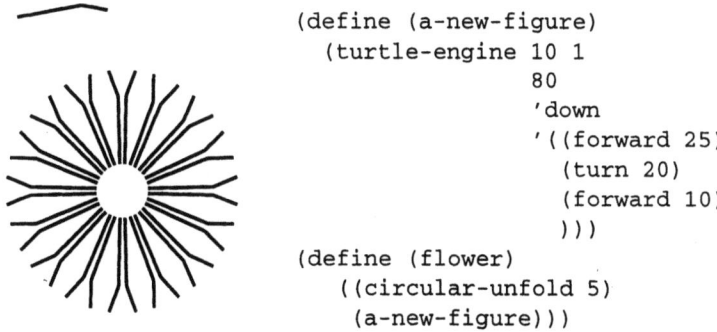

```
(define (a-new-figure)
  (turtle-engine 10 1
                 80
                 'down
                 '((forward 25)
                   (turn 20)
                   (forward 10)
                   )))
(define (flower)
  ((circular-unfold 5)
   (a-new-figure)))
```

Exercice 10.24 (solution pages 345–347)

Dans ses colonnes « Mathematical Games » du Scientific American de Novembre 1975, Martin Gardner décrit différentes techniques de projection pour réaliser des cartes du monde.

Une liste contient une séquence de paires ordonnées $((x_1 y_1) \ldots (x_n y_n))$ de nombres entiers, spécifiant la latitude et la longitude des points sur le globe. Avec

$-90 \leq x_i \leq 90$ et $-180 \leq y_i \leq 180$. Une telle liste de coordonnées contient une bonne approximation des frontières terre/mer d'une île ou d'un continent. Afin de dessiner un tel élément, il suffit d'afficher des segments de droite $((x_i y_i)(x_{i+1} y_{i+1}))$ pour tout $i \leq n$.

Chaque contour, comme l'Europe ou la mer Caspienne, est représenté par une liste de points. L'ensemble des contours que l'on souhaite projeter est donné par la définition suivante.

```
(define (make-the-world)
  (set! the-world
        (list africa
              cuba
              ireland
              borneo
              caspian-sea
              iceland
              japan
              haiti
              new-guinea
              new-zealand
              singapore-indonesia
              black-sea
              antartica
              eurasia
              North-America
              South-America
              Great-Britain
              Australia
              greenland
              madagascar)))
(define the-world 'any)
```

Par exemple, l'Afrique est encodée de la façon suivante :

```
(define africa
  '((-34 18)  (-12 12)  (-12 13)  (-5 12)   (-1 9)
    (4 10)   (6 2)     (4 -8)    (12 -16)  (21 -17)
    (28 -14) (30 -10)  (36 -6)   (37 10)   (33 11)
    (31 20)  (33 21)   (31 30)   (29 33)   (10 44)
    (12 51)  (5 49)    (-3 40)   (-16 40)  (-20 35)
    (-25 36) (-27 33)  (-29 32)  (-34 27)  (-34 18)))
```

On demande d'écrire une fonction draw-world dessinant la projection de Mercator du globe, telle que représentée à la figure 2. Cette fonction prend en argument le diamètre du globe à projeter. La projection de Mercator définit l'abscisse x et l'ordonnée y d'un point en termes de sa latitude θ, sa longitude ϕ et du rayon de sphère R de la façon suivante.

$$x = \phi/R, \quad y = R \ln(\tan(\pi/4 + \phi/2))$$

Les angles doivent être exprimés en radian.

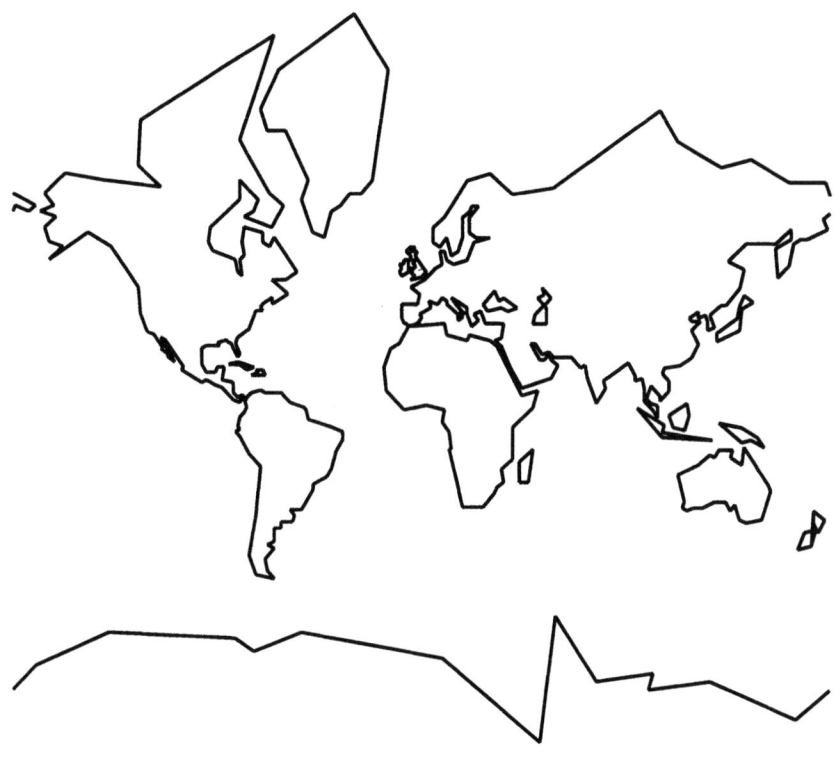

Figure 2 – Projection de Mercator

De nombreuses autres projections existent et peuvent être trouvées sur les sites WWW suivants.
    http ://internetcity.crwr.utexas.edu/gis/mappro/
    http ://www.atm.ch.cam.ac.uk/acmsu/utf/projections.html
    http ://www.utexas.edu/depts/grg/gcraft/notes/mapproj/mapproj.html
    http ://www.geometrie.tuwien.ac.at/karto/index.html
    http ://mcmcweb.er.usgs.gov/drg/mercproj/index.html
    http ://www.geo.ut.ee/kartool/p_dana/mapproj.htm

Conclusions

Dans ce chapitre, nous avons présenté un langage de création graphique basé sur deux paradigmes différents : la tortue de Logo et des combinateurs de dessins. Les combinateurs furent initialement proposés par Henderson [Hen82], qui utilise une technique plus puissante que celle proposée ici car tout dessin est inscrit dans un rectangle. La combinaison de dessins produit de nouveaux rectangles ; un graphisme est engendré par un dallage de rectangles. Cette approche fut ensuite généralisée par Cousineau [CM95] qui inscrit des dessins dans des formes géométriques quelconques.

Seconde partie: Solutions

SOLUTIONS 1
Récursion sur les nombres

Solution de l'exercice 1.3 (énoncé page 6)

Comme il n'est pas exigé d'être efficace, nous nous contenterons d'énumérer les nombres positifs en ordre descendant jusqu'à en trouver un qui divise le nombre initial et qui sera alors nécessairement le plus grand. Comme 1 divise tout nombre, il y a nécessairement un plus grand diviseur que l'on trouvera par cette méthode.

```
(define (greatest-divisor n)
  (define (descend i)
    (if (<= i 1)
        1
        (if (= 0 (modulo n i))
            i
            (descend (- i 1)) ) ) )
  (descend (- n 1)) )
```

Autre solution de l'exercice 1.3

Syntaxiquement, une fonction telle que `greatest-divisor` qui définit une sous-fonction interne comme `descend` et ne fait que l'invoquer une seule fois peut, plus agréablement, s'écrire sous la forme d'un `let` nommé. Également sur le plan syntaxique, on préférera employer une forme `cond` plutôt qu'une suite imbriquée d'alternatives.

Enfin, au passage, on pourra remarquer que le plus grand diviseur est au plus égal à la moitié du nombre initial ce qui permet de réduire les calculs nécessaires. Finalement, on écrira :

```
(define (greatest-divisor2 n)
  (let descend ((i (quotient n 2)))
    (cond ((<= i 1)              1)
          ((= 0 (modulo n i))    i)
          (else                  (descend (- i 1))) ) ) )
```

Solution de l'exercice 1.4 (énoncé page 6)

Il est d'usage que les noms des prédicats s'achèvent par un point d'interrogation. C'est à cet usage que se plie donc le nom de `power-of-two?`.

Le raisonnement est simple : un nombre est une puissance de deux si, après l'avoir divisé par deux autant de fois que l'on peut, le résultat final est égal à un. Voici cette fonction :

```
(define (power-of-two? n)
  (if (= n 1)
      #t
      (if (= 0 (remainder n 2))
          (power-of-two? (quotient n 2))
          #f ) ) )
```

Autre solution de l'exercice 1.4

La forme adoptée pour la fonction précédente n'est pas tout à fait standard en Scheme où l'on utiliserait plutôt des formes and ou or comme dans la solution de l'exercice 1.5 (page 6/160). En renversant la récursion, on peut chercher à calculer les puissances successives de 2 jusqu'à atteindre ou dépasser le nombre initial (ce qui consomme une division de moins que le schéma précédent). On écrira donc :

```
(define (power-of-two? n)
  (define (enumerate pot)
    (or (= pot n)
        (and (< pot n)
             (enumerate (* 2 pot)) ) ) )
  (enumerate 1) )
```

Solution de l'exercice 1.5   (énoncé page 6)

On adapte simplement l'algorithme de l'exercice 1.4 (page 6/159–160), en se fondant sur le fait que $p^0 = 1$ est le cas de base. Pour le cas général, on reprend la même idée que précédemment, on divise le nombre donné jusqu'à obtenir 1 ou un reste non nul.

```
(define (power-of? n p)
  (or (= n 1)
      (and (= 0 (remainder n p))
           (power-of? (quotient n p) p)) ) )
```

On peut d'ailleurs redéfinir la fonction power-of-two ? comme spécialisation de la fonction de power-of ? et écrire :

```
(define (power-of-two? n)
  (power-of? n 2) )
```

Une solution plus avancée serait d'adapter la seconde solution de l'exercice 1.4 (page 6/159–160) et d'écrire :

```
(define (power-of? n p)
  (define (enumerate pop)
    (or (= pop n)
        (and (< pop n)
             (enumerate (* p pop)) ) ) )
  (enumerate 1) )
```

Solution de l'exercice 1.6 (énoncé page 7)

Une façon simple est d'énumérer les résultats de la fonction `sum-of-integers` jusqu'à dépasser le nombre initialement donné. Pour cela, on utilisera une sous-fonction : `enumerate-triangular?`.

```
(define (triangular? n)
  (enumerate-triangular? n n) )
(define (enumerate-triangular? n i)
  (let ((sum (sum-of-integers i)))
    (or (= sum n)
        (and (> sum n)
             (enumerate-triangular? n (- i 1)) ) ) ) )
```

Autre solution de l'exercice 1.6

Beaucoup plus efficace serait de remarquer que le nombre i recherché est proche de (mais inférieur à) $\lfloor\sqrt{2n}\rfloor - 1$. Ce calcul implique une conversion entre un nombre inexact (le résultat de la racine carrée) et un entier, ce que réalise `inexact->exact`.

Sur le plan syntaxique, on peut également déplacer la sous-fonction `enumerate-triangular?` pour l'intégrer à `triangular2?` et ainsi obtenir une solution tenant en une unique fonction. Ce faisant, on peut supprimer n des arguments de `enumerate-triangular?` puisque déjà visible lexicalement. On obtient donc :

```
(define (triangular2? n)
  (define (enumerate-triangular? i)
    (let ((sum (sum-of-integers i)))
      (or (= sum n)
          (and (< sum n)
               (enumerate-triangular? (+ i 1)) ) ) ) )
  (enumerate-triangular?
    (- (inexact->exact (floor (sqrt (* 2 n)))) 1) ) )
```

Solution de l'exercice 1.7 (énoncé pages 7–8)

On calculera ce rang en partant de p/q et en décrivant les diagonales successives du tableau. En règle générale, le rang de p/q est un de plus que le rang de la fraction $p - 1/q + 1$. Lorsqu'on arrive à une fraction $1/q$, son rang est un de plus que le rang de la fraction précédente c'est-à-dire $(q - 1)/1$. Enfin, la fraction $1/1$ a le rang 1. Voici la fonction :

```
(define (diagonalize p q)
  (if (and (= p 1) (= q 1))
      1
      (+ 1 (if (= p 1)
               (diagonalize (- q 1) 1)
               (diagonalize (- p 1) (+ q 1)) )) ) )
```

Solution de l'exercice 1.8 (énoncé page 8)

C'est une simple récursion que voici :
```
(define (power x n)
  (cond ((= n 0)    1)
        ((even? n)  (power (* x x) (quotient n 2)))
        (else       (* x (power x (- n 1)))) ) )
```

On remarquera que le calcul d'une puissance n ne demande approximativement que $\log n$ multiplications ce qui est bien meilleur que n multiplications.

Solution de l'exercice 1.9 (énoncé page 8)

Cette suite est la suite dite de Fibonacci. On peut la définir en suivant à la lettre la formulation donnée en énoncé :
```
(define (fib n)
  (if (or (= n 0)
          (= n 1) )
      1
      (+ (fib (- n 1))
         (fib (- n 2)) ) ) )
```

Cette définition est très inefficace (pour s'en convaincre, calculer le nombre d'appels récursifs qui sont nécessaires pour calculer fib n). Une autre façon de calculer la suite de Fibonacci est de s'aider de deux fonctions. La première sert de point d'entrée et se contente de vérifier si l'on est dans le cas particulier u_0. La seconde énumère les entiers de Fibonacci jusqu'à u_n.
```
(define (fibonacci u0 u1 n)
  (if (= n 0)
      u0
      (enumerate-fibonacci u0 u1 n 1) ) )
(define (enumerate-fibonacci un-1 un n i)
  (if (= i n)
      un
      (enumerate-fibonacci un (+ un-1 un) n (+ i 1)) ) )
```

Notez, au passage, que un-1 est le nom d'une variable et n'est pas une expression arithmétique. À titre d'exercice facultatif, on pourrait, à l'instar de la seconde solution de l'exercice 1.6 (page 7/161), intégrer la définition de la fonction enumerate-fibonacci au sein de fibonacci.

Cette récursion semble différer des précédentes en ce sens qu'elle énumère des nombres en ordre croissant. En fait, elle obéit au même principe que précédemment si l'on considère qu'elle cherche à faire décroître n − i.

Solution de l'exercice 1.10 (énoncé page 8)

On se convainc aisément qu'il n'y a qu'une seule façon de paver un couloir de longueur 1 et deux façons de paver un couloir de longueur 2. Pour paver un couloir de longueur $n+2$, la dernière dalle posée est soit verticale (on complète alors le pavage d'un couloir de longueur $n+1$), soit horizontale (on complète alors le pavage d'un couloir de longueur n). Ces pavages complétés sont tous différents puisqu'ils se terminent par une dalle verticale ou deux dalles horizontales. Tout pavage d'un couloir de longueur n, resp. $n+1$, conduit donc à un pavage d'un couloir de longueur $n+2$.

Soit $P(n)$ le nombre de pavages d'un couloir de longueur n. Les considérations précédentes nous mènent donc à la formule :

$$P(n+2) = P(n+1) + P(n)$$

La fonction demandée est donc la fonction de Fibonacci de l'exercice 1.9 (page 8/162) en admettant qu'il n'existe qu'une seule façon de paver un couloir de longueur 0 ! C'est donc :

```
(define (paving-way n)
  (fibonacci 1 1 n) )
```

Solution de l'exercice 1.11 (énoncé page 9)

Soit n l'entier fourni, il est simple d'énumérer tous les entiers de 1 à n et d'additionner tous ceux qui divisent n.

```
(define (sum-of-divisors n)
  (define (climb i n)
    (cond ((> i n) 1)
          ((= 0 (modulo n i))
           (+ i (climb (+ i 1) n)) )
          (else (climb (+ i 1) n)) ) )
  (climb 2 n) )
```

Solution de l'exercice 1.12 (énoncé page 9)

Il s'agit là d'énumérer les entiers les uns après les autres jusqu'à trouver le $i^{\text{ème}}$ nombre parfait. La fonction interne search augmente à chaque itération la valeur de n ; elle augmente la valeur de j chaque fois que la valeur courante de n est un nombre parfait. Le processus s'arrête lorsque j est égal à i, donné comme argument à search-perfect-number.

```
(define (search-perfect-number i)
  (define (search n j)
    (if (= (+ n n) (sum-of-divisors n))
        (if (= i j)
```

```
          n
          (search (+ n 1) (+ j 1)) ) 
        (search (+ n 1) j) ) )
  (search 2 1) )
```

On notera que la fonction `sum-of-divisors` calcule tous les diviseurs de n, celui-ci inclu. Dès lors, on compare le résultat de `sum-of-divisors` avec le double de n.

Si le troisième nombre parfait se calcule assez vite (il s'agit de 496), la recherche du quatrième (8128) montre que cela se raréfie vite ! Cette fonction gagnerait énormément à être compilée plutôt qu'interprétée.

Solution de l'exercice 1.13 (énoncé page 9)

Là encore, on observe une récursion qui énumère des nombres jusqu'à en trouver un qui satisfait la propriété recherchée. La fonction `guess-integer` sollicite les nombres et les teste.

```
(define (guess-integer secret)
  (display "Enter your guess? ")
  (let ((guess (read)))
    (cond ((< guess secret)
           (display "too low! ")
           (guess-integer secret) )
          ((> guess secret)
           (display "too high! ")
           (guess-integer secret) )
          (else (display "RIGHT!")
                (newline) ) ) ) )
```

On notera l'usage d'une variable locale `guess` qui permet de mémoriser le nombre sollicité afin de l'utiliser dans deux comparaisons distinctes.

La récursion ici employée est quelque peu différente des récursions précédentes qui diminuent régulièrement un nombre jusqu'à le rendre nul. Cependant, si l'on considère le joueur comme un être sensé, il va chercher à diminuer la distance entre le nombre recherché et ses précédents choix jusqu'à annuler cette distance et gagner. Du côté de la fonction `guess-integer`, la récursion est en fait une itération déguisée qui ne s'achève que par la victoire du joueur.

Solution de l'exercice 1.14 (énoncé page 9)

La fonction `syracuse?` se déduit directement de sa définition en terme de suite. Il suffit d'engendrer successivement les termes de cette suite jusqu'à obtenir un 1. On notera que cette récursion ne peut s'achever qu'avec une réponse positive : il n'y a pas de réponse négative possible !

```
(define (syracuse? un)
  (if (= 1 un)
      #t
```

```
(if (even? un)
    (syracuse? (quotient un 2))
    (syracuse? (+ 1 (* 3 un)))  ) ) )
```

Donnons une seconde solution qui s'appuie sur la transformation suivante qui conduit à une expression plus concise et souvent plus élégante :

$$(\text{if } \alpha \text{ \#t } \beta) = (\text{or } \alpha \; \beta)$$

```
(define (syracuse2? un)
  (or (= 1 un)
      (if (even? un)
          (syracuse2? (quotient un 2))
          (syracuse2? (+ 1 (* 3 un)))  ) ) )
```

Solution de l'exercice 1.15 (énoncé page 10)

Voici une première solution qui transcrit très littéralement la définition. On notera les schémas classiques de récursion pour le calcul de la factorielle fact et le calcul des puissances power.

```
(define (exponential x epsilon)
  (define (fact n)
    (if (= n 1)
        1
        (* n (fact (- n 1)))) )
  (define (power x n)
    (if (= n 0)
        1
        (if (even? n)
            (power (* x x) (quotient n 2))
            (* x (power x (- n 1))) ) ) )
  (+ 1 (let iterate ((i 1))
         (let ((c (/ (power x i) (fact i))))
           (if (< c epsilon)
               0
               (+ c (iterate (+ i 1))) ) ) )) )
```

La solution précédente est assez lourde car le calcul d'un terme ne partage rien avec le calcul du terme précédent. Pourtant, on a la relation suivante, dont on peut tirer parti, et qui montre que l'on peut simplement obtenir un terme à partir du précédent au prix d'une multiplication et d'une division.

$$\frac{x^{i+1}}{(i+1)!} = \frac{x^i}{i!} \frac{x}{i+1}$$

On obtient donc :
```
(define (exponential2 x epsilon)
  (define (coefficient previous-coefficient i)
    (/ (* previous-coefficient x) i) )
  (define (iterate c-previous i)
    (let ((c (coefficient c-previous i)))
       (display (list 'iterate c-previous i c))(newline) ;TRACE
       (if (< c epsilon)
           0
           (+ c (iterate c (+ i 1))) ) ) )
  (+ 1 (iterate 1 1)) )
```
On observera le commentaire, laissé à dessein, montrant ce que l'un des auteurs a observé pour se convaincre que cette fonction faisait bien ce qu'il avait l'intention de lui faire faire (on parle alors d'*accord téléologique*).

On différenciera également soigneusement la division euclidienne, `quotient`, de la division notée / qui produit un nombre inexact (ou un rationnel).

Solution de l'exercice 1.16 (énoncé page 10)

On écrit tout simplement :
```
(define (make-list n e)
  (if (> n 0)
      (cons e (make-list (- n 1) e))
      '() ) )
```

SOLUTIONS 2
Récursion sur les listes

Solution de l'exercice 2.5 (*énoncé page 14*)

La différence entre `remove-first` de l'exercice 2.4 (page 13-14) et `remq` est que cette dernière continue la récursion même lorsque le premier élément de `lsym` est s.

```
(define remq
  (lambda (s lsym)
    (cond ((null? lsym) '())
          ((eq? (car lsym) s) (remq s (cdr lsym)))
          (else (cons (car lsym) (remq s (cdr lsym)))))))
```

La variante de `remq` utilisant `equal?` est appelée `remove`.

Solution de l'exercice 2.6 (*énoncé page 14*)

La récursion est à la fois sur le nombre k et la liste l. Si k est zéro, il n'y a plus d'éléments à retirer de la liste, et on peut la retourner. Si k n'est pas zéro et si la liste est vide, il s'agit d'une erreur car il n'y a pas assez d'éléments dans l. Dans le cas inductif, si le premier élément de la liste est celui que l'on souhaite enlever, on procède récursivement sur le reste de la liste en ayant décrémenté k. Sinon, on ajoute le premier élément de l au résultat produit par l'appel récursif sur le reste de l, sans avoir décrémenté k.

```
(define remove-k-first
  (lambda (a k l)
    (cond
      ((zero? k)  l)
      ((null? l)
       (error 'remove-k-first "list is not long enough" k))
      ((eq? (car l) a)
       (remove-k-first a (- k 1) (cdr l)))
      (else (cons (car l) (remove-k-first a k (cdr l)))))))
```

Solution de l'exercice 2.7 (*énoncé page 14*)

Le schéma de récursion est semblable à celui de `length`. Si le premier élément d'une liste non vide est le symbole recherché, on ajoute 1 au résultat produit par l'appel récursif sur le reste. Sinon, la réponse est donnée directement par l'appel récursif.

```
(define count
  (lambda (s l)
    (cond ((null? l) 0)
          ((eq? (car l) s) (+ 1 (count s (cdr l))))
          (else (count s (cdr l))))))
```

Solution de l'exercice 2.8 (énoncé page 15)

La fonction `longest` utilise une fonction auxiliaire `longest-aux` qui prend deux paramètres supplémentaires : la plus grande liste rencontrée jusqu'à présent, et sa longueur. Ce dernier paramètre nous évite de recalculer la longueur de la liste lors de chaque appel récursif de `longest-aux`.

```
(define longest
  (lambda (l)
    (if (null? l)
        (error 'longest "List too short" l)
        (longest-aux l (car l) (length (car l))))))
(define longest-aux
  (lambda (l sublist len)
    (if (null? l)
        sublist
        (let ((new-len (length (car l))))
          (if (> new-len len)
              (longest-aux (cdr l) (car l) new-len)
              (longest-aux (cdr l) sublist len))))))
```

Solution de l'exercice 2.9 (énoncé page 15)

Il y a succès soit si la liste est vide soit si son premier élément satisfait le prédicat, le reste de la liste devant satisfaire la même propriété.

```
(define and-map
  (lambda (pred l)
    (or (null? l)
        (and (pred (car l))
             (and-map pred (cdr l))))))
```

Solution de l'exercice 2.10 (énoncé page 15)

On procède récursivement sur la liste d'atomes reçue en argument. Dans le cas de base, on construit une citation de la liste vide. Dans le cas inductif, on construit une liste formée du symbole `cons`, d'une citation du premier élément de la liste reçue en argument, et du résultat de l'appel récursif sur le reste de la liste.

```
(define generate
  (lambda (l)
    (if (null? l)
```

```
            (list 'quote '())
            (list 'cons
                  (list 'quote (car l))
                  (generate (cdr l)))))))
```

On peut écrire une variante qui engendre un nombre minimum de citations. On sait que les nombres et booléens s'évaluent en eux-mêmes et n'ont pas besoin d'être retournés dans des citations. On obtient :

```
(define generate2
  (lambda (l)
    (if (null? l)
        (list 'quote '())
        (list 'cons
              (if (or (number? (car l))
                      (boolean? (car l)))
                  (car l)
                  (list 'quote (car l)))
              (generate2 (cdr l)))))))
```

Un exemple de generate2 donne :

```
? (generate2 '(a () #t 10))
= (cons 'a (cons '() (cons #T (cons 10 '()))))
```

au lieu de :

```
? (generate '(a () #t 10))
= (cons 'a (cons '() (cons '#T (cons '10 '()))))
```

Solution de l'exercice 2.11 (énoncé page 15)

Dans le cas de base, frequency retourne une table vide. Dans le cas inductif, elle fait appel à une fonction auxiliaire augment qui incrémente la valeur associée au premier élément de liste.

```
(define frequency
  (lambda (l)
    (if (null? l)
        '()
        (augment (car l) (frequency (cdr l))))))
```

augment reçoit un atome et une liste associative en entrée et retourne une nouvelle liste où la valeur associée à l'atome a été incrémentée. Si cet atome n'appartient pas à al, on ajoute une entrée avec la valeur initiale 1.

```
(define augment
  (lambda (x al)
    (cond ((null? al) (list (cons x 1)))
          ((eqv? x (caar al)) (cons (cons x (+ 1 (cdar al)))
                                    (cdr al)))
          (else (cons (car al) (augment x (cdr al)))))))
```

Une variante de frequency utilisant des effets de bord est étudiée à l'exercice exercice 6.14 (page 98/271–272).

Solution de l'exercice 2.12   (énoncé page 16)

Notre solution fait appel à la fonction frequency de l'exercice 2.11 (page 15/169). Un appel à frequency retourne la table d'occurrences des éléments de la liste.

```
(define appear
  (lambda (l n)
    (let ((table (frequency l)))
      (select n table))))
```

La fonction select retourne les éléments ayant une occurrence supérieure à n.

```
(define select
  (lambda (n al)
    (cond ((null? al) '())
          ((>= (cdar al) n) (cons (caar al)
                                   (select n (cdr al))))
          (else (select n (cdr al))))))
```

Solution de l'exercice 2.13   (énoncé page 16)

On notera que la récursion se fait sur le cddr de la liste, ce qui nous demande d'avoir un cas de base traitant le cas de la liste vide et de la liste d'un élément.

```
(define odds
  (lambda (l)
    (if (or (null? l) (null? (cdr l)))
        l
        (cons (car l) (odds (cddr l))))))
```

Solution de l'exercice 2.14   (énoncé page 16)

Il y a deux cas de base possibles, la liste vide et la liste à un élément, que l'on retourne immédiatement. Sinon, dans le cas inductif, on sait que la liste l contient au moins deux éléments. Il suffit alors de construire une liste formée, dans l'ordre, du deuxième élément de l, de son premier élément, et d'un appel récursif de alternate sur le cddr de l.

```
(define alternate
  (lambda (l)
    (if (or (null? l) (null? (cdr l)))
        l
        (cons (cadr l) (cons (car l) (alternate (cddr l)))))))
```

Solution de l'exercice 2.15 (énoncé page 16)

La fonction stammer suit le schéma simple de récursion des listes. Dans le cas inductif, on construit une liste dont les deux premiers éléments sont une répétition du premier élément de l et dont la suite est donnée par un appel récursif de stammer sur le reste de l.

```
(define stammer
  (lambda (l)
    (if (null? l)
        '()
        (cons (car l) (cons (car l) (stammer (cdr l)))))))
```

Solution de l'exercice 2.16 (énoncé page 16)

Le schéma de récursion adopté pour stammer-n est semblable à celui de stammer de l'exercice 2.15 (page 16/171). On fait appel à une fonction auxiliaire cons-n chargée de répéter n fois une valeur val en tête d'une liste l.

```
(define stammer-n
  (lambda (l n)
    (if (null? l)
        '()
        (cons-n n (car l) (stammer-n (cdr l) n)))))
(define cons-n
  (lambda (n val l)
    (if (zero? n)
        l
        (cons-n (- n 1) val (cons val l)))))
```

Solution de l'exercice 2.17 (énoncé page 17)

On définit deux fonctions mutuellement récursives. Pour une liste l non vide, unique construit une nouvelle liste formée du premier élément de l et du résultat de l'appel récursif à unique-after.

```
(define unique
  (lambda (l)
    (if (null? l)
        l
        (cons (car l) (unique-after (car l) (cdr l))))))
```

La fonction unique-after applique la fonction unique à la sous-liste obtenue après avoir sauté toutes les occurrences de s en tête de l.

```
(define unique-after
  (lambda (s l)
    (cond ((null? l) l)
          ((eq? s (car l)) (unique-after s (cdr l)))
          (else (unique l)))))
```

Solution de l'exercice 2.18   (énoncé page 17)

La fonction `first-occurrence` fait appel à une fonction auxiliaire utilisant un paramètre accumulant.

```
(define first-occurrence
  (lambda (l)
    (first-occurrence-acc l '())))
```

Le paramètre accumulant `acc` est la liste des éléments en ordre inverse de leur première apparition. Un élément est ajouté à `acc` seulement s'il n'en fait pas déjà partie.

```
(define first-occurrence-acc
  (lambda (l acc)
    (if (null? l)
        (reverse acc)
        (first-occurrence-acc (cdr l)
                              (if (memq (car l) acc)
                                  acc
                                  (cons (car l) acc))))))
```

Les fonctions `first-occurrence` et `unique` définie à l'exercice 2.17 (page 17/171) ne se comportent pas de la même façon sur les listes dont les éléments identiques apparaissent en positions non successives. Par exemple :

```
? (first-occurrence '(a a a b b a a a c c))
= (a b c)
? (unique '(a a a b b a a a c c))
= (a b a c)
```

Solution de l'exercice 2.19   (énoncé page 17)

Le cas de base est la liste vide. Dans le cas inductif, la liste l est non vide. On construit alors une liste dont le reste est donné par l'appel récursif de `substitute`; son premier élément est soit `new` si le premier élément de l est égal à `old`, soit le premier élément de l.

```
(define substitute
  (lambda (old new l)
    (cond ((null? l) '())
          ((eq? (car l) old)
           (cons new (substitute old new (cdr l))))
          (else (cons (car l)
                      (substitute old new (cdr l)))))))
```

Solution de l'exercice 2.20   (énoncé page 17)

La fonction list-ref utilise un schéma de récursion sur les listes et les entiers : l'entier est diminué d'une unité chaque fois que l'on accède au reste de l.

```
(define list-ref
  (lambda (l n)
    (cond ((null? l)
           (error 'list-ref "List is not long enough" n))
          ((zero? n) (car l))
          (else (list-ref (cdr l) (- n 1))))))
```

Solution de l'exercice 2.21   (énoncé page 18)

Le schéma de récursion est semblable à celui de celui de list-ref de l'exercice 2.20 (page 17/173).

```
(define list-tail
  (lambda (l n)
    (cond ((zero? n) l)
          ((null? l)
           (error 'list-tail "List is not long enough" n))
          (else (list-tail (cdr l) (- n 1))))))
```

On observera cependant la différence entre list-ref et list-tail : le premier retourne une erreur lorsque la liste l est vide et n est zéro, à l'opposé du second.

Solution de l'exercice 2.22   (énoncé page 18)

La fonction associate itère sur la liste l, tout en incrémentant un compteur i, jusqu'à ce que, soit la fin de liste, soit le symbole s soit rencontré. Dans le premier cas, #f est retourné. Dans le second, on retourne une paire formée du compteur et du contenu du vecteur à cette position.

```
(define associate
  (lambda (l vect s)
    (let loop ((l l)
               (i 0))
      (cond ((null? l) #f)
            ((eq? (car l) s)
             (cons i (vector-ref vect i)))
            (else (loop (cdr l) (+ i 1)))))))
```

Solution de l'exercice 2.23   (énoncé page 18)

La fonction `give-cards` fait directement appel à une fonction auxiliaire `give-aux` prenant la liste des cartes, la façon de distribuer et un paramètre qui associe par une A-liste chaque joueur avec les cartes qu'il a déjà reçues.

```
(define give-cards
  (lambda (cards players-nbr way)
    (give-aux cards way (make-list players-nbr '()))))
```

La fonction `give-aux` itère sur la liste way contenant la façon de distribuer les cartes. Pour chaque élément de way, l'itération implantée par le `let` nommé `loop` ajoute autant de cartes à chacun des joueurs.

```
(define give-aux
  (lambda (cards way players)
    (if (null? way)
        (cons (map reverse players)
              cards)
        (let loop ((l players)
                   (cards cards)
                   (result '()))
          (if (null? l)
              (give-aux cards (cdr way) (reverse result))
              (loop (cdr l)
                    (list-tail cards (car way))
                    (cons (append (get-n cards (car way))
                                  (car l))
                          result)))))))
```

La fonction `make-list` construit une liste de n occurrences de v.

```
(define make-list
  (lambda (n v)
    (let loop ((i n))
      (if (= i 0)
          '()
          (cons v (loop (- i 1)))))))
```

La fonction `get-n` retourne la liste des n premiers éléments de l.

```
(define get-n
  (lambda (l n)
    (cond ((zero? n) '())
          ((null? l) (error 'get-n
                            "List not long enough" n))
          (else (cons (car l) (get-n (cdr l) (- n 1)))))))
```

On notera que la fonction `give-aux` suppose que le nombre de cartes initialement reçues est suffisant pour effectuer la donne pour le nombre de joueurs indiqué.

Solution de l'exercice 2.24 (énoncé page 19)

Le schéma de récursion est relativement standard. Dans le cas inductif, on ajoute le deuxième élément de la liste au résultat si le premier élément est celui recherché. Il est alors nécessaire d'adapter le cas de base afin d'être sûr que la liste contienne au moins deux éléments.

```
(define follow
  (lambda (s l)
    (cond ((null? l) '())
          ((null? (cdr l)) (if (eq? s (car l))
                               (list '())
                               '()))
          ((eq? (car l) s) (cons (cadr l)
                                 (follow s (cdr l))))
          (else (follow s (cdr l))))))
```

Solution de l'exercice 2.25 (énoncé page 19)

La fonction `precede` fait appel à la fonction auxiliaire `precede-aux` qui reçoit un argument supplémentaire représentant le symbole apparaissant à la position précédente ; conventionnellement, sa valeur initiale est la liste vide.

```
(define precede
  (lambda (s l)
    (precede-aux s l '())))
(define precede-aux
  (lambda (s l previous-symbol)
    (cond ((null? l) '())
          ((eq? s (car l))
           (cons previous-symbol
                 (precede-aux s (cdr l) (car l))))
          (else (precede-aux s (cdr l) (car l))))))
```

Solution de l'exercice 2.26 (énoncé page 19)

La fonction `pairlis` utilise un schéma de récursion opérant sur deux listes l1 et l2 en parallèle. Dans le cas de base, les deux listes sont vides et on retourne la liste vide. Dans le cas inductif, on procède récursivement sur le `cdr` de chaque liste. Une erreur est retournée lorsqu'une liste est vide et pas l'autre.

```
(define pairlis
  (lambda (l1 l2)
    (cond ((and (null? l1) (null? l2)) '())
          ((null? l1)
           (error 'pairlis "l2 longer than l1" l2))
          ((null? l2)
```

```
            (error 'pairlis "l1 longer than l2" l1))
      (else (cons (cons (car l1) (car l2))
                  (pairlis (cdr l1) (cdr l2))))))))
```

Solution de l'exercice 2.27 (énoncé page 19)

Pour chaque élément de l1, all-elements fait appel à add-element qui construit une paire pour chaque élément de l2.

```
(define all-pairs
  (lambda (l1 l2)
    (define add-element
      (lambda (e l rest)
        (if (null? l)
            rest
            (cons (cons e (car l))
                  (add-element e (cdr l) rest)))))
    (define all-elements
      (lambda (l1 rest)
        (if (null? l1)
            rest
            (add-element (car l1)
                         l2
                         (all-elements (cdr l1) rest)))))
    (all-elements l1 '())))
```

A la place, on peut utiliser deux itérateurs imbriqués.

```
(define all-pairs2
  (lambda (l1 l2)
    (mapcan (lambda (x)
              (map (lambda (y) (cons x y))
                   l2))
            l1)))
(define mapcan
  (lambda (f l)
    (if (null? l)
        '()
        (append (f (car l)) (mapcan f (cdr l))))))
```

Solution de l'exercice 2.28 (énoncé page 20)

La fonction binary-sum fait appel à une fonction auxiliaire prenant un argument supplémentaire carry qui est le report d'addition de deux chiffres binaires.

```
(define binary-sum
  (lambda (l1 l2)
    (sum-with-carry l1 l2 0)))
```

La fonction auxiliaire utilise une récursion sur les deux listes comme la fonction pairlis, exercice 2.26 (page 19/175–176). Dans le cas présent, les cas de base diffèrent : lorsqu'une liste est vide, on retourne l'autre, éventuellement après avoir additioné à cette dernière le report d'addition.

```
(define sum-with-carry
  (lambda (l1 l2 carry)
    (cond ((null? l1) (if (zero? carry)
                          l2
                          (sum-with-carry '(1) l2 0)))
          ((null? l2) (if (zero? carry)
                          l1
                          (sum-with-carry l1 '(1) 0)))
          (else (let ((tmp (+ (car l1) (car l2) carry)))
                  (cons (modulo tmp 2)
                        (sum-with-carry (cdr l1)
                                        (cdr l2)
                                        (quotient tmp 2)))))))))
```

On notera que la retenue `carry` ne peut être égale qu'à 0 ou 1.

Solution de l'exercice 2.29 (énoncé page 20)

La fonction `binary-mult` implante la règle manuelle de multiplication de deux nombres. Par exemple,

```
            1 1 0 1
       ×        1 1
      ─────────────
            1 1 0 1
    +     1 1 0 1
      ─────────────
    = 1 0 0 1 1 1
```

On procède par récursion sur l1. Lors de chaque appel récursif de `binary-mult`, on « décale » l2 en lui ajoutant un nouveau bit de poids faible.

```
(define binary-mult
  (lambda (l1 l2)
    (cond ((null? l1) '())
          ((zero? (car l1)) (binary-mult (cdr l1)
                                         (cons 0 l2)))
          (else (binary-sum l2
                            (binary-mult (cdr l1)
                                         (cons 0 l2)))))))
```

De façon symétrique, on aurait pu également effectuer une récursion sur l2.

Solution de l'exercice 2.30 (énoncé page 20)

On définit d'abord une fonction de conversion d'un chiffre romain en un entier.

```
(define roman-digit->int
  (lambda (sym)
    (case sym
```

```
      ((M) 1000)
      ((D) 500)
      ((C) 100)
      ((L) 50)
      ((X) 10)
      ((V) 5)
      ((I) 1)
      (else (error 'roman-digit->int "Unknown digit" sym)))))
```

Ensuite, la fonction de conversion `roman->int` fait appel à une fonction auxiliaire `convert`, qui maintient la valeur du chiffre précédent. A chaque étape, elle compare le chiffre précédent avec le chiffre courant, et détermine le signe du premier.

```
(define roman->int
  (lambda (l)
    (define convert
      (lambda (l previous)
        (if (null? l)
            previous
            (let ((current (roman-digit->int (car l))))
              (+ (if (< previous current)
                     (- previous)
                     previous)
                 (convert (cdr l) current))))))
    (if (null? l)
        0
        (convert (cdr l) (roman-digit->int (car l))))))
```

Cette solution est simple mais elle ne détecte pas les nombres romains non correctement écrits, comme illustré par cet exemple.

```
? (roman->int '(V I M))
= 1004
```

Solution de l'exercice 2.31 (énoncé page 21)

La fonction `sum-poly` utilise une récursion sur p1 et p2.

```
(define sum-poly
  (lambda (p1 p2)
    (cond ((null? p1) p2)
          ((null? p2) p1)
          (else (cons (+ (car p1) (car p2))
                      (sum-poly (cdr p1) (cdr p2)))))))
```

La fonction `mult-constant` consiste à multiplier chaque élément de la liste représentant un polynôme par une constante.

```
(define mult-constant
  (lambda (c p)
    (if (null? p)
        '()
```

```
           (cons (* c (car p)) (mult-constant c (cdr p)))))))
```
La fonction `mult-var` consiste à ajouter un 0 en-tête de la liste.
```
(define mult-var
  (lambda (p)
    (cons 0 p)))
```
Finalement, `mult-poly` est une récursion sur p1, faisant appel aux trois fonctions que l'on vient de définir.
```
(define mult-poly
  (lambda (p1 p2)
    (if (null? p1)
        '()
        (sum-poly (mult-constant (car p1) p2)
                  (mult-poly (cdr p1)
                             (mult-var p2))))))
```
On notera que la solution pour `mult-poly` est très semblable à la multiplication binaire de l'exercice 2.29 (page 20/177).

Solution de l'exercice 2.32   (énoncé page 21)

Une relation est réflexive si pour chaque paire (x, y) appartenant à cette relation, il existe deux couples (x, x) et (y, y) aussi appartenant à la relation.
```
(define reflexive?
  (lambda (R)
    (and-map (lambda (pair)
               (and (member (cons (car pair) (car pair)) R)
                    (member (cons (cdr pair) (cdr pair)) R)))
             R)))
```
La fonction `and-map` fut étudiée à l'exercice 2.9 (page 15/168). Cette fonction n'est pas efficace car pour les deux couples (a . b) et (a . d), elle vérifie deux fois si (a . a) appartient à la relation. A la place, on peut écrire `reflexive2?` qui accumule dans la variable `seen` les éléments déjà traités.
```
(define reflexive2?
  (lambda (R)
    (define check
      (lambda (obj seen)
        (or (member obj seen)
            (member (cons obj obj) R))))
    (define reflexive
      (lambda (R seen)
        (or (null? R)
            (and (check (caar R) seen)
                 (check (cdar R) seen)
                 (reflexive (cdr R)
                            (cons (caar R)
                                  (cons (cdar R) seen)))))))
    (reflexive R '())))
```

Solution de l'exercice 2.33   (énoncé page 22)

Une relation est symétrique si pour tout couple (x,y) (avec x différent de y), (y,x) appartient aussi à la relation.

```
(define symmetric?
  (lambda (R)
    (and-map (lambda (pair)
               (or (eq? (car pair) (cdr pair))
                   (let ((symmetric (cons (cdr pair)
                                          (car pair))))
                     (member symmetric R))))
             R)))
```

Solution de l'exercice 2.34   (énoncé page 22)

Une relation est transitive, si pour toutes paires (x_1, y_1) et (x_2, y_2) appartenant à cette relation, (x_1, y_2) en fait aussi partie lorsque y_1 et x_2 sont identiques.

```
(define transitive?
  (lambda (R)
    (and-map (lambda (pair1)
               (and-map (lambda (pair2)
                          (or (not (eq? (cdr pair1)
                                        (car pair2)))
                              (member (cons (car pair1)
                                            (cdr pair2))
                                      R)))
                        R))
             R)))
```

La fonction and-map est définie à l'exercice 2.9 (page 15/168).

Solution de l'exercice 2.35   (énoncé page 22)

Dans les trois cas, on procède à une récursion sur la première des listes.

```
(define set-intersection
  (lambda (l1 l2)
    (cond ((null? l1) '())
          ((member (car l1) l2)
           (cons (car l1) (set-intersection (cdr l1) l2)))
          (else (set-intersection (cdr l1) l2)))))
(define set-union
  (lambda (l1 l2)
    (cond ((null? l1) l2)
          ((member (car l1) l2) (set-union (cdr l1) l2))
          (else (cons (car l1) (set-union (cdr l1) l2))))))
(define set-difference
```

```
(lambda (l1 l2)
  (cond ((null? l1) '())
        ((member (car l1) l2) (set-difference (cdr l1) l2))
        (else (cons (car l1)
                    (set-difference (cdr l1) l2)))))
```

Solution de l'exercice 2.36 (énoncé page 22)

Il s'agit d'une récursion sur les deux listes mais l'appel récursif se fait soit sur l'une soit sur l'autre selon les valeurs relatives des premiers éléments.

```
(define merge
  (lambda (l1 l2)
    (cond ((null? l1) l2)
          ((null? l2) l1)
          ((< (car l1) (car l2)) (cons (car l1)
                                       (merge (cdr l1) l2)))
          (else (cons (car l2) (merge l1 (cdr l2)))))))
```

Solution de l'exercice 2.37 (énoncé page 23)

La fonction split fait appel directement à une fonction auxiliaire avec un paramètre accumulant.

```
(define split
  (lambda (l pred)
    (split-aux l pred '())))
```

Le paramètre acc est utilisé pour accumuler les éléments déjà rencontrés et ne satisfaisant pas le prédicat pred. Lorsque l'on rencontre un élément satisfaisant le prédicat, on retourne le paramètre accumulant renversé et la liste courante.

```
(define split-aux
  (lambda (l pred acc)
    (if (null? l)
        #f
        (if (pred (car l))
            (cons (reverse acc) l)
            (split-aux (cdr l) pred (cons (car l) acc))))))
```

Si on autorise les effets de bord, il est possible de remplacer reverse par reverse! qui renverse la liste en place sans allouer de paires supplémentaires. Une autre version avec effets de bord est étudiée à l'exercice 6.16 (page 98/273)

Solution de l'exercice 2.38 (énoncé page 23)

Les deux résultats demandés sont retournés sous-forme d'une paire. Dans le cas inductif, filter+ est appelé récursivement. Le premier élément de l est ajouté en tête de la première liste s'il satisfait le prédicat ; autrement, il est ajouté au début de la seconde.

```
(define filter+
  (lambda (l pred)
    (if (null? l)
        (cons '() '())
        (let ((tmp (filter+ (cdr l) pred)))
          (if (pred (car l))
              (cons (cons (car l) (car tmp)) (cdr tmp))
              (cons (car tmp) (cons (car l) (cdr tmp))))))))
```

Solution de l'exercice 2.39 (énoncé page 23)

La fonction suffix parcourt la liste l et retourne toutes les sous-listes rencontrées, en commençant par la valeur initiale de l et en terminant par la liste vide.

```
(define suffix
  (lambda (l)
    (if (null? l)
        '(())
        (cons l (suffix (cdr l))))))
```

L'exercice 6.7 (page 96/266) discute du partage créé par la fonction suffix.

Solution de l'exercice 2.40 (énoncé page 23)

On remarque que les préfixes d'une liste l sont l et les préfixes du plus grand préfixe propre de l, que nous notons (butlast l). Ainsi les préfixes de (a b c) sont (a b c) et les préfixes de (a b). On a alors :

```
(define prefix
  (lambda (l)
    (if (null? l)
        '(())
        (cons l (prefix (butlast l))))))
(define butlast
  (lambda (l)
    (if (null? (cdr l))
        '()
        (cons (car l) (butlast (cdr l))))))
```

On notera que prefix n'est pas une instance « immédiate » du schéma de récursion classique, car la fonction de réduction cdr est remplacée par la fonction butlast qui diminue la longueur de la liste. L'application du schéma de récursion concerne ici la fonction auxiliaire butlast qui est une instance du schéma habituel.

On peut remplacer `prefix` par une version accumulante `prefix2` :
```
(define prefix2
  (lambda (l) (itprefix l '())))
(define itprefix
  (lambda (l acc)
    (if (null? l)
        (cons l acc)
        (itprefix (butlast l) (cons l acc)))))
```
Notons que les préfixes sont maintenant classés par ordre croissant de taille.[1]

Deuxième solution : Afin de calculer les préfixes d'une liste, on calcule les suffixes de son inverse et on les inverse ensuite.
```
(define prefix3
  (lambda (l)
    (map-all-sublists reverse (reverse l))))
(define map-all-sublists
  (lambda (f l)
    (if (null? l)
        (list (f l))
        (cons (f l) (map-all-sublists f (cdr l))))))
```
On peut même éviter de renverser la liste initiale deux fois, en utilisant l'optimisation de `prefix4`.
```
(define prefix4
  (lambda (l)
    (if (null? l)
        '(())
        (cons l (map-all-sublists reverse
                                  (cdr (reverse l)))))))
```
La complexité de la fonction `prefix` est quadratique car le résultat contient $n + (n-1) + \ldots$ paires nouvellement construites. La fonction `prefix` est plus efficace que `prefix4` car elle économise les paires créées par le `reverse` initial. Comme on le verra à l'exercice 6.7 (page 96/266), la fonction `prefix`, au contraire de `suffix`, ne partage aucune paire de la liste initiale (pour les préfixes différents de l).

Solution de l'exercice 2.41 *(énoncé page 24)*

Si l1 est égal à l2 alors l1 est un suffixe de l2. Sinon, on repète le processus avec le reste de l2 tant que l2 n'est pas vide.
```
(define is-suffix?
  (lambda (l1 l2)
    (cond ((equal? l1 l2) #t)
          ((null? l2) #f)
          (else (is-suffix? l1 (cdr l2))))))
```

---

[1] Si on avait voulu conserver l'ordre des préfixes dans `prefix2`, on aurait dû écrire `(append acc (list l))` qui introduit un facteur d'inefficacité.

Cette solution n'est cependant pas efficace car `equal?`, dans le cas le plus défavorable, possède un coût linéaire en la taille de ses arguments ; la solution proposée est donc quadratique.

A la place, on pourrait renverser les listes et déterminer si la première est préfixe de la seconde.

```
(define is-suffix2?
  (lambda (l1 l2)
    (is-prefix? (reverse l1)
                (reverse l2))))
(define is-prefix?
  (lambda (l1 l2)
    (cond
      ((null? l1) #t)
      ((null? l2) #f)
      (else (and (equal? (car l1) (car l2))
                 (is-prefix? (cdr l1) (cdr l2)))))))
```

Cette deuxième solution est linéaire mais demande de renverser les deux arguments (dont le coût reste linéaire).

Une troisième variante est cependant possible, où l'on n'alloue pas de résultat intermédiaire et où l'on effectue un nombre de comparaisons linéaire en la taille du suffixe. Elle consiste à déterminer la taille de l1 et de l2 et à se positioner dans l2 à l'endroit où il reste autant d'éléments que dans l1.

```
(define is-suffix3?
  (lambda (l1 l2)
    (let ((len1 (length l1))
          (len2 (length l2)))
      (and (>= len2 len1)
           (equal? l1
                   (list-tail l2 (- len2 len1)))))))
```

Cette dernière solution possède un coût semblable à `is-suffix2?`. Elle n'alloue pas de structure intermédiaire, mais elle doit cependant parcourir chacune des listes deux fois.

Solution de l'exercice 2.42   (énoncé page 24)

Nous utilisons une technique semblable à `is-suffix3?` dans l'exercice exercice 2.41 (page 24/183–184). On tronque d'abord la plus longue liste, afin d'obtenir deux listes de même longueur. Si celles-ci sont égales, nous avons trouvé un suffixe ; sinon, on procède récursivement avec le reste des deux listes.

```
(define common-suffix
  (lambda (l1 l2)
    (define common
      (lambda (l1 l2)
        (if (equal? l1 l2)
            l1
            (common (cdr l1) (cdr l2)))))
```

```
        (let ((len1  (length l1))
              (len2  (length l2)))
          (if (> len1 len2)
              (common (list-tail l1 (- len1 len2)) l2)
              (common l1 (list-tail l2 (- len2 len1))))))))
```

Le coût de cette solution est potentiellement quadratique suite à l'usage de equal? lors de chaque appel récursif. Il est possible de renverser les listes et de calculer le préfixe commun ; nous laissons cette solution au lecteur.

Solution de l'exercice 2.43   (énoncé page 24)

Si l1 est un suffixe de l2, alors la fonction upto retourne les éléments qui précèdent l1 dans l2 ; sinon, upto retourne #f. Deux cas de base sont possibles. Si l1 est égal à l2, on retourne la liste vide car il n'y a pas d'élément de l2 précédant ceux de l1. Si l2 est nul, cela signifie que l1 n'est pas un suffixe de l2 et on retourne #f. Sinon, on calcule les éléments précédant l1 dans le reste de l2 ; on y ajoute le premier élément de l2 si le résultat est non faux.

```
(define upto
  (lambda (l1 l2)
    (cond ((equal? l1 l2) '())
          ((null? l2)     #f)
          (else (let ((res (upto l1 (cdr l2))))
                  (and res
                       (cons (car l2) res)))))))
```

Cette fonction suppose que la liste vide n'est pas égale à faux.

Solution de l'exercice 2.44   (énoncé page 24)

Dans le cas de base, la liste vide représente l'ensemble vide, et il possède un seul sous-ensemble donné par la liste vide. Dans le cas inductif, soit ls la liste des sous-ensembles obtenus pour le reste de la liste l. L'ensemble des sous-ensembles résulte de la concaténation de ls avec la liste obtenue en ajoutant le premier élément de l à chaque élément de ls.

```
(define subsets
  (lambda (l)
    (if (null? l)
        '(())
        (let ((ls (subsets (cdr l))))
          (append ls
                  (map (lambda (s-e) (cons (car l) s-e))
                       ls)))  ))
```

Solution de l'exercice 2.45 (énoncé page 25)

Le cas de base concerne n égal à zéro pour lequel on retourne un mot de longueur zéro sous la forme d'une liste vide. Sinon, on ajoute une lettre de l'alphabet en tête de chaque mot obtenu par appel récursif de la fonction words sur n-1.

```
(define words
  (lambda (n alphabet)
    (if (= n 0)
        '(())
        (let ((res (words (- n 1) alphabet)))
          (mapcan (lambda (w)
                    (map (lambda (sym) (cons sym w))
                         alphabet))
                  res)))))
```

Solution de l'exercice 2.46 (énoncé page 25)

On procède en deux étapes. On définit d'abord une fonction subsequences qui retourne deux résultats : *(i)* la liste de toutes les séquences commençant par le premier élément de la liste, c'est-à-dire les préfixes non nuls,

```
? (car (subsequences '(a b c d)))
= ((a) (a b) (a b c) (a b c d))
```

(ii) la liste de toutes les séquences ne commençant pas par le premier élément de la liste.

```
? (cdr (subsequences '(a b c d)))
= ((b) (b c) (b c d) (c) (c d) (d))
(define subsequences
  (lambda (l)
    (cond
      ((null? l)  '(()))
      ((null? (cdr l)) (list (list l)))
      (else
       (let ((tmp (subsequences (cdr l))))
         (cons (cons (list (car l))
                     (map (lambda (subl) (cons (car l) subl))
                          (car tmp)))
               (append (car tmp) (cdr tmp))))))))
```

La fonction sequences se définit aisément : elle consiste à concaténer les deux résultats retournés par subsequences.

```
(define sequences
  (lambda (l)
    (let ((tmp (subsequences l)))
      (append (car tmp) (cdr tmp)))))
```

Solution de l'exercice 2.47 (énoncé page 25)

Supposons que l'on cherche à construire le résultat suivant :
```
? (parts '(a b c))
= (((a) (b) (c)) ((a) (b c)) ((a b) (c)) ((a b c)))
```
et supposons également que le résultat de l'appel de parts sur le reste de la liste est le suivant.
```
? (parts '(b c))
= (((b) (c)) ((b c)))
```
Il existe deux façons d'ajouter l'élément a à la liste de découpage obtenue pour (b c). La première ajoute le singleton contenant a à chacun des découpages :
```
(((a) (b) (c)) ((a) (b c)))
```
tandis que la seconde ajoute l'élément a en tête de la première liste de chaque découpage.
```
(((a b) (c)) ((a b c)))
```
On obtient la fonction suivante ayant pour cas de base la liste vide ou à un élément. Le cas inductif procède récursivement sur le reste de la liste l, et combine le premier élément de l de la façon décrite ci-dessus.
```
(define parts
  (lambda (l)
    (if (or (null? l) (null? (cdr l)))
        (list (list l))
        (let ((tmp (parts (cdr l))))
          (append (map (lambda (d) (cons (list (car l)) d))
                       tmp)
                  (map (lambda (d)
                         (cons (cons (car l) (car d))
                               (cdr d)))
                       tmp))))))
```

Solution de l'exercice 2.48 (énoncé page 26)

Afin d'obtenir tous les partages de la liste (a b c d) en trois séquences,
```
? (separate '(a b c d) 3)
= (((a) (b) (c d)) ((a) (b c) (d)) ((a b) (c) (d)))
```
on peut partager le reste de la liste (b c d) en deux séquences :
```
? (separate '(b c d) 2)
= (((b) (c d)) ((b c) (d)))
```
ou encore partager ce même reste en trois séquences :
```
? (separate '(b c d) 3)
= (((b) (c) (d)))
```

et ensuite ajouter a tout en veillant a construire trois séquences dans le résultat final. Dans le premier cas, a devra être ajouté comme un singleton afin d'obtenir trois séquences.

(((a) (b) (c d)) ((a) (b c) (d)))

Dans le second cas, a devra être ajouté à la première sous-liste de chaque partage afin de maintenir le nombre de séquences.

(((a b) (c) (d)))

On obtient ainsi la fonction `separate` qui, dans le cas inductif, effectue deux appels récursifs et ajoute le premier élément utilisant les deux méthodes décrites ci-dessus. Deux cas de base sont nécessaires pour cette fonction : soit une liste doit être décomposée en autant de séquences qu'elle possède d'éléments, soit elle doit être décomposée en une seule séquence.

```
(define separate
  (lambda (l x)
    (cond ((= x (length l)) (list (map list l)))
          ((= x 1) (list (list l)))
          (else (append (map (lambda (d)
                                (cons (list (car l)) d))
                              (separate (cdr l) (- x 1)))
                         (map (lambda (d)
                                (cons (cons (car l) (car d))
                                      (cdr d)))
                              (separate (cdr l) x)))))))
```

On notera l'utilisation inefficace de la fonction `length` dans le premier cas de base, qui requiert un nombre quadratique de traversées de la liste `l`. Le lecteur est invité à réécrire `separate` sans utiliser `length`.

Solution de l'exercice 2.49 (énoncé page 26)

On expliquera à nouveau cette fonction par un exemple. Afin de calculer l'ensemble des partitions de la liste (a b c) :

```
? (partition '(a b c))
= (((a) (b) (c))
   ((a) (b c))
   ((a b) (c))
   ((b) (a c))
   ((a b c)))
```

on calculera d'abord la liste des partitions de la liste (b c).

```
? (partition '(b c))
= (((b) (c)) ((b c)))
```

Il existe deux façons d'ajouter le premier élément a. Soit le premier élément est ajouté comme un singleton à chacune des partitions de (b c) :

```
? (add-singleton 'a (partition '(b c)))
= (((a) (b) (c)) ((a) (b c)))
```

soit il est ajouté tour à tour à chaque sous-ensemble de chaque partition.
```
? (add-element-to-subsets 'a (partition '(b c)))
= (((a b) (c)) ((b) (a c)) ((a b c)))
```
On obtient alors la fonction `partition` dont le cas de base est la liste vide ; comme la partition de l'ensemble vide est l'ensemble vide, elle retourne une liste contenant la liste vide.
```
(define partition
  (lambda (l)
    (if (null? l)
        '(())
        (let ((x (partition (cdr l))))
          (append (add-singleton (car l) x)
                  (add-element-to-subsets (car l) x))))))
(define add-singleton
  (lambda (x part-list)
    (map (lambda (part) (cons (list x) part))
         part-list)))
(define add-element-to-subsets
  (lambda (x part-list)
    (letrec ((add (lambda (l acc)
                    (if (null? l)
                        '()
                        (cons (append acc
                                      (cons (cons x (car l))
                                            (cdr l)))
                              (add (cdr l) (cons (car l)
                                                 acc)))))))
      (mapcan (lambda (part) (add part '()))
              part-list))))
(define mapcan
  (lambda (f l)
    (if (null? l)
        '()
        (append (f (car l)) (mapcan f (cdr l))))))
```

Solution de l'exercice 2.51 (énoncé page 29)

La méthodologie utilisée pour programmer le problème du sac à dos peut être utilisée ici. Dans le cas de base, on considère qu'il y a succès lorsque l'on atteint la valeur zéro ; on retourne alors la liste vide. Il y a échec lorsque l'on atteint la fin de la collection. Dans le cas inductif, on poursuit le traitement soit en tenant compte de la première valeur de la collection (pour autant qu'elle soit inférieure au maximum), soit en l'abandonnant. On compare ensuite les résultats, et on retourne le succès de plus petite longueur.
```
(define countdown
  (lambda (max collection)
```

```
      (cond
        ((= max 0) '())
        ((null? collection) #f)
        (else (let ((obj (car collection)))
                (if (< max obj)
                    (countdown max (cdr collection))
                    (let ((result1 (countdown max
                                              (cdr collection)))
                          (result2 (countdown (- max obj)
                                              (cdr collection))))
                      (cond ((not result2) result1)
                            ((not result1) (cons obj result2))
                            ((<= (length result1)
                                 (length result2))
                             result1)
                            (else (cons obj result2)))))))))
```
On notera que cette fonction suppose que la liste vide n'est pas égale à faux.

Solution de l'exercice 2.52 *(énoncé page 29)*

La première solution est obtenue en appliquant la méthode du sac à dos. On traite directement les cas de base consistant en la liste vide ou la liste à un élément. Dans le cas inductif, nous procédons récursivement sur le reste de la liste, afin d'obtenir l1 une séquence du reste de l de somme maximale. Nous calculons également l2 le préfixe de l de somme maximale. Nous retournons la liste dont la somme est maximale, en utilisant sum, de l'exercice 2.1 (page 12).

```
(define max-sum-sequence
  (lambda (l)
    (if (or (null? l) (null? (cdr l)))
        l
        (let ((l1 (max-sum-sequence (cdr l)))
              (l2 (max-sum-prefix l)))
          (if (> (sum l1) (sum l2))
              l1
              l2)))))
(define max-sum-prefix
  (lambda (l)
    (if (or (null? l) (null? (cdr l)))
        l
        (let ((p (max-sum-prefix (cdr l))))
          (if (> (sum p) 0)
              (cons (car l) p)
              (list (car l)))))))
```

Cette première solution est claire mais elle demande de nombreuses traversées des séquences calculées afin d'en déterminer les longueurs à l'aide de sum. En particulier, elle calcule le préfixe de somme maximale indépendamment de la séquence de somme maximale. A la place, on écrit une fonction qui retourne quatre résultats :

un préfixe de somme maximale, sa somme, une séquence de somme maximale et sa somme. On obtient alors la fonction suivante :

```
(define max-sum-sequence2
  (lambda (l)
    (if (null? l)
        '()
        (let* ((u (max-sum-aux2 l))
               (prefix        (car u))
               (prefix-sum    (cadr u))
               (sequence      (caddr u))
               (sequence-sum  (cadddr u)))
          (if (>= prefix-sum sequence-sum)
              prefix
              sequence)))))
(define max-sum-aux2
  (lambda (l)
    (if (null? (cdr l))
        (list l (car l) l (car l))
        (let* ((u (max-sum-aux2 (cdr l)))
               (first (car l))
               (prefix        (car u))
               (prefix-sum    (cadr u))
               (sequence      (caddr u))
               (sequence-sum  (cadddr u))
               (new-prefix-sum (+ first prefix-sum)))
          (cond ((> new-prefix-sum sequence-sum)
                 (if (> first new-prefix-sum)
                     (let ((new-prefix (list first)))
                       (list new-prefix
                             first
                             new-prefix
                             first))
                     (let ((new-prefix (cons first prefix)))
                       (list new-prefix
                             new-prefix-sum
                             new-prefix
                             new-prefix-sum))))
                ((> new-prefix-sum first)
                 (let ((new-prefix (cons first prefix)))
                   (list new-prefix
                         new-prefix-sum
                         sequence
                         sequence-sum)))
                (else (list (list first) first
                            sequence sequence-sum)))))))
```

Dans cette fonction, à tout moment l'inégalité suivante est préservée :

$$\text{sequence-sum} \geq \text{prefix-sum}.$$

Au lieu d'une fonction quadratique, nous avons à présent une linéaire. La fonction reste cependant récursive. Il est possible de la dérécursiver en introduisant quatre paramètres accumulants. A présent, au lieu de maintenir un préfixe de somme maximale, on utilise le suffixe (de taille maximale) de la partie de la liste déjà traitée.

```
(define max-sum-sequence3
  (lambda (l)
    (if (null? l)
        l
        (let ((r (list (car l))))
          (max-sum-aux3 (cdr l) r (car l) r (car l))))))
(define max-sum-aux3
  (lambda (l suffix suffix-sum sequence sequence-sum)
    (if (null? l)
        (if (>= suffix-sum sequence-sum)
            (reverse suffix)
            (reverse sequence))
        (let* ((first (car l))
               (new-suffix-sum (+ first suffix-sum)))
          (cond ((> new-suffix-sum sequence-sum)
                 (if (>= first new-suffix-sum)
                     (let ((new-suffix (list first)))
                       (max-sum-aux3 (cdr l)
                                     new-suffix
                                     first
                                     new-suffix
                                     first))
                     (let ((new-suffix (cons first suffix)))
                       (max-sum-aux3 (cdr l)
                                     new-suffix
                                     new-suffix-sum
                                     new-suffix
                                     new-suffix-sum))))
                ((> new-suffix-sum first)
                 (let ((new-suffix (cons first suffix)))
                   (max-sum-aux3 (cdr l)
                                 new-suffix
                                 new-suffix-sum
                                 sequence
                                 sequence-sum)))
                (else (max-sum-aux3 (cdr l)
                                    (list first)
                                    first
                                    sequence
                                    sequence-sum)))))))
```

L'invariant respecté dans cette nouvelle version est

$$\text{sequence-sum} \geq \text{suffix-sum}.$$

Solution de l'exercice 2.53   (énoncé page 29)

Une solution basée sur la technique du sac à dos peut aisément être dérivée. Elle suit le schéma de max-sum-sequence étudié à l'exercice précédent. Cette solution élégante est malheureusement quadratique ; à la place nous présentons ici une solution linéaire.

Nous utilisons une fonction auxiliaire maintenant quatre paramètres accumulant. current-sequence est la séquence courante en train d'être parcourue, et current-length est sa longueur ; max-sequence et max-length sont respectivement la plus grande séquence et la plus grande longueur rencontrées.

Tant que l'élément courant est plus grand que le précédent, il est ajouté à la séquence courante. Dans le cas contraire, on vient de rencontrer la fin de la séquence courante ; on continue alors avec la même liste et une séquence courante vide, après avoir décidé quelle était la plus grande séquence rencontrée.

```
(define longest-increasing-sequence
  (lambda (l)
    (let loop ((l l)
               (current-length 0)
               (current-sequence '())
               (max-length 0)
               (max-sequence '()))
      (if (null? l)
          (if (> current-length max-length)
              (reverse current-sequence)
              (reverse max-sequence))
          (if (or (null? current-sequence)
                  (> (car l) (car current-sequence)))
              (loop (cdr l)
                    (+ current-length 1)
                    (cons (car l) current-sequence)
                    max-length
                    max-sequence)
              (if (> current-length max-length)
                  (loop l
                        0
                        '()
                        current-length
                        current-sequence)
                  (loop l
                        0
                        '()
                        max-length
                        max-sequence)))))))
```

On notera la particularité du schéma de récursion, où l'appel récursif peut se faire sur la liste l elle-même. On se ramène cependant à un « cas plus petit » car si l est inchangée, la séquence courante devient la liste vide.

Il est possible d'améliorer cette fonction en maintenant les indices de début et fin de la séquence courante et de la plus grande séquence rencontrée. On ne *construit* alors le résultat qu'après avoir trouvé ses indices de début et fin.

Solution de l'exercice 2.54   (énoncé page 30)

On procède récursivement sur le filtre, représenté par le paramètre `pattern`, qui est une liste plate. Lorsque le filtre est la liste vide, il y a succès si l'expression est aussi la liste vide. Si le filtre est une paire, l'expression doit aussi être une paire. Le filtrage réussit si le `car` de l'expression satisfait le `car` du filtre et si les `cdr` respectifs satisfont l'appel récursif à `match1` ; le `car` de l'expression satisfait le `car` du filtre s'ils sont identiques ou si le `car` du filtre est le trou `?-`.

```
(define match1
  (lambda (expression pattern)
    (if (null? pattern)
        (null? expression)
        (and (pair? expression)
             (and (or (eq? (car pattern) '?-)
                      (equal? (car expression) (car pattern)))
                  (match1 (cdr expression) (cdr pattern)))))))
```

Solution de l'exercice 2.55   (énoncé page 30)

La solution proposée ici est une extension de la fonction `match1` décrite à l'exercice 2.54 (page 30/194). On considère le cas supplémentaire où le premier élément du filtre est le trou extensible (noté `...`). Soit il n'accepte aucun terme, et on poursuit la récursion sur le reste du filtre, tout en conservant la même expression ; soit il accepte le premier élément de l'expression, et on poursuit la récursion sur le reste de l'expression, tout en conservant le même filtre.

```
(define match2
  (lambda (expression pattern)
    (if (null? pattern)
        (null? expression)
        (if (eq? (car pattern) '...)
            (or (match2 expression (cdr pattern))
                (and (pair? expression)
                     (match2 (cdr expression) pattern)))
            (and (pair? expression)
                 (and (or (eq? (car pattern) '?-)
                          (equal? (car expression)
                                  (car pattern)))
                      (match2 (cdr expression)
                              (cdr pattern))))))))
```

Solution de l'exercice 2.56 *(énoncé pages 32–33)*

Il nous suffit de vérifier qu'il n'y a pas deux déplacements avec la même origine dans le transfert. On itère sur la liste vérifiant que chaque origine de déplacement n'apparaît pas dans le reste du transfert en position origine.

```
(define linear-transfer?
  (lambda (l)
    (and (deterministic-transfer? l)
         (let linear? ((l l))
           (or (null? l)
               (and (not (assq (caar l) (cdr l)))
                    (linear? (cdr l))))))))
(define deterministic-transfer?
  (lambda (l)
    (or (null? l)
        (and (not (cassq (cdar l) (cdr l)))
             (deterministic-transfer? (cdr l))))))
```

La fonction `cassq` est semblable à `assq` sauf qu'elle considère que la clé se trouve dans les cdr des paires de la liste associative.

```
(define cassq
  (lambda (x l)
    (cond ((null? l) #f)
          ((eq? (cdar l) x) (car l))
          (else (cassq x (cdr l))))))
```

Solution de l'exercice 2.57 *(énoncé page 33)*

Un transfert est une rotation si partant d'un registre, il existe une succession de déplacements menant à nouveau à ce registre. Après avoir traité le cas du transfert vide, on sélectionne un registre du transfert (le registre origine de la première paire). On suit alors la séquence de déplacements jusqu'à atteindre soit le registre origine, soit un registre sans successeur ; dans le premier cas, on a bien une rotation.

```
(define rotation?
  (lambda (transfer)
    (define join-first?
      (lambda (current transfer first)
        (let ((move (assq current transfer)))
          (and move
               (or (eq? (cdr move) first)
                   (join-first? (cdr move)
                                transfer
                                first))))))
    (if (null? transfer)
        #f
        (let* ((first-move (car transfer))
```

```
              (first       (cdr first-move)))
         (join-first? first transfer first)))))
```
La fonction que l'on vient d'écrire retourne #t lorsque le transfert est composé de deux rotations, ou même d'une rotation et d'un décalage.
```
? (rotation?
    '((r1 . r2) (r2 . r1) (r4 . r3) (r3 . r4)))
= #T
```
On invite le lecteur à écrire une variante de rotation? qui reconnaît ces cas.

Solution de l'exercice 2.58   (énoncé page 33)

Un transfert linéaire est un décalage s'il ne s'agit pas d'une rotation. Pour chaque registre du transfert, on vérifie qu'il n'existe pas de séquence de déplacements menant à nouveau à ce registre.

```
(define shift?
  (lambda (transfer)
    (define not-join-first?
      (lambda (current transfer first)
        (let ((move (assq current transfer)))
          (or (not move)
              (and (not (eq? (cdr move) first))
                   (not-join-first? (cdr move)
                                    transfer
                                    first))))))
    (if (null? transfer)
        #f
        (and-map (lambda (move)
                   (let ((first (car move)))
                     (not-join-first? first
                                      transfer
                                      first)))
                 transfer))))
```

Solution de l'exercice 2.59   (énoncé page 33)

La solution est relativement simple. Chaque registre origine d'un déplacement est associé à un registre temporaire. Pour chaque déplacement move de la rotation, on construit un nouveau déplacement de l'origine de move vers le registre temporaire associé à la destination de move. Ensuite, on construit un déplacement de chaque registre temporaire vers le registre associé. On obtient le code suivant :

```
(define par-assign
  (lambda (transfer tmp*)
    (let ((association (map (lambda (move tmp)
                              (cons (car move) tmp))
                            transfer
                            tmp*)))
```

```
         (append (map (lambda (move)
                        (cons (car move)
                              (cdr (assq (cdr move)
                                          association))))
                       transfer)
                  (map (lambda (pair)
                         (cons (cdr pair) (car pair)))
                       association)))))
```

Solution de l'exercice 2.60 *(énoncé page 34)*

Soit le premier déplacement de la rotation ; son registre destination est appelé `last`. Nous construisons un déplacement du registre `last` vers le registre temporaire `tmp`. Ensuite on construit, dans l'ordre inverse, la liste des déplacements de la rotation : on commence par celui qui a pour destination `last`, ensuite le précédent, ... ; finalement, on termine l'affectation séquentielle par le déplacement copiant le registre temporaire vers le registre associé à `last`.

```
(define seq-assign
  (lambda (transfer tmp)
    (define assign
      (lambda (current transfer last tmp)
        (let ((move (cassq current transfer)))
          (if (eq? (car move) last)
              (list (cons tmp (cdr move)))
              (cons move
                    (assign (car move) transfer
                            last tmp))))))
    (if (or (null? transfer)
            (null? (cdr transfer)))
        '()
        (let* ((first-move (car transfer))
               (last       (cdr first-move)))
          (cons (cons last tmp)
                (assign last transfer last tmp))))))
```

Solution de l'exercice 2.61 *(énoncé page 34)*

On cherche d'abord le dernier déplacement du décalage. (Par dernier, on entend un déplacement dont le registre destination n'est pas origine dans le transfert ; il peut y en avoir plusieurs.) Le registre destination de ce déplacement devient le registre `current` de la fonction auxiliaire `shift-assign-recur`. Pour tout registre courant, elle ajoute le déplacement ayant ce registre comme destination, et recommence avec le registre origine ; `shift-assign-recur` s'arrête lorsque l'on a trouvé un registre sans prédécesseur. Le problème est résolu lorsque l'on a traité tous les déplacements du transfert.

```
(define shift-assign
  (lambda (transfer)
    (let ((last-move (exist? (lambda (move)
                                (not (assq (cdr move)
                                           transfer)))
                             transfer)))
      (if (not last-move)
          (error 'shift-assign "This is not a shift"
                 transfer)
          (let ((last-register (cdr last-move)))
            (shift-assign-recur transfer
                                last-register))))))
(define shift-assign-recur
  (lambda (transfer current)
    (let ((move (cassq current transfer)))
      (if (not move)
          (if (null? transfer)
              '()
              (shift-assign transfer))
          (cons move
                (shift-assign-recur (remove move transfer)
                                    (car move)))))))
(define exist?
  (lambda (pred l)
    (cond ((null? l) #f)
          ((pred (car l)) (car l))
          (else (exist? pred (cdr l))))))
```

SOLUTIONS 3
Récursion sur les arbres binaires

Solution de l'exercice 3.5 (énoncé page 42)

Le cas de base est la feuille et la valeur à retourner est 1. Dans le cas inductif, on est en présence d'un nœud et la valeur est donnée par la somme des appels récursifs sur les sous-arbres de gauche et de droite.

```
(define nbr-leaves
  (lambda (tree)
    (if (leaf? tree)
        1
        (+ (nbr-leaves (node-left tree))
           (nbr-leaves (node-right tree))))))
```

Solution de l'exercice 3.6 (énoncé page 42)

Lorsque l'on rencontre une feuille, on la retourne directement. En présence d'un nœud, on procède récursivement sur les deux sous-arbres. Ensuite, on construit un nœud dont les sous-arbres sont donnés par les résultats des appels récursifs, et dont le contenu est donné par la somme des contenus des deux sous-arbres.

```
(define sum-annotate
  (lambda (tree)
    (if (leaf? tree)
        tree
        (let ((val1 (sum-annotate (node-left tree)))
              (val2 (sum-annotate (node-right tree))))
          (make-vnode (+ (content val1) (content val2))
                     val1
                     val2)))))
```

A cette fin, on définit une fonction content qui retourne le contenu d'une feuille ou d'un nœud.

```
(define content
  (lambda (x)
    (if (leaf? x)
        (leaf-content x)
        (node-content x))))
```

Solution de l'exercice 3.7 (énoncé page 43)

Une feuille est de profondeur 0 car on ne peut pas en prendre le sous-arbre de gauche ou de droite. La profondeur d'un nœud est donnée par la plus grande profondeur de ses sous-arbres, à laquelle on ajoute 1.

```
(define depth
  (lambda (tree)
    (if (leaf? tree)
        0
        (+ 1 (max (depth (node-left tree))
                  (depth (node-right tree)))))))
```

En réalité, la fonction que nous venons de décrire calcule la *hauteur maximale* d'un arbre : on commençait à la valeur 0 partant d'une feuille, et on incrémentait la valeur à chaque retour d'un appel récursif. Au lieu d'une hauteur, on peut calculer une profondeur qui se mesure en commençant par la racine. On introduit la fonction depth2 qui utilise une fonction auxiliaire avec un paramètre accumulant d représentant le nombre de niveaux traversés depuis la racine ; ce paramètre est incrémenté avant de procéder aux appels récursifs.

```
(define depth2
  (lambda (tree)
    (let depth ((tree tree)
                (d 0))
      (if (leaf? tree)
          d
          (let ((d1 (+ d 1)))
            (max (depth (node-left tree)  d1)
                 (depth (node-right tree) d1)))))))
```

Solution de l'exercice 3.8 (énoncé page 43)

Afin de résoudre ce problème, on modifie la fonction depth2 de l'exercice 3.7 (page 43/200). A présent, dans le cas de base, on construit une feuille, au lieu de retourner une profondeur. Dans le cas inductif, on construit un nœud au lieu d'appeler la fonction max. On obtient la définition suivante :

```
(define depth-annotate
  (lambda (tree)
    (let annotate ((tree tree)
                   (d 0))
      (if (leaf? tree)
          (make-leaf d)
          (let ((d1 (+ d 1)))
            (make-node (annotate (node-left tree)  d1)
                       (annotate (node-right tree) d1)))))))
```

Solution de l'exercice 3.9   (énoncé page 43)

La solution naïve consiste à transcrire la définition d'arbre équilibré en un programme Scheme. En utilisant la fonction depth de l'exercice 3.7 (page 43/200), on obtient le code suivant :

```
(define balanced?
  (lambda (tree)
    (or (leaf? tree)
        (and (balanced? (node-left tree))
             (balanced? (node-right tree))
             (diff-at-most-1? (depth (node-left tree))
                              (depth (node-right tree)))))))
(define diff-at-most-1?
  (lambda (n1 n2)
    (<= (abs (- n1 n2)) 1)))
```

Cette solution est inefficace car chaque sous-arbre est parcouru par balanced? mais aussi par depth. A la place, on préfère une solution qui ne parcourt l'arbre qu'une seule fois. De plus, lorsque l'on constate qu'un sous-arbre de gauche n'est pas équilibré, il n'est pas nécessaire d'analyser le sous-arbre de droite.

Notre solution consiste à utiliser une fonction auxiliaire balanced qui retourne la profondeur maximum de l'arbre s'il est équilibré ou faux sinon. Le schéma est assez semblable à celui de depth. Seulement, avant d'effectuer l'appel récursif sur le sous-arbre de droite, on vérifie que le sous-arbre de gauche est équilibré (c'est-à-dire que le résultat d1 n'est pas faux). De même, avant de retourner la profondeur d'un nœud, on vérifie que d2 n'est pas faux, et que les deux profondeurs d1 et d2 ne diffèrent pas plus d'une unité.

```
(define balanced2?
  (lambda (tree)
    (let ((d (balanced tree)))
      (and d #t))))
(define balanced
  (lambda (tree)
    (if (leaf? tree)
        0
        (let ((d1 (balanced (node-left tree))))
          (and d1
               (let ((d2 (balanced (node-right tree))))
                 (and d2
                      (diff-at-most-1? d1 d2)
                      (+ 1 (max d1 d2)))))))))
```

Solution de l'exercice 3.10   (énoncé page 43)

On procède récursivement sur le chemin path et sur l'arbre tree. Si le chemin est vide, tree est alors le sous-arbre que l'on recherche. Si le chemin n'est pas vide et si `tree` est une feuille, nous sommes en présence d'un chemin qui est trop long. Sinon on procède récursivement sur le reste du chemin et le sous-arbre indiqué par le premier élément du chemin : celui de gauche pour `l` et celui de droite pour `r`.

```
(define after-path
  (lambda (path tree)
    (cond ((null? path) tree)
          ((leaf? tree) (error 'after-path
                               "Path too long"
                               path))
          (else  (after-path (cdr path)
                             (if (eq? (car path) 'l)
                                 (node-left tree)
                                 (node-right tree)))))))
```

Solution de l'exercice 3.11 (énoncé page 44)

Dans le cas de base, on applique la fonction au contenu de la feuille et on construit une nouvelle feuille avec le résultat. Autrement, on procède récursivement sur les sous-arbres de gauche et de droite, et on construit un nouveau nœud avec les deux résultats obtenus.

```
(define map-tree
  (lambda (f tree)
    (if (leaf? tree)
        (make-leaf (f (leaf-content tree)))
        (make-node (map-tree f (node-left  tree))
                   (map-tree f (node-right tree))))))
```

Solution de l'exercice 3.12 (énoncé pages 44–45)

`annotate-tree` appelle simplement `map-tree` en lui passant une fonction qui retourne une feuille contenant `bottom` quand le contenu de la feuille reçue en entrée ne satisfait pas le prédicat `pred`.

```
(define annotate-tree
  (lambda (pred tree)
    (map-tree (lambda (leaf)
                (if (pred (leaf-content leaf))
                    leaf
                    (make-leaf 'bottom)))
              tree)))
```

`shrink-tree` utilise une récursion sur les sous-arbres de gauche et droite et fait appel à la fonction `rule` qui implémente les règles de simplification.

```
(define shrink-tree
  (lambda (tree)
    (if (leaf? tree)
        tree
```

```
          (rule (shrink-tree (node-left tree))
                (shrink-tree (node-right tree))))))
```
Bien que quatre cas soient présentés dans l'énoncé, trois clauses suffisent pour les traiter.
```
(define rule
  (lambda (left right)
    (cond ((bottom? left) right)
          ((bottom? right) left)
          (else (make-node left right)))))
(define bottom?
  (lambda (x)
    (and (leaf? x)
         (eq? (leaf-content x) 'bottom))))
```
Finalement, `reorganise-tree` appelle les fonctions `shrink-tree` et `annotate-tree`.
```
(define reorganise-tree
  (lambda (pred tree)
    (shrink-tree (annotate-tree pred tree))))
```
Il est possible d'obtenir la même fonctionnalité sans construire l'arbre intermédiaire avec annotations, en simplifiant directement l'arbre.
```
(define reorganise-tree2
  (let ((bottom (make-leaf 'bottom)))
    (lambda (pred tree)
      (if (leaf? tree)
          (if (pred (leaf-content tree))
              tree
              bottom)
          (rule (reorganise-tree2 pred (node-left tree))
                (reorganise-tree2 pred (node-right tree)))))))
```

Solution de l'exercice 3.13 *(énoncé pages 45–46)*

Les accesseurs `father` et `mother` cherchent un nom dans une liste associative à l'aide de `assq`. On retourne la valeur faux si un individu n'a ni père ni mère.
```
(define father
  (lambda (person tree)
    (let ((val (assq person tree)))
      (and val
           (cadr val)))))
(define mother
  (lambda (person tree)
    (let ((val (assq person tree)))
      (and val
           (caddr val)))))
```
Deux individus sont frères et sœurs s'ils ont au moins un parent en commun.

```
(define brother-or-sister?
  (lambda (person1 person2 tree)
    (or (same-person? (mother person1 tree)
                      (mother person2 tree))
        (same-person? (father person1 tree)
                      (father person2 tree)))))
(define same-person?
  (lambda (p1 p2)
    (and p1 p2 (eq? p1 p2))))
```

La fonction ancestor ? suit un schéma de récursion sur des arbres binaires ; elle établit si person2 est un ancêtre de person1. Les deux accesseurs sont mother et father et la récursion s'arrête lorsque l'on atteint la racine de l'arbre.

```
(define ancestor?
  (lambda (person1 person2 tree)
    (and person1
         (or (same-person? person1 person2)
             (ancestor? (mother person1 tree) person2 tree)
             (ancestor? (father person1 tree) person2 tree)))))
```

La fonction oldest-ancestor utilise une fonction auxiliaire oldest-and-level qui retourne une paire composée d'un nombre et d'une liste d'individus. Le nombre est un degré de parenté le plus élevé (1 pour les parents, 2 pour les grand-parents, ...), c'est-à-dire la profondeur de l'arbre ; les individus sont ceux trouvés dans l'arbre généalogique pour ce degré de parenté. A nouveau on procède récursivement sur le père et sur la mère.

```
(define oldest-ancestor
  (lambda (person tree)
    (let ((val (oldest-and-level person 0 tree)))
      (and (not (zero? (car val)))
           (cdr val)))))
(define oldest-and-level
  (lambda (person level tree)
    (let ((dad (father person tree))
          (mum (mother person tree)))
      (if (not dad)
          (list level person)
          (let ((v1 (oldest-and-level dad (+ level 1) tree))
                (v2 (oldest-and-level mum (+ level 1) tree)))
            (cond ((> (car v1) (car v2)) v1)
                  ((> (car v2) (car v1)) v2)
                  (else (cons (car v1)
                              (append (cdr v1)
                                      (cdr v2))))))))))
```

Solution de l'exercice 3.15 (énoncé page 46)

Le schéma est très semblable à celui de l'exercice 3.14 (page 46). Le nombre de paires dans un atome est 0. Le nombre de paires dans une paire est donné par 1 plus le nombre de paires dans le car et le cdr.

```
(define nbr-pairs
  (lambda (S-exp)
    (if (atom? S-exp)
        0
        (+ 1
           (nbr-pairs (car S-exp))
           (nbr-pairs (cdr S-exp))))))
```

Dans l'exercice 6.6 (page 95/264–265), nous verrons comment calculer le nombre de paires différentes dans une S-expression.

Solution de l'exercice 3.16 (énoncé page 46)

Dans le cas de base, on construit une feuille avec l'atome. Sinon, on procède récursivement sur le car et le cdr dont les résultats sont passés au constructeur de nœuds.

```
(define Sexp->tree
  (lambda (S-exp)
    (if (atom? S-exp)
        (make-leaf S-exp)
        (make-node (Sexp->tree (car S-exp))
                   (Sexp->tree (cdr S-exp))))))
```

Solution de l'exercice 3.17 (énoncé page 47)

La difficulté de cette fonction est de gérer la numérotation des nœuds de l'arbre. Lorsque l'on parcourt un sous-arbre de droite, il faut connaître le nombre de nœuds dans le sous-arbre de gauche. Aussi on définit une fonction auxiliaire make qui retourne deux résultats : le nombre de nœuds rencontrés et l'arbre souhaité. Cette fonction prend un argument supplémentaire n servant de compteur.

En présence d'un atome, on retourne le compteur et une feuille contenant cet atome. Sinon, lorsque l'on rencontre une paire, on la numérote par la valeur courante de n et un appel récursif sur le car retourne une nouvelle valeur du compteur n1 et un sous-arbre tree1. La valeur du compteur est passée à l'appel récursif sur le cdr qui retourne un nouveau compteur n2 et un sous-arbre tree2. Le nœud résultant est formé des deux sous-arbres et de la valeur n ; ce nœud est retourné avec la dernière valeur du compteur n2.

```
(define Sexp->vtree
  (lambda (S-exp)
    (letrec ((make (lambda (S-exp n)
```

```
                    (if (atom? S-exp)
                        (cons n (make-leaf S-exp))
                        (let* ((pair1  (make (car S-exp)
                                             (+ n 1)))
                               (n1     (car pair1))
                               (tree1  (cdr pair1))
                               (pair2  (make (cdr S-exp) n1))
                               (n2     (car pair2))
                               (tree2  (cdr pair2)))
                          (cons n2
                                (make-vnode n
                                            tree1
                                            tree2)))))))
    (cdr (make S-exp 1)))))
```

Solution de l'exercice 3.18 *(énoncé page 47)*

Le miroir d'un atome est lui-même. Par contre, le miroir d'une paire est une nouvelle paire dont le car et cdr sont respectivement le miroir du cdr et du car de la paire initiale.

```
(define mirror
  (lambda (S-exp)
    (if (atom? S-exp)
        S-exp
        (cons (mirror (cdr S-exp)) (mirror (car S-exp))))))
```

Solution de l'exercice 3.19 *(énoncé page 48)*

L'idée de la fonction complete ? est de vérifier que les profondeurs de toutes les feuilles sont identiques. On adopte une solution semblable à celle de l'exercice 3.9 (page 43/201). On utilise une fonction auxiliaire complete qui retourne la profondeur de l'arbre s'il est saturé et faux sinon.

```
(define complete?
  (lambda (S-exp)
    (and (complete S-exp 0)
         #t)))
(define complete
  (lambda (S-exp depth)
    (if (atom? S-exp)
        depth
        (let* ((depth1 (+ depth 1))
               (l (complete (car S-exp) depth1)))
          (and l
               (let ((r (complete (cdr S-exp) depth1)))
                 (and r (= l r) r)))))))
```

Solution de l'exercice 3.20 *(énoncé page 48)*

Cette fonction est semblable à `fringe` mais elle prend un argument supplémentaire indiquant la profondeur courante. Celle-ci est décrémentée pour chaque appel récursif. Le cas de base est atteint soit si la profondeur est 0, soit si on est en train de traiter une feuille. On retourne alors la liste vide si une seule des conditions est satisfaite, et une liste contenant la feuille si les deux conditions sont simultanément vraies.

```
(define leaves-at-depth
  (lambda (d S-exp)
    (cond ((zero? d) (if (atom? S-exp)
                         (list S-exp)
                         '()))
          ((atom? S-exp) '())
          (else (append (leaves-at-depth (- d 1)
                                         (car S-exp))
                        (leaves-at-depth (- d 1)
                                         (cdr S-exp)))))))
```

Tout comme dans `fringe` l'usage de `append` n'est pas efficace, et l'on préfère la solution suivante utilisant un paramètre accumulant.

```
(define leaves-at-depth2
  (lambda (d S-exp)
    (let find-leaves ((d d)
                      (S-exp S-exp)
                      (acc '()))
      (cond ((zero? d) (if (atom? S-exp)
                           (cons S-exp acc)
                           acc))
            ((atom? S-exp) acc)
            (else (find-leaves (- d 1)
                               (car S-exp)
                               (find-leaves (- d 1)
                                            (cdr S-exp)
                                            acc)))))))
```

Notons que l'on effectue d'abord la récursion sur le `cdr` avant la récursion sur le `car`, afin de produire une liste des feuilles ordonnée comme celle retournée par `leaves-at-depth`.

Solution de l'exercice 3.21 *(énoncé page 48)*

On utilise une fonction auxiliaire prenant un argument supplémentaire représentant le chemin déjà parcouru pour accéder à l'arbre courant. Lorsque l'on rencontre un atome, on retourne le chemin courant s'il s'agit de celui recherché ou faux sinon. Dans le cas inductif, on effectue d'abord la recherche sur le `car` (en ajoutant 1 au chemin courant). On ne poursuit la recherche dans le cdr que s'il y a échec lors de la recherche dans le car.

```
(define get-path
  (lambda (sym S-exp)
    (letrec ((find (lambda (S-exp path)
                     (if (atom? S-exp)
                         (and (eq? sym S-exp) path)
                         (or (find (car S-exp)
                                   (cons 'l path))
                             (find (cdr S-exp)
                                   (cons 'r path)))))))
      (let ((val (find S-exp '())))
        (and val (reverse val))))))
```

On notera que la fonction auxiliaire find construit un chemin inverse, et que celui-ci doit être renversé à l'aide de la fonction reverse. Cette définition dans le cas le plus défavorable alloue deux paires pour toute paire rencontrée ; or on sait que le résultat possède une taille donnée par la profondeur du symbole dans la S-expression. A la place, on peut définir une fonction qui ne prend pas un paramètre accumulant, mais qui construit le chemin après avoir trouvé le symbole.

```
(define get-path2
  (lambda (sym S-exp)
    (letrec ((find (lambda (S-exp)
                     (if (atom? S-exp)
                         (and (eq? sym S-exp) '())
                         (let ((l (find (car S-exp))))
                           (if l
                               (cons 'l l)
                               (let ((r (find (cdr S-exp))))
                                 (and r
                                      (cons 'r r)))))))))
      (find S-exp))))
```

Cette fonction suppose que la liste vide n'est pas égale à faux.

Solution de l'exercice 3.22 *(énoncé page 48)*

Cette fonction généralise la fonction generate de l'exercice 2.10 (page 15/168–169). Ici, on appelle récursivement la fonction sur les car et cdr, dont les résultats sont utilisés comme opérandes dans la construction d'une combinaison dont l'opérateur est cons.

```
(define generate-tree
  (lambda (S-exp)
    (cond ((pair? S-exp) (list 'cons
                               (generate-tree (car S-exp))
                               (generate-tree (cdr S-exp))))
          ((or (number? S-exp) (boolean? S-exp))  S-exp)
          (else   (list 'quote S-exp)))))
```

Solution de l'exercice 3.23 (énoncé page 49)

Il s'agit ici d'une récursion sur deux expressions symboliques que l'on parcourt en parallèle. Deux atomes ont même structure, mais un atome et une paire sont de structures différentes. Deux paires ont même structure, si leur car et leur cdr ont respectivement même structure.

```
(define same-structure?
  (lambda (s1 s2)
    (cond ((and (atom? s1) (atom? s2)) #t)
          ((or (atom? s1) (atom? s2)) #f)
          (else (and (same-structure? (car s1) (car s2))
                     (same-structure? (cdr s1) (cdr s2)))))))
```

Solution de l'exercice 3.24 (énoncé page 49)

Une solution consiste à construire la frondaison de chaque expression et ensuite de les comparer. L'inconvénient de cette solution est que l'on doit construire les frondaisons des deux expressions même si les deux premières feuilles sont différentes. A la place, on préfère une solution qui alterne parcours des arbres et comparaisons. Elle a l'avantage de produire une réponse plus rapidement en cas d'échec.

Etant donné que nous souhaitons pouvoir parcourir deux arbres de façon asynchrone, nous choisissons une approche où nous gérons deux piles explicitement, une pour chaque S-expression. Chaque fois que l'on rencontre une paire, on appelle récursivement la fonction sur le car et on ajoute le cdr en tête du paramètre accumulant servant de pile. Lorsque l'on rencontre deux atomes, on les compare et on s'arrête dès que ceux-ci sont différents. S'ils sont égaux, on poursuit la même démarche avec les atomes suivants. Ceux-ci sont obtenus en les dépilant des piles respectives (fonction sf*). On s'arrête avec succès lorsque les deux piles sont vides. Une autre possibilité d'échec est reconnue lorsqu'une pile est vide et pas l'autre, c'est-à-dire qu'une frondaison est plus grande que l'autre.

```
(define same-fringe
  (lambda (S-exp1 S-exp2) (sf S-exp1 S-exp2 '() '())))
(define sf
  (lambda (S-exp1 S-exp2 stack1 stack2)
    (cond
      ((and (atom? S-exp1) (atom? S-exp2))
       (and (eqv? S-exp1 S-exp2)
            (sf* stack1 stack2)))
      ((pair? S-exp1) (sf (car S-exp1)
                          S-exp2
                          (cons (cdr S-exp1) stack1)
                          stack2))
      ((pair? S-exp2) (sf S-exp1
                          (car S-exp2)
                          stack1
```

```
                              (cons (cdr S-exp2) stack2)))
       (else (error 'sf "never here")))))) 
(define sf*
  (lambda (stack1 stack2)
    (cond ((and (null? stack1) (null? stack2)) #t)
          ((or  (null? stack1) (null? stack2)) #f)
          (else (sf (car stack1)
                    (car stack2)
                    (cdr stack1)
                    (cdr stack2))))))
```

Il existe d'autres techniques d'implantation pour cette fonction telles que les streams [ASS85] ou les coroutines [FWH92].

Solution de l'exercice 3.25   (énoncé page 49)

Il s'agit ici d'une récursion sur deux expressions symboliques que l'on souhaite parcourir en parallèle. Deux atomes sont en symétrie de miroir s'ils sont égaux. Un atome n'est jamais en symétrie de miroir avec une paire. En présence de deux paires, on vérifie que le sous-arbre de gauche de l'une est en symétrie de miroir avec le sous-arbre de droite de l'autre et vice-versa.

```
(define is-mirror?
  (lambda (S-exp1 S-exp2)
    (cond
      ((and (atom? S-exp1) (atom? S-exp2))
       (eqv? S-exp1 S-exp2))
      ((or (atom? S-exp1) (atom? S-exp2)) #f)
      (else (and (is-mirror? (car S-exp1) (cdr S-exp2))
                 (is-mirror? (cdr S-exp1) (car S-exp2)))))))
```

Solution de l'exercice 3.26   (énoncé page 49)

Dans le cas de base, nous comparons l'atome avec old ; nous retournons soit new s'ils sont égaux, soit l'atome dans les autres cas. Dans le cas inductif, on effectue la substitution sur les sous-arbres de gauche et droite et on construit une paire avec les résultats.

```
(define substitute-tree
  (lambda (old new exp)
    (if (atom? exp)
        (if (eq? exp old)
            new
            exp)
        (cons (substitute-tree old new (car exp))
              (substitute-tree old new (cdr exp))))))
```

Solution de l'exercice 3.27 *(énoncé page 50)*

Tout comme dans la fonction `same-fringe`, on utilise une représentation explicite de la pile nécessaire pour parcourir un arbre. La fonction auxiliaire `follow` reçoit la S-expression à parcourir, le dernier atome rencontré `previous-leaf` et la pile. Dans le cas de base, on traite un atome. Si le dernier atome rencontré est l'atome recherché, l'atome courant est ajouté au résultat. On procède ensuite similairement avec le reste de l'arbre. Ce reste est obtenu en dépilant un élément de pile. Si cette dernière est vide, on a terminé la récursion ; sinon, la récursion porte sur le premier élément au sommet de la pile, avec l'atome courant devenant le dernier rencontré.

```
(define follow-tree
  (lambda (S-exp s)
    (define follow
      (lambda (S-exp previous-leaf stack)
        (if (atom? S-exp)
            (let ((tmp (if (null? stack)
                           (if (eq? S-exp s)
                               '(())
                               '())
                           (follow (car stack)
                                   S-exp
                                   (cdr stack)))))
              (if (eq? previous-leaf s)
                  (cons S-exp tmp)
                  tmp))
            (follow (car S-exp)
                    previous-leaf
                    (cons (cdr S-exp) stack)))))
    (follow S-exp '() '())))
```

On notera que si l'atome recherché est le plus à droite dans la frondaison, on retourne conventionnellement la liste vide dans le résultat. Une variante de cette fonction est également étudiée à l'exercice suivant.

Solution de l'exercice 3.28 *(énoncé page 50)*

Le schéma de récursion est très semblable à celui de la solution précédente. Dans le cas de base, on ajoute à présent l'atome précédent si l'atome courant est celui recherché.

```
(define precede-tree
  (lambda (S-exp s)
    (define precede
      (lambda (S-exp previous-leaf stack)
        (if (atom? S-exp)
            (let ((tmp (if (null? stack)
                           '()
```

```
                        (precede (car stack)
                                  S-exp
                                  (cdr stack)))))
            (if (eq? S-exp s)
                (cons previous-leaf tmp)
                tmp))
          (precede (car S-exp)
                   previous-leaf
                   (cons (cdr S-exp) stack)))))
    (precede S-exp '() '()))))
```

La liste vide, conventionnellement retournée dans le résultat final si le premier élément de la frondaison est celui recherché, est à présent donnée comme valeur initiale de `previous-leaf`. On notera qu'il est aisé de changer le parcours de l'arbre, en commençant par le `cdr` d'abord. Cette variante produit en fait le résultat renversé que `follow-tree` retourne.

```
(define precede-tree-other-order
  (lambda (S-exp s)
    (define precede
      (lambda (S-exp previous-leaf stack)
        (if (atom? S-exp)
            (let ((tmp (if (null? stack)
                           '()
                           (precede (car stack)
                                    S-exp
                                    (cdr stack)))))
              (if (eq? S-exp s)
                  (cons previous-leaf tmp)
                  tmp))
            (precede (cdr S-exp)   ;;; cdr first
                     previous-leaf
                     (cons (car S-exp) stack)))))
    (precede S-exp '() '())))
```

```
? (precede-tree '((a u ((a . b) . a) . c)) 'a)
= (() u b)
? (precede-tree-other-order
    '((a u ((a . b) . a) . c))
    'a)
= (c b u)
? (follow-tree '((a u ((a . b) . a) . c)) 'a)
= (u b c)
```

De façon symétrique, en changeant l'ordre de parcours de `follow-tree` on obtient une autre solution pour `precede-tree`.

Solution de l'exercice 3.30 (énoncé page 52)

La liste vide est de profondeur 1. Si la liste n'est pas vide, on calcule `val` la profondeur de son reste. Si le premier élément est lui même une liste, on peut en calculer sa profondeur; la profondeur totale est le maximum entre val et 1 plus la profondeur du premier élément. Sinon, la profondeur est donnée par val.

```
(define depth-list
  (lambda (deep-list)
    (if (null? deep-list)
        1
        (let ((first (car deep-list))
              (val (depth-list (cdr deep-list))))
          (if (or (pair? first)
                  (null? first))
              (max val (+ 1 (depth-list first)))
              val)))))
```

On notera la différence avec la fonction depth appliquée sur des listes profondes.

```
? (depth '((a b) (c (d))))
= 5
? (depth-list '((a b) (c (d))))
= 3
```

Solution de l'exercice 3.31 (énoncé page 52)

La fonction remove-leftmost fait appel à une fonction auxiliaire qui retourne faux si le symbole s n'appartient pas à la liste profonde l et la liste amputée de la première occurrence de s sinon. remove retourne faux pour la liste vide. Si la liste n'est pas vide et commence par s, elle retourne son reste. Si le premier élément est une liste non vide, on l'examine d'abord. Si le symbole s y apparaît, le résultat de l'appel récursif est combiné avec le reste de la liste l. Sinon, on répète le processus avec le reste de liste.

```
(define remove-leftmost
  (lambda (s l)
    (define remove
      (lambda (l)
        (cond ((null? l) #f)
              ((eq? (car l) s) (cdr l))
              ((pair? (car l))
               (let ((val1 (remove (car l))))
                 (if val1
                     (cons val1 (cdr l))
                     (let ((val2 (remove (cdr l))))
                       (and val2
                            (cons (car l) val2))))))
              (else (let ((val (remove (cdr l))))
                      (and val
                           (cons (car l) val)))))))
    (or (remove l) l)))
```

Une variante de remove-leftmost utilisant le partage des S-expressions est étudiée à l'exercice 6.11 (page 97/269–270).

Solution de l'exercice 3.32 (énoncé page 53)

Comme il s'agit d'une liste on effectue une récursion sur son reste. En plus, si le premier élément de cette liste est lui-même une liste, une récursion sur ce dernier garantira que les sous-listes sont également renversées. On utilise une fonction auxiliaire reverse qui possède un paramètre accumulant acc contenant l'inverse de la sous-liste déjà parcourue.

```
(define reverse-all
  (lambda (l)
    (let reverse ((l l)
                  (acc '()))
      (if (null? l)
          acc
          (reverse (cdr l)
                   (cons (if (pair? (car l))
                             (reverse (car l) '())
                             (car l))
                         acc))))))
```

Solution de l'exercice 3.33 (énoncé page 53)

A nouveau, on utilise un schéma de récursion semblable à celui de nbr-atoms-list2, exercice 3.29 (page 50–52).

```
(define remove-all
  (lambda (s l)
    (if (null? l)
        '()
        (let ((val (remove-all s (cdr l))))
          (if (pair? (car l))
              (cons (remove-all s (car l)) val)
              (if (eq? (car l) s)
                  val
                  (cons (car l) val)))))))
```

Solution de l'exercice 3.34 (énoncé page 53)

La liste est parcourue de gauche à droite, y compris dans ses sous-listes. On s'arrête lorsque l'on rencontre le symbole recherché ; on retourne alors la liste courante. En cas d'échec, on retourne faux. On remarquera que lorsque l'on traite une liste non vide, on utilise la forme spéciale or pour s'arrêter après le premier appel récursif si ce dernier a retourné un résultat non faux.

```
(define member-all
  (lambda (s l)
    (if (null? l)
        #f
```

```
        (if (pair? (car l))
            (or (member-all s (car l))
                (member-all s (cdr l)))
            (if (eq? (car l) s)
                l
                (member-all s (cdr l))))))))
```

Solution de l'exercice 3.35   (énoncé page 53)

On utilise la même technique que pour fringe sur les S-expressions. Un paramètre accumulant contient la liste des atomes déjà rencontrés dans la partie droite. Tout nouvel atome peut être ajouté en tête du paramètre accumulant. Il n'y a récursion sur le car que s'il s'agit d'une sous-liste.

```
(define fringe-list
  (lambda (l)
    (let flatten ((l l)
                  (acc '()))
      (if (null? l)
          acc
          (let ((tmp (flatten (cdr l) acc)))
            (if (or (pair? (car l))
                    (null? (car l)))
                (flatten (car l) tmp)
                (cons (car l) tmp)))))))
```

Solution de l'exercice 3.36   (énoncé page 53)

On utilise une récursion sur le chemin et sur la liste profonde. Si le chemin est vide, on retourne la liste. Si le chemin n'est pas vide et si nous ne sommes pas en présence d'une paire, il s'agit d'une erreur car le chemin est trop long. Sinon, on accède à l'élément de la liste indiqué par le premier nombre du chemin, et on continue le processus avec le reste du chemin.

```
(define after-path-list
  (lambda (path l)
    (cond ((null? path) l)
          ((not (pair? l)) (error 'after-path-list
                                  "Path is too long"
                                  path))
          (else (after-path-list (cdr path)
                                 (list-ref l (car path)))))))
```

Lorsqu'un indice faisant référence à un terme dans une liste est plus grand que la longueur de cette liste, la fonction list-ref retourne une erreur.

Solution de l'exercice 3.37   (énoncé page 54)

L'idée est de parcourir linéairement une liste et d'incrémenter un compteur index chaque fois que l'on accède au reste de la liste. Lorsque l'on rencontre le symbole, le compteur en donne sa position ; si l'on atteint la fin de la liste, on retourne faux pour signifier l'absence du symbole. Lorsque le premier élément est lui-même une sous-liste, on procède récursivement avec un nouveau compteur initialisé à zéro. Lors d'un retour avec succès de cet appel récursif, on ajoute le compteur courant au chemin.

```
(define get-path-list
  (lambda (s l)
    (let get ((l l)
              (index 0))
      (cond ((null? l) #f)
            ((eq? (car l) s) (list index))
            ((pair? (car l)) (let ((val (get (car l) 0)))
                               (if val
                                   (cons index val)
                                   (get (cdr l)
                                        (+ index 1)))))
            (else (get (cdr l) (+ index 1)))))))
```

Solution de l'exercice 3.38   (énoncé page 54)

Afin de déterminer le schéma de récursion à adopter, écrivons la grammaire des filtres supportés dans cet exemple.

$$\langle pattern \rangle \quad ::= \quad (\langle pattern \rangle \, . \, \langle pattern \rangle)$$
$$\mid \; (\ldots \, . \, \langle pattern \rangle)$$
$$\mid \; \langle constant \rangle \; \mid \; \text{?-}$$

Le premier cas semble indiquer que nous sommes en présence d'une récursion sur les arbres binaires, mais le deuxième cas restreint les occurrences du trou extensible au car d'une paire. Par conséquent, on généralise la fonction match2 en adoptant un schéma de récursion sur les listes profondes.

La différence essentielle apparaît dans le cas inductif de match3-list, où contrairement à match2, un appel récursif sur le car du filtre et le car de l'expression est effectué.

```
(define match3
  (lambda (expression pattern)
    (define match3-list
      (lambda (expressions patterns)
        (if (atom? patterns)
            (equal? expressions patterns)
            (if (eq? (car patterns) '...)
                (or (match3-list expressions (cdr patterns))
```

Solutions 3. Récursion sur les arbres binaires

```
                    (and (pair? expressions)
                         (match3-list (cdr expressions)
                                      patterns) ) )
                (and (pair? expressions)
                     (match3 (car expressions) (car patterns))
                     (match3-list (cdr expressions)
                                  (cdr patterns)) ) ) ) ) )
     (if (atom? pattern)
         (or (eq? pattern '?-)
             (if (eq? pattern '...)
                 (error 'match3 "... cannot be here")
                 (equal? expression pattern)))
         (match3-list expression pattern))))
```

Solution de l'exercice 3.39 (énoncé page 54)

On adopte le même schéma de récursion que pour match3, mais il faut tenir compte d'un cas supplémentaire : si le filtre est une paire, il faut faire appel à match4-or lorsque le filtre commence par le symbole *or. Cette dernière fonction essaye tour à tour les filtres et retourne vrai pour le premier que l'expression satisfait.

```
(define match4
  (lambda (expression pattern)
    (define match4-list
      (lambda (expressions patterns)
        (if (atom? patterns)
            (equal? expressions patterns)
            (if (eq? (car patterns) '...)
                (or (match4-list expressions
                                 (cdr patterns))
                    (and (pair? expressions)
                         (match4-list (cdr expressions)
                                      patterns) ) )
                (and (pair? expressions)
                     (match4 (car expressions)
                             (car patterns))
                     (match4-list (cdr expressions)
                                  (cdr patterns)) ) ) ) ) )
    (define match4-or
      (lambda (expression patterns)
        (and (pair? patterns)
             (or (match4 expression (car patterns))
                 (match4-or expression (cdr patterns)) ))))
    (if (atom? pattern)
        (or (eq? pattern '?-)
            (if (eq? pattern '...)
                (error 'match4 "... cannot be here")
                (equal? expression pattern)))
        (if (eq? (car pattern) '*or)
```

```
            (match4-or expression (cdr pattern))
            (match4-list expression pattern) ) ) ) )
```

Solution de l'exercice 3.40 (énoncé page 55)

La fonction genset ? est définie en termes de trois fonctions auxiliaires. La fonction set ? détermine si son argument est un ensemble. La fonction belongs ? indique si son premier argument, supposé être un ensemble, fait partie de son second argument, lui aussi un ensemble. Finalement, set-equal ? détermine si ses deux arguments sont des ensembles identiques.

```
(define genset?
  (lambda (set)
    (define set?
      (lambda (s)
        (or (atom? s)
            (and (set? (car s))
                 (set? (cdr s))
                 (not (belongs? (car s) (cdr s)))))))
    (define belongs?
      (lambda (s1 s2)
        (and (not (null? s2))
             (or (set-equal? s1 (car s2))
                 (belongs? s1 (cdr s2))))))
    (define set-equal?
      (lambda (s1 s2)
        (or (and (atom? s1) (atom? s2) (eqv? s1 s2))
            (and (pair? s1) (pair? s2)
                 (= (length s1) (length s2))
                 (let equal ((s1 s1))
                   (or (null? s1)
                       (and (belongs? (car s1) s2)
                            (equal (cdr s1)))))))))
    (and (pair? set) (set? set))))
```

On notera que set ? effectue un appel récursif sur son premier élément, ce qui nous amène à traiter des atomes dans le cas de base.

La fonction set-equal ? vérifie que ses deux arguments sont de même longueur et que le premier ensemble est inclus dans le second. Il n'est cependant pas nécessaire de vérifier que le second est inclus dans le premier pour établir l'égalité ensembliste. En effet, comme nous savons que les arguments sont des ensembles, l'égalité de taille est suffisante.

Solution de l'exercice 3.41 (énoncé page 55)

Afin de calculer le chemin de somme minimum, on définit une fonction auxiliaire min-sum-and-path retournant la liste de valeurs de somme minimum et la somme elle-même.

```
(define min-sum-path
  (lambda (tree)
    (cdr (min-sum-and-path tree))))
```

Le calcul de la liste de valeurs d'un chemin minimum est aisé. Le cas de base traite d'atomes : le chemin est alors la liste contenant l'atome et sa somme est l'atome lui-même. Dans le cas inductif, on calcule les listes de valeurs des chemins de somme minimum des sous-arbres de gauche et droite. On compare ensuite les sommes et on retourne la liste de somme la plus petite, après avoir ajouté la valeur du nœud courant aussi bien à la liste de valeurs qu'à la somme.

```
(define min-sum-and-path
  (lambda (tree)
    (if (atom? tree)
        (list tree tree)
        (let ((path1 (min-sum-and-path (cadr tree)))
              (path2 (min-sum-and-path (caddr tree))))
          (if (> (car path1) (car path2))
              (cons (+ (car tree) (car path2))
                    (cons (car tree) (cdr path2)))
              (cons (+ (car tree) (car path1))
                    (cons (car tree) (cdr path1))))))))
```

Solutions 4
Récursion sur les arbres n-aires et les graphes

Solution de l'exercice 4.1   (énoncé page 58)

Suivant la grammaire de mini-Scheme, une expression satisfait le prédicat syntax-expr ? si elle satisfait un des cinq prédicats syntax-variable ?, syntax-number ?, syntax-combination ?, syntax-lambda-expr ? ou encore syntax-conditional ?.

```
(define syntax-expr?
  (lambda (e)
    (or (syntax-variable? e)
        (syntax-number? e)
        (syntax-combination? e)
        (syntax-lambda-expr? e)
        (syntax-conditional? e))))
```

Les deux cas de base sont les variables et les nombres. Une expression est une variable s'il s'agit d'un symbole qui n'est pas un mot-clé.

```
(define syntax-variable?
  (lambda (e)
    (and (symbol? e)
         (not (memq e *mini-scheme-keywords*)))))
(define *mini-scheme-keywords* '(if lambda))
```

Un nombre est reconnu par le prédicat number ?.

```
(define syntax-number?
  (lambda (e)
    (number? e)))
```

Une combinaison est une paire, dont le premier élément doit être une expression et dont le reste est une liste d'expressions.

```
(define syntax-combination?
  (lambda (e)
    (and (pair? e)
         (syntax-expr? (car e))
         (syntax-expr*? (cdr e)))))
```

La liste d'expressions peut être soit vide, soit composée d'une expression et d'une liste d'expressions.

```
(define syntax-expr*?
  (lambda (l)
    (or (null? l)
        (syntax-expr+? l))))
(define syntax-expr+?
```

```
(lambda (l)
  (and (pair? l)
       (syntax-expr? (car l))
       (syntax-expr*? (cdr l))))))
```

Une expression lambda doit être composée du mot-clé `lambda`, d'une liste de variables, et d'un corps formé d'une liste d'expressions.

```
(define syntax-lambda-expr?
  (lambda (e)
    (and (pair? e)
         (eq? (car e) 'lambda)
         (pair? (cdr e))
         (syntax-variable*? (cadr e))
         (syntax-expr+? (cddr e)))))
(define syntax-variable*?
  (lambda (l)
    (or (null? l)
        (and (pair? l)
             (syntax-variable? (car l))
             (syntax-variable*? (cdr l))))))
```

Une conditionnelle est composée du mot-clé `if` et de trois expressions.

```
(define syntax-conditional?
  (lambda (e)
    (and (pair? e)
         (eq? (car e) 'if)
         (pair? (cdr e))
         (pair? (cddr e))
         (pair? (cdddr e))
         (null? (cddddr e))
         (syntax-expr? (cadr e))
         (syntax-expr? (caddr e))
         (syntax-expr? (cadddr e)))))
```

On remarquera que les cas inductifs appellent récursivement la fonction `syntax-expr?` pour chacun des sous-termes.

Solution de l'exercice 4.2 *(énoncé page 59)*

On suppose que les expressions reçues en argument satisfont la syntaxe des expressions de mini-Scheme, car cela nous permet d'accéder aux composants sans effectuer de tests préliminaires. Le résultat retourné sera un ensemble de variables représenté par une liste.

Dans le cas de base, l'expression est un atome. S'il s'agit d'une variable, on retourne un singleton la contenant ; sinon, on retourne un ensemble vide. Les variables libres d'une expression lambda sont données par l'union des variables libres des expressions de son corps moins les variables qui apparaissent en paramètre. Dans les autres cas, on a affaire à une liste dont on peut calculer l'union de toutes les variables libres.

```
(define free-variables
  (lambda (e)
    (cond ((atom? e) (if (variable? e)
                         (list e)
                         empty-set))
          ((lambda? e)
           (set-difference (map-union free-variables (cddr e))
                           (cadr e)))
          (else (map-union free-variables e)))))
(define variable?
  (lambda (e)
    (and (symbol? e)
         (not (memq e *mini-scheme-keywords*)))))
(define lambda?
  (lambda (e)
    (and (pair? e)
         (eq? (car e) 'lambda))))
```

On notera que l'on traite la conditionnelle comme une combinaison, sachant que le mot clé if n'est pas considéré comme une variable. Les opérations de manipulation d'ensembles sont ainsi définies :

```
(define map-union
  (lambda (f l)
    (if (null? l)
        empty-set
        (set-union (f (car l))
                   (map-union f (cdr l))))))
(define empty-set
  '())
```

Nous représentons les expressions de mini-Scheme sous forme de listes ; dès lors, la solution que l'on vient de proposer utilise un schéma de récursion sur les listes.

Solution de l'exercice 4.3 (énoncé page 59)

Pour chaque nœud, on parcourt récursivement les fils de gauche à droite, on concatène les résultats obtenus et on ajoute la valeur du nœud en tête du résultat.

```
(define depth-first
  (lambda (tree)
    (cons (node-value tree)
          (let depth-iter ((l (node-children tree)))
            (if (null? l)
                '()
                (append (depth-first (car l))
                        (depth-iter (cdr l))))))))
```

Cette solution est malheureusement inefficace car l'usage incessant de la fonction append recopie inutilement une partie des listes de nombreuses fois.

A la place, on préfère une version avec paramètre accumulant comme dans la fonction fringe de l'exercice 3.3 (page 39–40).

Solutions 4. Récursion sur les arbres n-aires et les graphes 223

```
(define depth-first2
  (lambda (tree)
    (depth-first-aux tree '())))
(define depth-first-aux
  (lambda (tree acc)
    (cons (node-value tree)
          (let loop ((l (node-children tree)))
            (if (null? l)
                acc
                (depth-first-aux (car l)
                                 (loop (cdr l))))))))
```

On remarquera que `depth-first2` parcourt également l'arbre en profondeur mais de façon différente : elle analyse d'abord le *n*ième fils, ensuite le $n - 1$ième, etc.

Solution de l'exercice 4.4 *(énoncé pages 59–60)*

La fonction `breadth-first` utilise une fonction auxiliaire `breadth-first-aux` qui reçoit une liste d'arbres à parcourir. Initialement elle ne contient que l'arbre dont on cherche à faire le parcours en largeur.

```
(define breadth-first
  (lambda (tree)
    (breadth-first-aux (list tree))))
```

La fonction `breadth-first-aux` possède une boucle interne `loop` qui, pour chaque nœud apparaissant dans `trees`, accumule tous ses fils dans la variable `children` et construit une partie de la liste résultat contenant la valeur du nœud courant. Par conséquent, si `trees` représente la liste des nœuds à la profondeur n, `children` représente la liste des nœuds à la profondeur $n+1$. Lorsque l'on a traité tous les nœuds de `trees`, c'est-à-dire lorsque `l` est vide, on s'arrête s'il n'y a plus de nœuds dans `children`. Autrement, on procède récursivement sur les nœuds à la profondeur suivante.

```
(define breadth-first-aux
  (lambda (trees)
    (let loop ((l trees)
               (children '()))
      (if (null? l)
          (if (null? children)
              '()
              (breadth-first-aux children))
          (cons (node-value (car l))
                (loop (cdr l)
                      (append children
                              (node-children (car l)))))))))
```

Solution de l'exercice 4.5 *(énoncé page 60)*

On procède comme dans la fonction complete? sur les arbres binaires, exercice 3.19 (page 48/206). On définit une fonction auxiliaire n-complete qui retourne la profondeur d'un arbre s'il est n-saturé et faux sinon. Cette fonction prend non seulement un paramètre depth qui représente la profondeur courante, mais aussi le degré de l'arbre, c'est-à-dire le nombre de fils que chaque nœud interne se doit d'avoir.

Le cas de base est le cas d'une feuille, c'est-à-dire un nœud sans fils ; une feuille est nécessairement saturée et on retourne sa profondeur. Sinon, on itère sur les n fils du nœud, en vérifiant qu'ils sont n-saturés et qu'ils ont tous la même profondeur que celle du premier, et en s'assurant que le nombre de fils est égal au degré.

```
(define n-complete?
  (lambda (tree)
    (let ((val (n-complete tree
                           0
                           (length (node-children tree)))))
      (and val #t))))
(define n-complete
  (lambda (tree depth degree)
    (let ((l (node-children tree)))
      (if (null? l)
          depth
          (let ((d1 (+ depth 1)))
            (let ((first (n-complete (car l) d1 degree)))
              (and first
                   (let loop ((l (cdr l))
                              (count 1))
                     (if (null? l)
                         (and (= count degree) first)
                         (let ((val (n-complete (car l)
                                                d1
                                                degree)))
                           (and val
                                (= val first)
                                (loop (cdr l)
                                      (+ count 1)))))))))))))
```

Solution de l'exercice 4.6 *(énoncé page 61)*

Un arbre vide est un arbre binaire de recherche. Un arbre non vide est un arbre binaire de recherche si, pour tout nœud, la valeur de ce nœud est plus grande que les valeurs des nœuds dans le sous-arbre de gauche et plus petite que les valeurs des nœuds dans le sous-arbre de droite. Une transcription littérale de cette définition serait inefficace car elle demanderait trop de parcours de l'arbre.

A la place on préfère une solution qui n'effectue qu'un seul parcours. Elle maintient deux paramètres contenant la plus grande et plus petite valeur rencontrées depuis le nœud racine jusqu'au nœud courant. A tout moment, la valeur du nœud courant doit se trouver dans l'intervalle spéficié par les deux paramètres. L'appel récursif sur le sous-arbre de droite spécifie une nouvelle valeur minimum, puisque toutes les valeurs de ce sous-arbre doivent être supérieures à celle de sa racine. Symétriquement, un appel récursif sur le sous-arbre de gauche spécifie un nouveau maximum.

```
(define bstree?
  (lambda (tree)
    (bstree-aux tree #f #f)))
(define bstree-aux
  (lambda (tree the-min the-max)
    (or (not tree)
        (let ((value (bstree-value tree)))
          (and (greater? value the-min)
               (less? value the-max)
               (bstree-aux (bstree-left tree)
                           the-min
                           value)
               (bstree-aux (bstree-right tree)
                           value
                           the-max))))))
```

N'importe quelle valeur est acceptée comme racine d'un arbre. Initialement, le minimum et le maximum sont $-\infty$ et $+\infty$ respectivement et sont représentés par #f. On définit les prédicats greater? et less? s'accommodant de ces valeurs booléennes; ils sont appelés avec un premier argument garanti être un nombre.

```
(define greater?
  (lambda (val1 val2)
    (or (not val2)
        (> val1 val2))))
(define less?
  (lambda (val1 val2)
    (or (not val2)
        (< val1 val2))))
```

Solution de l'exercice 4.7 (énoncé page 61)

La solution devient à présent habituelle. On utilise un paramètre dans lequel on accumule les valeurs contenues dans les nœuds en les parcourant de la droite vers la gauche.

```
(define enumerate-bstree
  (lambda (tree)
    (let loop ((tree tree)
               (acc '()))
      (if (not tree)
          acc
```

```
        (loop (bstree-left tree)
              (cons (bstree-value tree)
                    (loop (bstree-right tree)
                          acc))))))))
```

Solution de l'exercice 4.8   (énoncé page 61)

Une valeur peut être efficacement trouvée dans un arbre binaire de recherche en utilisant la définition de ces arbres. Les cas de base concernent la recherche d'une valeur dans un arbre vide et la recherche d'une valeur apparaissant comme valeur du nœud racine de l'arbre ; il y a échec dans le premier cas, et succès dans l'autre. Si la valeur à rechercher est plus petite que la valeur du nœud racine, on peut continuer la recherche sur le sous-arbre de gauche ; sinon, on la continue sur le sous-arbre de droite.

```
(define lookup-bstree
  (lambda (value tree)
    (and tree
         (let ((val (bstree-value tree)))
           (cond ((= val value) #t)
                 ((< val value)
                  (lookup-bstree value
                                 (bstree-right tree)))
                 (else (lookup-bstree value
                                      (bstree-left tree)))))))))
```

Le coût de cette fonction de recherche est proportionnel à la profondeur maximum de l'arbre. Lorsque l'arbre binaire est équilibré (définition 10, page 43), le coût de la fonction de recherche devient proportionnel au logarithme du nombre de valeurs. Dans le cas défavorable où l'arbre n'est pas équilibré, le coût peut être proportionnel au nombre de nœuds.

Solution de l'exercice 4.9   (énoncé page 62)

Dans le cas de base, on essaye d'ajouter une valeur à un arbre vide. Il suffit alors de créer un nœud contenant cette valeur et sans sous-arbre de gauche ou de droite.

Dans le cas inductif, il faut comparer la valeur à insérer avec la valeur de la racine de l'arbre. Si cette première est plus petite que cette dernière, l'insertion doit se faire à gauche ; si elle est plus grande, elle se fait à droite ; si elles sont égales, on retourne l'arbre courant. L'insertion à gauche (à droite respectivement) consiste à créer un nœud contenant la valeur du nœud courant, et dont le sous-arbre de gauche (de droite respectivement) est obtenu par appel récursif de la fonction, et dont l'autre sous-arbre est conservé.

```
(define insert-bstree
  (lambda (new-value tree)
    (if (not tree)
        (make-bstree new-value #f #f)
```

```
(let ((val (bstree-value tree)))
  (cond
    ((= val new-value) tree)
    ((< val new-value)
     (make-bstree val
                  (bstree-left tree)
                  (insert-bstree new-value
                                 (bstree-right tree))))
    (else (make-bstree val
                       (insert-bstree new-value
                                      (bstree-left tree))
                       (bstree-right tree)))))))))
```

Dans la solution de l'exercice 4.8 (page 61/226), on a mentionné l'existence d'un cas défavorable où la recherche devient linéaire. Il est possible de construire un tel arbre lorsque l'on insère successivement des valeurs qui sont déjà triées.

```
(define t5 (insert-bstree 0
             (insert-bstree 1
               (insert-bstree 2
                 (insert-bstree 3 #f)))))
? t5
= (3 (2 (1 (0 #F #F) #F) #F) #F)
```

En combinant les fonctions insert-bstree et enumerate-bstree il est possible d'écrire une fonction de tri des éléments d'une liste. Il suffit de construire un arbre binaire de recherche avec ceux-ci et d'ensuite en énumérer les valeurs.

```
(define bstree-sort
  (lambda (l)
    (let loop ((l l)
               (tree #f))
      (if (null? l)
          (enumerate-bstree tree)
          (loop (cdr l)
                (insert-bstree (car l) tree))))))
```

La complexité de cette méthode de tri sera comprise entre $n \log n$ et n^2 suivant que l'arbre résultant est équilibré ou non, avec n la longueur de la liste à trier.

Solution de l'exercice 4.10 (énoncé page 62)

La grammaire des expressions arithmétiques définit deux cas de base : les nombres et les variables. La valeur d'un nombre est lui-même tandis que celle d'une variable est donnée par l'environnement. Dans les cas inductifs, on évalue chaque sous-expression et on applique l'opérateur aux arguments. On distingue les expressions unaires des binaires. Les premières sont reconnues par le prédicat unary-minus ? et ne demandent qu'un seul appel récursif, à l'opposé de ces dernières qui en demandent deux.

```
(define arith-eval
  (lambda (aexpr env)
    (cond
      ((number? aexpr) aexpr)
      ((variable? aexpr)
       (let ((val (assq aexpr env)))
         (if val
             (cdr val)
             (error 'arith-eval
                    "Unknown variable"
                    aexpr))))
      ((unary-minus? aexpr)
       (- (arith-eval (cadr aexpr) env)))
      (else (let ((val1 (arith-eval (cadr aexpr) env))
                  (val2 (arith-eval (caddr aexpr) env)))
              ((cond ((eq? (car aexpr) '+) +)
                     ((eq? (car aexpr) '-) -)
                     ((eq? (car aexpr) '*) *))
               val1
               val2))))))
(define unary-minus?
  (lambda (aexpr)
    (and (pair? aexpr)
         (eq? (car aexpr) '-)
         (pair? (cdr aexpr))
         (null? (cddr aexpr)))))
```

Cette fonction d'évaluation utilise une récursion structurelle sur les expressions arithmétiques. Dans le chapitre 9, on étudiera des fonctions d'évaluation pour des expressions Scheme qui ne sont pas des récursions structurelles.

Solution de l'exercice 4.11 (énoncé page 63)

Le cas de base concerne les expressions atomiques, que l'on retourne directement dans une liste. Pour les expressions complexes, on distingue la soustraction unaire des opérations binaires. Le résultat est obtenu en concaténant les linéarisations de chacun des arguments, et en les précédant de l'opérateur (ou - - dans le cas de la soustraction unaire).

```
(define linearize
  (lambda (e)
    (if (atom? e)
        (list e)
        (if (unary-minus? e)
            (cons '- (linearize (cadr e)))
            (cons (car e) (append (linearize (cadr e))
                                  (linearize (caddr e))))))))
```

Le code de la fonction unary-minus ? est disponible à l'exercice 4.10 (page 62/227–228).

Solution de l'exercice 4.12   (énoncé page 63)

Le schéma de récursion suit celui de la solution de l'exercice 4.10 (page 62/227–228). Les cas de base sont les nombres et les variables. La dérivée d'un nombre est 0 et celle d'une variable est 0 ou 1 selon qu'elle est égale à la variable de dérivation ou non. Les cas inductifs sont les expressions unaires et binaires. On simplifie d'abord les sous-expressions en appelant `arith-simplify`, et on applique les règles de simplification données dans l'énoncé.

```
(define arith-simplify
  (lambda (aexpr)
    (cond
      ((number? aexpr) aexpr)
      ((variable? aexpr) aexpr)
      ((unary-minus? aexpr)
       (let ((val (arith-simplify (cadr aexpr))))
         (cond ((number? val) (- val))
               ((unary-minus? val) (cadr val))
               (else (list '- val)))))
      (else (let ((val1 (arith-simplify (cadr aexpr)))
                  (val2 (arith-simplify (caddr aexpr))))
              (cond
                ((eq? (car aexpr) '+)
                 (cond ((and (number? val1) (= val1 0)) val2)
                       ((and (number? val2) (= val2 0)) val1)
                       (else (list '+ val1 val2))))
                ((eq? (car aexpr) '*)
                 (cond ((and (number? val1) (= val1 0)) 0)
                       ((and (number? val2) (= val2 0)) 0)
                       ((and (number? val1) (= val1 1)) val2)
                       ((and (number? val2) (= val2 1)) val1)
                       (else (list '* val1 val2))))
                ((eq? (car aexpr) '-)
                 (cond ((and (number? val1) (= val1 0))
                        (if (number? val2)
                            (- val2)
                            (list '- val2)))
                       ((and (number? val2) (= val2 0)) val1)
                       (else (list '- val1 val2))))
                (else (error 'arith-simplify
                             "Unknown expression"
                             aexpr))))))))
```

Il existe bien sûr beaucoup d'autres moyens de simplifier des expressions arithmétiques, par exemple, en mettant en évidence ou en distribuant des termes. On se trouve alors en présence d'une récursion qui n'est plus nécessairement structurale. Le lecteur est invité à étendre ce programme en utilisant ces méthodes ; il faudra particulièrement veiller à la terminaison de la méthode de simplification.

Solution de l'exercice 4.13 (énoncé page 63)

Les cas de base sont les nombres et variables dont la dérivée est 1 ou 0 selon qu'ils sont égaux à la variable de dérivation ou non. Ensuite, les schémas de récursion suivent la définition de la dérivée. Les sommes et différences binaires peuvent être traitées de la même façon.

```
(define differentiate
  (lambda (aexpr var)
    (cond ((atom? aexpr) (if (eq? var aexpr)
                             1
                             0))
          ((unary-minus? aexpr)
           (list '- (differentiate (cadr aexpr) var)))
          ((or (eq? (car aexpr) '+)
               (eq? (car aexpr) '-))
           (let ((val1 (differentiate (cadr aexpr) var))
                 (val2 (differentiate (caddr aexpr) var)))
             (list (car aexpr) val1 val2)))
          ((eq? (car aexpr) '*)
           (let ((val1 (differentiate (cadr aexpr) var))
                 (val2 (differentiate (caddr aexpr) var)))
             (list '+
                   (list '*
                         val1
                         (caddr aexpr))
                   (list '*
                         (cadr aexpr)
                         val2)))))))
```

Cette fonction produit des expressions arithmétiques qui peuvent être simplifiées par la fonction `arith-simplify`.

Solution de l'exercice 4.14 (énoncé page 64)

La fonction de simplification `arith-simplify2` traite immédiatement les cas de base et fait appel à des fonctions de simplification spécialisées pour les sommes, produits et différences.

```
(define arith-simplify2
  (lambda (aexpr)
    (cond ((number? aexpr) aexpr)
          ((variable? aexpr) aexpr)
          ((eq? (car aexpr) '+)
           (arith-simplify-sum (cdr aexpr)))
          ((eq? (car aexpr) '*)
           (arith-simplify-product (cdr aexpr)))
          (else
           (arith-simplify-difference (cdr aexpr))))))
```

La simplification d'une somme est la plus aisée à réaliser : on simplifie récursivement chaque sous-expression, on élimine toute occurrence de la valeur zéro et on reconstruit une somme résultante. Deux cas particuliers nécessitent davantage de simplification : une somme sans opérande a pour valeur zéro et une somme avec un seul opérande se simplifie en celui-ci.

```
(define arith-simplify-sum
  (lambda (l)
    (define simp*
      (lambda (l)
        (if (null? l)
            '()
            (let ((val (arith-simplify2 (car l))))
              (if (and (number? val) (= val 0))
                  (simp* (cdr l))
                  (cons val (simp* (cdr l))))))))
    (let ((ll (simp* l)))
      (cond ((null? ll) 0)
            ((null? (cdr ll)) (car ll))
            (else (cons '+ ll))))))
```

Le principe de la simplification d'un produit est assez semblable : le neutre est à présent la valeur 1, mais en plus il y a un absorbant 0. C'est pourquoi la fonction de simplification auxiliaire retourne #f quand elle rencontre un zéro, ce qui est à distinguer de la liste vide dont le produit des éléments est 1 !

```
(define arith-simplify-product
  (lambda (l)
    (define simp*
      (lambda (l)
        (if (null? l)
            '()
            (let ((val (arith-simplify2 (car l))))
              (if (and (number? val) (= val 0))
                  #f
                  (let ((rest (simp* (cdr l))))
                    (and rest
                         (if (and (number? val) (= val 1))
                             rest
                             (cons val rest)))))))))
    (let ((ll (or (simp* l) (list 0))))
      (cond ((null? ll) 1)
            ((null? (cdr ll)) (car ll))
            (else (cons '* ll))))))
```

La simplification des différences utilise une troisième fonction de simplification. A nouveau zéro est le neutre mais pas en première position.

```
? (arith-simplify2 '(- 0 1 y z))
= (- -1 y z)
? (arith-simplify2 '(- 1 0 y z))
= (- 1 y z)
```

Dès lors on traite le premier élément séparément. S'il est nul, on place l'opposé du premier élément non nul en premier position.
```
(define arith-simplify-difference
  (lambda (l)
    (define simp*
      (lambda (l)
        (if (null? l)
            '()
            (let ((val (arith-simplify2 (car l))))
              (if (and (number? val) (= val 0))
                  (simp* (cdr l))
                  (cons val (simp* (cdr l))))))))
    (if (null? l)
        0
        (let ((v1 (arith-simplify2 (car l)))
              (l1 (simp* (cdr l))))
          (cond ((null? l1) v1)
                ((and (number? v1) (= v1 0))
                 (if (null? (cdr l1))
                     (if (number? (car l1))
                         (- (car l1))
                         (list '- (car l1)))
                     (cons '- (cons (if (number? (car l1))
                                        (- (car l1))
                                        (list '- (car l1)))
                                    (cdr l1)))))
                (else (cons '- (cons v1 l1))))))))
```
À nouveau, le lecteur est invité à améliorer ces fonctions afin qu'elles simplifient davantage le résultat.

Solution de l'exercice 4.15 (énoncé page 64)

La fonction `differentiate2` traite les cas de base et appelle des fonctions spécialisées pour dériver les expressions composées.
```
(define differentiate2
  (lambda (aexpr var)
    (cond ((atom? aexpr) (if (eq? aexpr var) 1 0))
          ((or (eq? (car aexpr) '+)
               (eq? (car aexpr) '-))
           (cons (car aexpr)
                 (differentiate-sum (cdr aexpr) var)))
          ((eq? (car aexpr) '*)
           (differentiate-product (cdr aexpr) var)))))
```
Sommes et différences sont traitées par la fonction `differentiate-sum` qui appelle récursivement la fonction `differentiate2` sur chacun des éléments de la liste passée en argument.

```
(define differentiate-sum
  (lambda (l var)
    (map (lambda (aexpr) (differentiate2 aexpr var)) l)))
```

La dérivée d'un produit est plus complexe. Par exemple, pour trois termes, on a :

$$\frac{\partial\,(x*y*z)}{\partial v} \;=\; \frac{\partial\,x}{\partial v}*y*x \;+\; x*\frac{\partial y}{\partial v}*z \;+\; x*y*\frac{\partial z}{\partial v}$$

La fonction `differentiate-product` reçoit une liste d'expressions en entrée et retourne une somme en sortie. Chacun des termes de cette somme est le produit des éléments reçus en entrée, à l'exception d'un de ceux-ci qui est remplacé par sa dérivée. Nous avons programmé cette fonction en utilisant deux `maplist` imbriquées : l'appel à `maplist` externe construit les termes de la somme, tandis que l'appel interne engendre chaque produit. On dérive le $n$ième terme lorsque l'on engendre le $n$ième produit. C'est précisément le rôle du prédicat `equal?` qui détermine le terme à dériver[1].

```
(define differentiate-product
  (lambda (l val)
    (cons '+
          (maplist
            (lambda (l1)
              (cons '*
                    (maplist (lambda (l2)
                               (if (equal? l1 l2)
                                   (differentiate2 (car l2)
                                                   val)
                                   (car l2)))
                             l)))
            l))))
```

On utilise la fonction `maplist` qui applique l'argument fonctionel aux sous-listes successives de la liste (et non à ses éléments successifs).

```
(define (maplist f l)
  (if (null? l)
      '()
      (cons (f l) (maplist f (cdr l)))))
```

Il est important de comprendre l'usage de `maplist`. A la place, on aurait pu programmer une fonction *incorrecte* appelant `map` et reposant sur `equal?` pour déterminer le terme à dériver.

```
(define differentiate-product-incorrect
  (lambda (l val)
    (cons '+
          (map (lambda (val1)
                 (cons '*
```

---

[1] A la place de `(equal? l1 l2)`, on aurait pu écrire `(= (length l1) (length l2))` ; plus efficace encore est le test `(eq? l1 l2)` basé sur l'égalité physique qui sera étudiée dans le chapitre 6.

```
                    (map (lambda (val2)
                           (if (equal? val1 val2)
                               (differentiate2 val2 val)
                               val2))
                         l)))
              l))))
```

Malheureusement, la dérivée d'une expression où un même terme apparaît deux fois est incorrecte.

```
? (arith-simplify2
     (differentiate-product '((* x 1) (* x 1)) 'x))
= (+ x x)
? (arith-simplify2
     (differentiate-product-incorrect
       '((* x 1) (* x 1))
       'x))
= (+ 1 1)
```

Solution de l'exercice 4.16 (énoncé pages 64–65)

Définissons d'abord des types abstraits de données pour les plans. Il y aura deux constructeurs make-parallel et make-sequence et les prédicats associés parallel? et sequence?.

```
(define make-parallel
  (lambda (l) (cons 'parallel l)))
(define make-sequence
  (lambda (l) (cons 'sequence l)))
(define parallel?
  (lambda (x) (eq? (car x) 'parallel)))
(define sequence?
  (lambda (x) (eq? (car x) 'sequence)))
```

Ensuite, on définit un prédicat pour les actions simples et un accesseur pour les listes d'actions.

```
(define simple?
  (lambda (x) (eq? (car x) 'action)))
(define actions
  (lambda (x) (cdr x)))
```

La fonction de simplification d'un plan se doit de reconnaître les trois cas possibles.

```
(define plan-simplify
  (lambda (act)
    (cond
      ((simple? act) act)
      ((sequence? act)
       (make-sequence (sequence-simplify (actions act))))
      ((parallel? act)
       (make-parallel (parallel-simplify (actions act)))))))
```

La simplification d'une séquence consiste à simplifier ses actions, et enfin à insérer celles qui apparaissent dans des séquences. Un traitement semblable est utilisé pour les groupes parallèles.

```
(define sequence-simplify
  (lambda (l)
    (mapcan (lambda (act)
              (let ((res (plan-simplify act)))
                (if (sequence? res)
                    (actions res)
                    (list res))))
            l)))
(define parallel-simplify
  (lambda (l)
    (mapcan (lambda (act)
              (let ((res (plan-simplify act)))
                (if (parallel? res)
                    (actions res)
                    (list res))))
            l)))
```

Il est possible de définir une variante évitant de reconstruire une représentation intermédiaire des séquences quand ces séquences sont elles-mêmes éléments d'une autre séquence (et de même pour les groupes parallèles).

```
(define sequence-simplify2
  (lambda (l)
    (mapcan (lambda (act)
              (if (sequence? act)
                  (sequence-simplify2 (actions act))
                  (list (plan-simplify act))))
            l)))
(define parallel-simplify2
  (lambda (l)
    (mapcan (lambda (act)
              (if (parallel? act)
                  (parallel-simplify2 (actions act))
                  (list (plan-simplify act))))
            l)))
```

Solution de l'exercice 4.17 *(énoncé pages 65–66)*

Une liste de propriétés est une répétition de noms de propriétés et valeurs associées. On définit d'abord une fonction de recherche d'une valeur associée à une propriété dans une liste de propriétés. Nous prenons l'hypothèse que les listes de propriétés comptent toujours un nombre pair d'éléments.

```
(define get-property
  (lambda (property plist)
    (cond ((null? plist) #f)
          ((eq? property (car plist)) (cadr plist))
```

```
              (else (get-property property (cddr plist))))))
```

Dans notre solution, nous supposons que les valeurs associées aux propriétés ne sont jamais #f, autrement nous serions incapable de discerner l'absence de valeur de la valeur #f.

La fonction d'héritage est définie de la façon suivante. A partir du nom d'une classe, nous obtenons la description de la classe. Nous cherchons la propriété dans sa liste de propriétés. En cas d'absence, on cherche la super-classe, et on répète le processus, jusqu'à ce que l'on trouve la propriété ou que l'on atteigne le sommet de la hiérarchie.

```
(define inherit
  (lambda (property cname H)
    (define class-name car)
    (define class-properties cdr)
    (define get-class
      (lambda (cname)
        (assq cname H)))
    (define get-super-class
      (lambda (class)
        (get-class (get-property 'super-class
                                 (class-properties class)))))
    (let inherit ((class (get-class cname)))
      (and class
           (let* ((plist (class-properties class))
                  (value (get-property property
                                      plist)))
             (or value
                 (inherit (get-super-class class)))))))))
```

Solution de l'exercice 4.18 (énoncé page 67)

La fonction d'évaluation est définie ci-dessous. Elle procède à une analyse de cas suivant le type de l'expression.

```
(define boolean-value
  (lambda (exp prop-values)
    (cond
     ((constant? exp) exp)
     ((proposition? exp) (lookup-value exp prop-values))
     ((not? exp)
      (not (boolean-value (first-operand exp) prop-values)))
     ((or? exp)
      (or (boolean-value (first-operand exp) prop-values)
          (boolean-value (second-operand exp) prop-values)))
     ((and? exp)
      (and (boolean-value (first-operand exp) prop-values)
           (boolean-value (second-operand exp)
                          prop-values))))))
```

```
(define lookup-value
  (lambda (proposition prop-values)
    (let ((pair (assq proposition prop-values)))
      (if pair
          (cdr pair)
          (error 'lookup-value "Unknown proposition"
                 proposition)))) )
```

Solution de l'exercice 4.19 (énoncé page 67)

On utilise deux fonctions mutuellement récursives nnf et simplify-not. Chaque fonction effectue une analyse de cas en fonction de la grammaire des expressions logiques. La fonction nnf appelle la fonction simplify-not chaque fois qu'elle rencontre une négation.

```
(define nnf
  (lambda (exp)
    (cond ((constant? exp) exp)
          ((proposition? exp)  exp)
          ((or? exp) (simplify-or (nnf (first-operand exp))
                                  (nnf (second-operand exp))))
          ((and? exp)
           (simplify-and (nnf (first-operand exp))
                         (nnf (second-operand exp))))
          ((not? exp)
           (simplify-not (first-operand exp))))))
```

La fonction simplify-not reçoit en argument l'opérande d'une négation et applique les règles de simplification de l'énoncé.

```
(define simplify-not
  (lambda (exp)
     (cond
       ((proposition? exp) (list 'not exp))
       ((eq? exp #f) #t)
       ((eq? exp #t) #f)
       ((not? exp) (nnf (first-operand exp)))
       ((and? exp)
        (simplify-or (simplify-not (first-operand exp))
                     (simplify-not (second-operand exp))))
       ((or? exp)
        (simplify-and (simplify-not (first-operand exp))
                      (simplify-not (second-operand exp)))))))
```

Les fonctions simplify-and et symplifie-or éliminent les constantes dans les conjonctions et les disjonctions.

```
(define simplify-and
  (lambda (p1 p2)
    (cond ((eq? p1 #f) #f)
          ((eq? p2 #f) #f)
```

```
          ((eq? p1 #t) p2)
          ((eq? p2 #t) p1)
          (else (list 'and p1 p2)))))
(define simplify-or
  (lambda (p1 p2)
    (cond ((eq? p1 #f) p2)
          ((eq? p2 #f) p1)
          ((eq? p1 #t) #t)
          ((eq? p2 #t) #t)
          (else (list 'or p1 p2)))))
```

Solution de l'exercice 4.20 (énoncé pages 67–68)

Sachant que les circuits sont organisés par strates, nous pouvons déduire qu'il n'y a pas de cycle. De plus, la valeur de sortie de toute porte peut-être calculée lorsque les valeurs de sorties de la strate précédente sont connues.

On décide dès lors de représenter le circuit directement par une fonction, prenant en arguments les entrées, et retournant les valeurs de sortie de chaque composant de chaque strate. Le circuit représenté à la figure 3 est encodé de la façon suivante.

```
(define *circuit*
  (lambda (i1 i2 i3 i4)
    (let ((n1 (make-not i1))
          (a1 (make-and i2 i3))
          (n2 (make-not i4)))
      (let ((o1 (make-or n1 a1))
            (n3 (make-not a1))
            (o2 (make-or a1 n2)))
        (let ((o3 (make-or o1 n3))
              (a2 (make-and o1 o2)))
          (list (list i1 i2 i3 i4)
                (list n1 a1 n2)
                (list o1 n3 o2)
                (list o3 a2)))))))
```

Les constructeurs de composants make-and, make-or et make-not calculent directement la valeur de sortie en fonction des entrées reçues.

```
(define make-and
  (lambda (v1 v2)
    (if (and (= v1 1) (= v2 1))
        1
        0)))
(define make-or
  (lambda (v1 v2)
    (if (and (= v1 0) (= v2 0))
        0
        1)))
```

```
(define make-not
  (lambda (v)
    (if (= v 1) 0 1)))
```

La fonction `get-ouput` applique un circuit à ses entrées et retourne la liste de ses sorties. On notera l'utilisation de `apply` appliquant le circuit à une liste d'entrées.

```
(define get-output
  (lambda (circuit args)
    (car (last-pair (apply circuit args)))))
```

Solution de l'exercice 4.23   (énoncé pages 72–73)

Dans cet énoncé, on demande de trouver tous les chemins menant de n1 à n2. L'usage d'une mémoire n'est pas approprié car il pourrait nous empêcher de trouver certains chemins aboutissant à n2. Dès lors, on utilise une variante de `linked2`, exercice 4.22 (page 70–72), qui retourne tous les chemins trouvés.

```
(define all-paths
  (lambda (n1 n2 graph)
    (define handle-node
      (lambda (node path)
        (if (eq? node n2)
            (list (reverse (cons node path)))
            (if (memq node path)
                '()
                (handle-successors (successors node graph)
                                   (cons node path))))))
    (define handle-successors
      (lambda (l path)
        (if (pair? l)
            (append (handle-node (car l) path)
                    (handle-successors (cdr l) path))
            '())))
    (handle-node n1 '())))
```

Dans la fonction `handle-successors`, on notera l'utilisation de `append` qui permet de retourner tous les chemins possibles, au contraire de `linked2`, exercice 4.22 (page 70–72), qui utilise `or` afin de retourner un chemin valide.

Solution de l'exercice 4.24   (énoncé page 73)

A nouveau dans cet énoncé, on ne demande pas une recherche efficace, mais un parcours exhaustif. Nous ne maintenons donc pas une mémoire mais le chemin parcouru depuis l'origine. De plus, nos deux fonctions auxiliaires prennent un paramètre `length` qui indique la longueur du chemin déjà parcouru.

```
(define graph-longest-path
  (lambda (node graph)
```

```
(define handle-node
  (lambda (node path length)
    (if (memq node path)
        length
        (handler-successors (successors node graph)
                            (cons node path)
                            (+ length 1)))))
(define handler-successors
  (lambda (l path length)
    (let loop ((l l)
               (max-length 0))
      (if (null? l)
          max-length
          (let ((len (handle-node (car l) path length)))
            (loop (cdr l)
                  (max len max-length)))))))
(handle-node node '() 0)))
```

Solution de l'exercice 4.25 (énoncé page 73)

La fonction path-to-cycle fait directement appel à une fonction auxiliaire traverse prenant le chemin path déjà parcouru comme paramètre accumulant.

```
(define path-to-cycle
  (lambda (node graph)
    (traverse node graph '())))
```

La fonction traverse combine les fonctionnalités de handle-node et handle-successors des solutions précédentes. A la différence de ces dernières, on s'arrête seulement lorsque l'on rencontre un nœud faisant partie du chemin parcouru, c'est-à-dire lors de la rencontre d'un cycle, ou lorsque l'on a traité tous les nœuds.

```
(define traverse
  (lambda (node graph path)
    (let ((new-path (cons node path)))
      (if (memq node path)
          (split-path new-path)
          (let loop ((succ (successors node graph)))
            (and (not (null? succ))
                 (let ((found? (traverse (car succ)
                                         graph
                                         new-path)))
                   (or found?
                       (loop (cdr succ))))))))))
```

En présence d'un cycle, on fait appel à la fonction split-path qui sépare le chemin menant au cycle du cycle lui même. Par exemple :

```
? (split-path '(b c e b a d))
= ((d a) b e c b)
```

```
(define split-path
  (lambda (l)
    (let ((first (car l)))
      (let loop ((l (cdr l))
                 (acc (list first)))
        (cond ((null? l) (error 'split-path
                                "There was no cycle"))
              ((eq? (car l) first) (cons (reverse (cdr l))
                                         (cons (car l) acc)))
              (else (loop (cdr l)
                          (cons (car l) acc))))))))
```

Solution de l'exercice 4.26 (énoncé page 73)

Dans cette solution, on gère explicitement les nœuds restant à traiter dans un paramètre accumulant `stack` que l'on gère comme une pile. La solution est dérivée de `linked3`, exercice 4.22 (page 70-72), utilisant deux fonctions à récursion terminale croisée avec une gestion explicite des nœuds restant à traiter. Ici, ces fonctions retournent la liste des cycles.

```
(define all-cycles
  (lambda (node graph)
    (explore-graph node '() graph '())))
```

Chaque fois que `explore-graph` rencontre un nœud faisant déjà partie du chemin parcouru, on ajoute ce chemin à la liste résultant de la poursuite de la recherche exhaustive.

```
(define explore-graph
  (lambda (node path graph stack)
    (let ((new-path (cons node path)))
      (if (memq node path)
          (cons new-path
                (continue-explore-graph graph stack))
          (let ((next-nodes (map (lambda (node)
                                   (cons node new-path))
                                 (successors node graph))))
            (continue-explore-graph graph
                                    (append next-nodes
                                            stack)))))))
```

La fonction `continue-explore-graph` a le même rôle que la fonction auxiliaire `next`, dans `linked3`, exercice 4.22 (page 70-72) ; elle continue la recherche jusqu'à épuisement de la liste des nœuds restant à traiter.

```
(define continue-explore-graph
  (lambda (graph stack)
    (if (null? stack)
        '()
        (let ((first (car stack)))
          (explore-graph (car first)
```

```
              (cdr first)
              graph
              (cdr stack))))))
```

Solution de l'exercice 4.27   (énoncé page 73)

Partant de la représentation de graphe sous forme de liste associative, il est aisé de construire la liste de tous les arcs du graphe inversé.

```
(define graph-inverse
  (lambda (graph)
    (let ((edge-list (mapcan (lambda (entry)
                               (let ((node (car entry))
                                     (succs (cdr entry)))
                                 (map (lambda (succ)
                                        (cons succ node))
                                      succs)))
                             graph)))
      (edges->graph edge-list))))
```

Ensuite, utilisant la fonction `edges->graph`, on construit un nouveau graphe, également sous forme de liste associative, à partir d'une liste d'arcs. Afin de construire un graphe à partir d'une liste non vide, on sélectionne tous les arcs dont le nœud origine est le même que le nœud origine du premier arc de la liste. Ensuite, on répète le processus avec la liste de laquelle on a enlevé les arcs déjà traités. On répète ce processus jusqu'à ce que la liste soit vide.

```
(define edges->graph
  (lambda (l)
    (if (null? l)
        '()
        (let ((yes (filter (lambda (x)
                             (eq? (car x) (caar l)))
                           l))
              (no  (filter (lambda (x)
                             (not (eq? (car x) (caar l))))
                           (cdr l))))
          (cons (cons (caar yes)
                      (map cdr yes))
                (edges->graph no))))))
(define filter
  (lambda (pred l)
    (cond ((null? l) '())
          ((pred (car l)) (cons (car l)
                                (filter pred (cdr l))))
          (else (filter pred (cdr l))))))
```

Solution de l'exercice 4.28 (énoncé page 74)

On notera tout d'abord que le problème requiert la traversée d'un graphe *acyclique* car les chemins sont formés de positions successives à valeurs strictement croissantes.

Le cœur de l'algorithme est formé par la fonction auxiliaire path, qui partant de la position (i, j) cherche toutes les positions valides directement accessibles, tâche récursivement d'atteindre la position finale à partir de celles-ci, et finalement retourne le plus court chemin s'il existe.

```
(define minimum-path
  (lambda (graph initial-position final-position)
    (define matrix
      (lambda (i j)
        (vector-ref (vector-ref graph i) j)))
    (define matrix-size (vector-length graph))
    (define final-position?
      (lambda (i j)
        (and (= i (car final-position))
             (= j (cdr final-position)))))
    (define valid-position?
      (lambda (i j)
        (and (<= 0 i)
             (<= 0 j)
             (< i matrix-size)
             (< j matrix-size))))
    (define next-position
      (lambda (i j current-value)
        (if (valid-position? i j)
            (let ((val (matrix i j)))
              (if (> val current-value)
                  (list (cons i j))
                  '()))
            '())))
    (define next-positions
      (lambda (i j)
        (let ((current-value (matrix i j)))
          (append (next-position (+ i 1) j current-value)
                  (next-position (- i 1) j current-value)
                  (next-position i (+ j 1) current-value)
                  (next-position i (- j 1) current-value)))))
    (define path
      (lambda (i j)
        (if (final-position? i j)
            (list final-position)
            (let find ((l (next-positions i j)))
              (if (null? l)
                  #f
```

```
                    (let* ((next-position (car l))
                           (next-i (car next-position))
                           (next-j (cdr next-position)))
                      (let ((a-path (path next-i next-j))
                            (other-path (find (cdr l))))
                        (if a-path
                            (if other-path
                                (if (< (length a-path)
                                       (length other-path))
                                    (cons (cons i j) a-path)
                                    other-path)
                                (cons (cons i j) a-path))
                            other-path)))))))))
  (let ((init-i   (car initial-position))
        (init-j   (cdr initial-position))
        (final-i (car final-position))
        (final-j (cdr final-position)))
    (and (valid-position? init-i init-j)
         (valid-position? final-i final-j)
         (> (matrix final-i final-j)
            (matrix init-i  init-j))
         (path init-i init-j)))))
```

A l'entrée de la fonction, on vérifie que les points initial et final sont valides, et que la valeur du point final est strictement supérieure à celle du point initial.

Solution de l'exercice 4.29 (*énoncé page 75*)

L'état initial contient tous les représentants de chaque culture sur un côté de la rivière ; la description de l'état final les contient tous sur l'autre côté. Chaque état spécifie combien de représentants de chaque culture se trouvent sur les deux rives ainsi que la position du bateau.

Nous représenterons un état sous la forme d'une liste de trois informations : le nombre de missionnaires sur la rive gauche, le nombre de cannibales sur la rive gauche et la position de la barque (`left` pour la rive gauche et `right` pour la rive droite). Il n'est pas nécessaire de représenter dans l'état un nombre d'individus sur la rive droite car il se déduit du nombre d'individus sur la rive gauche. Supposons un état quelconque acceptable et que la barque ait accosté. Le nombre de représentants d'une culture sur la rive droite est égal à 3 - le nombre de représentants de la même culture sur la rive gauche.

Supposons, à partir de cet état acceptable, un mouvement quelconque de la barque. Il est assez aisé de se convaincre que les cannibales risquent d'être convertis au cours de la traversée ou dans l'état final que si l'état final est inacceptable.

Un état sera acceptable si, sur chaque rive, le nombre de missionnaires n'excède pas le nombre de cannibales, sauf si les missionnaires sont seuls. Ce qui donne les conditions suivantes (en appelant m le nombre de missionnaires à gauche et c le nombre de cannibales à gauche).

Sur la rive gauche, on doit avoir $m \leq c$ ou $c = 0$. En revanche, sur la rive droite, il faut que $(3 - m) \leq (3 - c)$ ou $(3 - c) = 0$. En conclusion, il faut que $c = 0$, $c = 3$ ou $m = c$.

Une configuration est composée du nombre de missionnaires, de cannibales et de la position du bateau. En plus on ajoute un champ contenant des commentaires qui nous permettront d'expliquer l'historique du système.

```
(define make-configuration
  (lambda (missionaries cannibals boat comment)
    (list missionaries cannibals boat comment)))
```

On définit ensuite les accesseurs pour chacun des composants :

```
(define missionaries-left
  (lambda (configuration)
    (car configuration)))
(define missionaries-right
  (lambda (configuration)
    (- 3 (car configuration))))
(define cannibals-left
  (lambda (configuration)
    (cadr configuration)))
(define cannibals-right
  (lambda (configuration)
    (- 3 (cadr configuration))))
(define boat
  (lambda (configuration)
    (caddr configuration)))

(define configuration-comment cadddr)
```

La validité d'une configuration s'obtient en transcrivant les règles données ci-dessus, et en ajoutant que le nombre d'individus d'une culture donnée est compris entre 0 et 3.

```
(define valid-configuration?
  (lambda (configuration)
    (let ((m (missionaries-left configuration))
          (c (cannibals-left configuration)))
      (and (<= m 3)
           (>= m 0)
           (<= c 3)
           (>= c 0)
           (or (= c 0)
               (= c 3)
               (= m c))))))
```

Une configuration est finale lorsque tous les personnages sont sur la rive droite, ce qui signifie qu'aucun ne reste sur celle de gauche.

```
(define final-configuration?
  (lambda (configuration)
```

```
        (and (= (missionaries-left configuration) 0)
             (= (cannibals-left configuration) 0))))
```
La configuration initiale est formée par tous les individus ainsi que le bateau sur la rive gauche.
```
(define initial-configuration
  (lambda ()
    (make-configuration 3 3 'left #f)))
```
La fonction `toggle-boat` donne la position du bateau après une traversée.
```
(define toggle-boat
  (lambda (position)
    (if (eq? position 'left)
        'right
        'left)))
```
Pour une culture donnée, la fonction `transfer-persons` prend trois arguments : la position initiale du bateau, le nombre de personnes que l'on souhaite transférer, et le nombre de personnes sur la rive gauche ; elle retourne le nombre de personnes sur cette même rive gauche.
```
(define transfer-persons
  (lambda (position n val)
    (if (eq? position 'left)
        (- val n)
        (+ val n))))
```
Les configurations possibles (mais pas nécessairement valides) à partir d'une configuration donnée s'obtiennent en transportant soit un missionnaire, soit deux missionnaires, soit un missionnaire et un cannibale, soit un cannibale, soit deux cannibales.
```
(define next-configs
  (lambda (configuration)
    (let ((m (missionaries-left configuration))
          (c (cannibals-left configuration))
          (b (boat configuration)))
      (map (lambda (pair)
             (let ((new-m (car pair))
                   (new-c (cadr pair))
                   (new-boat (toggle-boat b)))
               (make-configuration (transfer-persons b new-m m)
                                   (transfer-persons b new-c c)
                                   new-boat
                                   (list new-m
                                         new-c
                                         new-boat))))
           '((1 0)
             (2 0)
             (1 1)
             (0 1)
             (0 2))))))
```

Solutions 4. *Récursion sur les arbres n-aires et les graphes*   247

La fonction de recherche utilise une queue explicite et retourne faux en cas d'échec. En cas de succès, elle retourne le chemin `history` qui a mené à cette configuration.

```
(define search
  (lambda (queue memory)
    (and queue
      (let* ((elem (car queue))
             (config (car elem))
             (history (cdr elem)))
        (cond
          ((final-configuration? config)
           (cons config history))
          ((or (not (valid-configuration? config))
               (member config memory))
           (search (cdr queue) memory))
          (else (let ((s (next-configs config)))
                  (search (append (cdr queue)
                                  (map (lambda (next)
                                         (cons next
                                               (cons config
                                                     history)))
                                       s))
                          (cons config memory))))))))))
```

La fonction `print-history` se charge d'afficher joliment l'historique de traversée.

```
(define print-history
  (lambda (history)
    (for-each (lambda (config)
                (let ((v (configuration-comment config)))
                  (if v
                      (begin
                        (if (= 1 (car v))
                            (display "one missionary "))
                        (if (= 2 (car v))
                            (display "two missionaries "))
                        (if (= 1 (cadr v))
                            (display "one cannibal "))
                        (if (= 2 (cadr v))
                            (display "two cannibals "))
                        (display "towards ")
                        (display (caddr v))
                        (newline)))))
              history)))

(define m+c
  (lambda ()
    (let* ((init-c (initial-configuration))
           (init-q (list (list init-c))))
```

```
            (result (search init-q '()))))
      (and result
           (reverse result)))))
```

Solution de l'exercice 4.30 (énoncé page 75)

Pour l'ensemble de musiciens
```
(define *musicians*
  '((one . 1)
    (two . 2)
    (three . 5)
    (four . 10)))
```
l'algorithme que nous décrivons ici trouve la solution suivante demandant 17 minutes.
```
(to-right one two)
(to-left one)
(to-right three four)
(to-left two)
(to-right one two)
```

Nous représentons le pont par une structure de données composée des champs suivants. Les champs left et right contiennent les listes de musiciens se trouvant respectivement à gauche et à droite du pont. Le champ light indique si la lumière se trouve à gauche (left) ou à droite (right). Le champ move contient la liste des actions qui ont mené à cette configuration, tandis que duration contient le nombre de minutes nécessaires à atteindre cette configuration.
```
(define make-bridge list)
(define bridge-left car)
(define bridge-right cadr)
(define bridge-light caddr)
(define bridge-moves cadddr)
(define bridge-duration (lambda (x) (car (cddddr x))))
```

Le but de ce problème est donc d'amener tous les musiciens sur la rive droite du pont, supposant qu'ils étaient initialement sur la rive gauche. Le constructeur de configuration initiale et le prédicat reconnaissant une configuration finale sont ainsi définis. Une configuration est finale lorsqu'il n'y a plus de musicien sur la rive gauche.
```
(define make-init-bridge
  (lambda ()
    (make-bridge (map car *musicians*)
                 '()
                 'left
                 '()
                 0)))
```

Solutions 4. Récursion sur les arbres n-aires et les graphes

```
(define final-bridge?
  (lambda (bridge)
    (null? (bridge-left bridge))))
```

Nous effectuons une recherche dans l'espace d'état dans la fonction `concert`. On y considère une liste de configurations l. On sélectionne celle qui possède une durée minimum. Si elle est finale nous la retournons. Si elle est non terminale, deux cas sont possibles : la lumière est soit sur la rive gauche, soit sur la rive droite.

```
(define concert
  (lambda ()
    (let ((cinit (make-init-bridge)))
      (let search ((l (list cinit)))
        (if (null? l)
            'fail
            (let ((next (fastest-bridge l)))
              (cond
                ((final-bridge? next) next)
                ((bridge-left? next)
                 (search (append (remq next l)
                                 (towards-right next))))
                ((bridge-right? next)
                 (search (append (remq next l)
                                 (towards-left next)))))))))))
(define bridge-left?
  (lambda (c)
    (eq? (bridge-light c) 'left)))
(define bridge-right?
  (lambda (c)
    (eq? (bridge-light c) 'right)))
```

Si la lumière est sur la rive gauche (respectivement, droite), il faut déplacer des musiciens vers la rive droite (respectivement, gauche). Les deux fonctions suivantes prennent une configuration en argument et retournent une liste de configurations accessibles. Si le déplacement se fait vers la droite, deux musiciens traversent le pont ; s'il se fait vers la gauche, un seul musicien est chargé de traverser le pont accompagné de la lampe.

```
(define towards-left
  (lambda (c)
    (let ((ls (select-musicians 1 (bridge-right c))))
      (map (lambda (l)
             (make-bridge (set-union (bridge-left c) l)
                          (set-difference (bridge-right c) l)
                          'left
                          (cons (cons 'to-left l)
                                (bridge-moves c))
                          (+ (get-musicians-time l)
                             (bridge-duration c))))
           ls))))
```

```
(define towards-right
  (lambda (c)
    (let ((ls (select-musicians 2  (bridge-left c))))
      (map (lambda (l)
             (make-bridge (set-difference (bridge-left c) l)
                          (set-union (bridge-right c) l)
                          'right
                          (cons (cons 'to-right l)
                                (bridge-moves c))
                          (+ (get-musicians-time l)
                             (bridge-duration c))))
           ls))))
(define get-musicians-time
  (lambda (l)
    (if (null? l)
        0
        (max (get-musician-time (car l))
             (get-musicians-time (cdr l))))))
(define get-musician-time
  (lambda (m)
    (cdr (assq m *musicians*))))
```

La fonction `select-musicians` retourne un choix de n éléments tirés d'une liste l.

```
(define select-musicians
  (lambda (n l)
    (if (= n 0)
        '(())
        (if (null? l)
            '()
            (append (map (lambda (x) (cons (car l) x))
                         (select-musicians (- n 1) (cdr l)))
                    (select-musicians n (cdr l)))))))
```

Finalement, la sélection de la configuration la plus prometteuse se fait sur base du nombre de minutes nécessaires pour l'atteindre.

```
(define fastest-bridge
  (lambda (l)
    (if (null? (cdr l))
        (car l)
        (let ((c1 (fastest-bridge (cdr l))))
          (if (< (bridge-duration c1)
                 (bridge-duration (car l)))
              c1
              (car l))))))
```

Le lecteur remarquera que nous ne détectons pas la formation de cycles dans cet algorithme ; la raison en est que nous traitons toujours d'abord la configuration qui requiert le moins de temps. Cette approche est suffisante pour nous mener à la solution la plus efficace.

SOLUTIONS 5
Fonctions

Solution de l'exercice 5.2 (énoncé page 77)

Le schéma déployé par la fonction map est le suivant :
(map g '(e_1 e_2 ... e_n))

correspond l'expression :
(cons (g 'e_1)
      (cons (g 'e_2)
            ...
                  (cons (g 'e_n)
                        '()) ...))

Le paramètre e de reduce est manifestement la liste vide. Si l'on remarque ensuite que (cons (g 'x) 'r) n'est autre que ((lambda (x r) (cons (g x) r)) 'x 'r) qui est une instance du schéma (f 'x r) alors, on en déduit la définition de map.

Pour ne pas interférer avec Scheme, nous nommerons other-map cette nouvelle fonction :

```
(define (other-map g l)
  (reduce (lambda (item result)
            (cons (g item) result) )
          '()
          l ) )
```

Solution de l'exercice 5.3 (énoncé page 77)

C'est une simple récursion que voici :
```
(define (sum-numbers n transformer)
  (if (> n 0)
      (+ (transformer n) (sum-numbers (- n 1) transformer))
      0 ) )
```

Définir sum-of-squares se fait alors à la volée :
```
(define sum-of-squares
  (lambda (n)
    (sum-numbers n (lambda (n) (* n n))) ) )
```

Solution de l'exercice 5.5 (énoncé pages 78–79)

La fonction `combine-ascending-numbers` s'écrit simplement :

```
(define (combine-ascending-numbers transformer combiner end)
  (lambda (start stop)
    (define (ascend n)
      (if (< n stop)
          (combiner (transformer n) (ascend (+ n 1)))
          end ) )
    (ascend start) ) )
```

La fonction `sum-of-divisors` peut alors se définir comme :

```
(define (sum-of-divisors n)
  (let ((f (combine-ascending-numbers
             (lambda (i)
               (if (= 0 (modulo n i))
                   i
                   0 ) )
             +
             0 )))
    (f 1 (+ n 1)) ) )
```

Solution de l'exercice 5.6 (énoncé page 79)

On se contente d'ajouter des parenthèses à la définition de *g* telle que donnée dans l'énoncé :

```
(define (low-pass f M)
  (lambda (x)
    (let ((y (f x)))
      (if (< y M)
          y
          M ) ) ) )
```

Solution de l'exercice 5.7 (énoncé page 79)

Là encore, on se contente de saupoudrer de parenthèses la définition.

```
(define (y-symmetrize f)
  (lambda (x)
    (if (>= x 0)
        (f x)
        (f (- x)) ) ) )
```

La symétrie par rapport à l'origine et la translation conduisent similairement aux fonctions :

```
(define (origin-symmetrize f)
  (lambda (x)
```

```
          (if (>= x 0)
              (f x)
              (- (f (- x))) ) ) )
(define (translate f dx dy)
  (lambda (x)
    (+ dy (f (- x dx))) ) )
```

Solution de l'exercice 5.8 (énoncé page 79)

La fonction résultat g est donc définie comme suit :

$$g(x) = \begin{cases} f(x), & \text{si } a \leq x < b; \\ f(a+r), & \text{si } x = a + p(b-a) + r, p \in N, 0 \leq r < b-a. \end{cases}$$

Ce qui assure bien qu'elle est confondue avec f sur $[a, b[$ et telle que $g(x+b-a) = g(x)$ c'est-à-dire de période $b - a$.

```
(define (periodize f a b)
  (let ((step (- b a)))
    (lambda (x)
      (if (and (<= a x) (< x b))
          (f x)
          (let* ((p (inexact->exact (floor (/ (- x a) step))))
                 (r (- (- x a) (* step p))) )
            (f (+ a r)) ) ) ) ) )
```

Notez dans la définition qui précède, la séquentialisation du calcul de p puis de r. Cette séquentialisation diminue la surcharge syntaxique occulaire nuisant à la fluidité du style, en d'autres termes c'est plus lisible que l'expression suivante qui correspond au `let*` final :

```
(f (+ a (- (- x a)
           (* step (inexact->exact
                    (floor (/ (- x a) step)) )) )))
```

Solution de l'exercice 5.9 (énoncé page 80)

Voici cette fonction :

```
(define (extend-sinus-likewise f a)
  (let* ((f1 (origin-symmetrize f))
         (f2 (translate f1 a 0))
         (f3 (y-symmetrize f2))
         (f4 (translate f3 (- a) 0)) )
    (periodize f4 (- (* 3 a)) a) ) )
```

Notez la séquentialisation des calculs qui consiste d'abord à prolonger l'arc sur un intervalle quadruple puis à le rendre périodique.

Solution de l'exercice 5.10 (énoncé pages 80-81)

La méthode est simple : on alloue un vecteur de la bonne taille et on le remplit avec les images successives des points souhaités. On bâtit finalement une fonction qui convertit son abscisse en un index dans le vecteur.

```
(define (discretize-with f xmin xmax n)
  (let* ((step    (/ (- xmax xmin) n))
         (table (let enum ((i 0))
                  (if (< i n)
                      (cons (f (+ xmin (* step i)))
                            (enum (+ i 1)) )
                      '() ) )) )
    (make-discretized-function n table xmin step) ) )
(define (make-discretized-function n values xmin step)
  (let ((n-1    (- n 1))
        (table (list->vector values)) )
    (lambda (x)
      (let* ((offset (inexact->exact
                       (floor (/ (- x xmin) step)) ))
             (index  (min offset n-1)) )
        (vector-ref table index) ) ) ) )
```

On prendra garde à noter le problème de piquets : couper en n paliers assimile $f(x_{max})$ à la valeur de f au point d'abscisse le début du palier s'achevant en x_{max}. C'est pourquoi l'index ne doit pas être égal à n. On notera également le précalcul de $n-1$ qu'il est inutile de refaire à chaque invocation de la fonction finalement rendue.

Solution de l'exercice 5.11 (énoncé page 81)

Cette fonction repose sur la précédente. On discrétise avec un nombre de paliers croissants jusqu'à obtenir un tableau dont les composantes sont au plus éloignées de ε (c'est ce que réalise la fonction interne close-enough ?).

```
(define (discretize f xmin xmax epsilon)
  (let attempt ((n 2))
    (let* ((step   (/ (- xmax xmin) n))
           (values (let enum ((i 0))
                     (if (< i n)
                         (cons (f (+ xmin (* step i)))
                               (enum (+ i 1)) )
                         '() ) )) )
      (define (close-enough? values)
        (if (pair? values)
            (if (pair? (cdr values))
                (and (<= (abs (- (car values) (cadr values)))
                         epsilon )
                     (close-enough? (cdr values)) )
```

```
                    #t ) 
            #t ) )
      (if (close-enough? values)
          (make-discretized-function n values xmin step)
          (attempt (+ n 1)) ) ) ) )
```

Solution de l'exercice 5.12   (énoncé pages 81–82)

Voici cette fonction :
```
(define (draw-function f xmin xmax xstep
                         ymin ymax line-length )
  (define (display-star y)
    (let ((n (inexact->exact
               (floor (* line-length (/ (- y ymin)
                                         (- ymax ymin) ))) )))
      (do ((i 0 (+ i 1)))
          ((> i line-length) (display " "))
        (if (= i n) (display "*") (display " ")) ) ) )
  (do ((x xmin (+ x xstep)))
      ((> x xmax))
    (let ((y (f x)))
      (display-star y)
      (display x)
      (display "=>")
      (display y)
      (newline) ) ) )
```

Solution de l'exercice 5.13   (énoncé page 82)

Voici cette fonction écrite dans un style dit « par continuation ». La fonction interne analyze prend la liste dont il faut analyser le premier terme ainsi qu'une fonction à qui donner le résultat et la liste des termes non encore traités.
```
(define (unlinearize l)
  (define (analyze l k)
    (if (pair? l)
        (case (car l)
          ((+ * -)
           (analyze
            (cdr l)
            (lambda (e1 l1)
              (analyze l1
                       (lambda (e2 l2)
                         (k (list (car l) e1 e2) l2) ) ) ) ) )
          ((-)
           (analyze (cdr l)
                    (lambda (e1 l1)
                      (k (list '- e1) l1) ) ) )
```

```
         (else (k (car l) (cdr l))) )
      (error 'unlinearize 'missing-terms l) ) )
(analyze
 l (lambda (e ll)
     (if (null? ll)
         e
         (error 'unlinearize 'too-many-terms ll) ) ) ) )
```

On observera le traitement commun des opérateurs binaires qui justifie le style par continuation.

Solution de l'exercice 5.15 (énoncé page 84)

On définira tout d'abord le prédicat reconnaissant les variables de filtrage. Puis on ajoutera la clause traitant les variables de filtres. On notera la circulation de l'environnement dans les appels récursifs et en cas de retour arrière.

```
(define (match-variable? s)
  (and (symbol? s)
       (let ((str (symbol->string s)))
         (and (> (string-length str) 0)
              (char=? (string-ref str 0) #\?) ) ) ) )
(define (match7 expression pattern)
  (define (match7-list expressions patterns env success fail)
    (if (pair? patterns)
        (if (eq? (car patterns) '...)
            (match7-list
              expressions (cdr patterns) env success
              (lambda ()
                (if (pair? expressions)
                    (match7-list (cdr expressions) patterns
                                 env success fail )
                    (fail) ) ) )
            (if (pair? expressions)
                (match7-expression
                  (car expressions)
                  (car patterns)
                  env
                  (lambda (env fail)
                    (match7-list (cdr expressions)
                                 (cdr patterns)
                                 env
                                 success
                                 fail ))
                  fail )
                (fail) ) )
        (if (equal? expressions patterns)
            (success env fail)
            (fail) ) ) )
  (define (match7-expression
```

```
                expression pattern env success fail )
    (cond
     ((eq? pattern '?-) (success env fail))
     ((eq? pattern '...) (error 'match7 "... can't be here"))
     ((match-variable? pattern)
      (let ((p (assq pattern env)))
        (if (pair? p)
            (if (equal? expression (cdr p))
                (success env fail)
                (fail) )
            (success (cons (cons pattern expression) env)
                     fail ) ) ) )
     ((pair? pattern)
      (match7-list expression pattern env success fail) )
     (else (if (equal? pattern expression)
               (success env fail)
               (fail) ) ) ) )
  (match7-expression expression pattern '()
                     (lambda (env fail) env)
                     (lambda () #f) ) )
```

Solution de l'exercice 5.16 (énoncé page 84)

L'essence de cette solution est de repousser le `lambda` de la solution écartée plus haut dans les clauses des alternatives de manière à ce que tout calcul ne dépendant que du filtre soit calculé au plus tôt. La seule difficulté est de traiter le filtre ... qui nécessite de créer une fonction localement récursive.

```
(define (transform-pattern5 pattern)
  (define (transform-list patterns)
    (if (pair? patterns)
        (if (eq? (car patterns) '...)
            (let ((pattern-cdr
                    (transform-list (cdr patterns)) ))
              (letrec ((pattern
                         (lambda (expressions)
                           (or (pattern-cdr expressions)
                               (and (pair? expressions)
                                    (pattern (cdr expressions))
                                    #t ) ) ) ) )
                pattern ) )
            (let ((pattern-car
                    (transform-pattern5 (car patterns)) )
                  (pattern-cdr
                    (transform-pattern5 (cdr patterns)) ) )
              (lambda (expressions)
                (and (pair? expressions)
                     (pattern-car (car expressions))
                     (pattern-cdr (cdr expressions)) ) ) ) )
```

```
            (lambda (expressions)
               (equal? expressions patterns) ) ) )
     (if (eq? pattern '?-)
         (lambda (expression) #t)
         (if (eq? pattern '...)
             (lambda (expression)
                (error 'transform-pattern5 "... can't be here") )
             (if (pair? pattern)
                 (transform-list pattern)
                 (lambda (expression)
                    (equal? pattern expression) ) ) ) ) )
```

Solution de l'exercice 5.19 *(énoncé pages 86–87)*

Les seules formes spéciales à considérer sont quote et, bien sûr, let/cc. On obtient donc :

```
(define (use-let/cc e)
  (let/cc exit
    (define (search e depth)
       (if (pair? e)
           (case (car e)
              ((let/cc) (exit depth))
              ((quote)  #f)
              (else     (or (search (car e) (+ depth 1))
                            (search (cdr e) depth) )) )
           #f ) )
    (search e 0) ) )
```

Solution de l'exercice 5.20 *(énoncé page 87)*

Un échappement non local interrompt brusquement la recherche qui est en cours et retourne directement le résultat souhaité.

```
(define linked4
  (lambda (n1 n2 graph)
    (call/cc
      (lambda (exit)
        (define handle-node
          (lambda (node path memory)
            (if (eq? node n2)
                (exit (reverse (cons node path)))
                (if (memq node memory)
                    memory
                    (handle-successors (successors node graph)
                                       (cons node path)
                                       (cons node memory)) ) ) ) )
        (define handle-successors
          (lambda (l path memory)
```

```
          (if (pair? l)
              (let ((new-memory (handle-node (car l)
                                             path
                                             memory)))
                 (handle-successors (cdr l)
                                    path
                                    new-memory))
              memory)))
     (handle-node n1 '() '())
     #f))))
```

S'il existe un chemin entre n1 et n2, un échappement retournera ce chemin. Sinon, l'appel (handler-node n1 '() '()) retourne la valeur de memory ; la fonction linked-4 retourne alors #f.

Solution de l'exercice 5.21 (énoncé page 87)

On pose un premier échappement afin de sortir de la fonction toute entière. Puis tant que l'on ne rencontre pas un symbole déjà vu, on prépare la recopie de la liste argument. Chaque fois que l'on rencontre un symbole, on le mémorise accompagné d'un échappement. Lorsqu'un symbole est rencontré pour la seconde fois, c'est cet échappement associé que l'on invoque.

```
(define (heading l)
  (let/cc exit
    (define (scan l seen)
      (if (pair? l)
          (let ((pair (assq (car l) seen)))
            (if pair
                ((cdr pair) '())
                (let/cc k
                  (cons (car l)
                        (scan (cdr l)
                              (cons (cons (car l) k)
                                    seen ) ) ) ) ) )
          (exit #f) ) )
    (scan l '()) ) )
```

Solution de l'exercice 5.22 (énoncé page 87)

Quoique l'énoncé soit assez proche, la solution diffère dans son principe de celle de l'exercice précédent. La sous fonction interne mémorise maintenant, en plus, le dernier symbole que l'on a rencontré au moins deux fois. Lorsque l'on arrive à la fin de la liste et s'il y a eu un symbole vu au moins deux fois, on invoque l'échappement associé. Comme la connaissance de ce symbole n'a aucune importance, c'est son échappement associé que l'on mémorise en fait.

```
(define (headings l)
  (let/cc exit
    (define (scan l seen klast)
      (if (pair? l)
          (let/cc k
            (let ((pair (assq (car l) seen))
                  (new-seen (cons (cons (car l) k) seen)) )
              (if pair
                  (scan (cdr l) new-seen (cdr pair))
                  (cons (car l)
                        (scan (cdr l) new-seen klast) ) ) ) )
          (if klast (klast '()) (exit #f)) ) )
    (scan l '() #f) ) )
```

Solution de l'exercice 5.23   (énoncé page 88)

La solution est simple et ne nécessite pas `apply`. On écrit directement :
```
(define (compose f g)
  (lambda (x) (g (f x))) )
```

Solution de l'exercice 5.24   (énoncé page 88)

On utilise `apply` pour réduire le paquet d'arguments et le soumettre à la fonction f.
```
(define (ncompose f g)
  (lambda arguments
    (g (apply f arguments)) ) )
```

Solution de l'exercice 5.25   (énoncé page 88)

On utilise la bien commode `reduce` (cf. exercice 5.1 (page 76–77)) pour composer les calculs.
```
(define (compose-n . fns)
  (lambda (x)
    ((reduce compose (lambda (x) x) fns) x) ) )
```

Solution de l'exercice 5.26   (énoncé pages 88–89)

La seule difficulté est de manipuler sans erreur la liste de listes de nombres. On vérifie également que les listes de nombres sont de même longueur avant de les manipuler.
```
(define (ponderated-sum costs . ll)
  (let ((length-costs (length costs)))
    (let accum ((ll      ll)
                (result 0) )
```

```
        (if (pair? ll)
            (if (= (length (car ll)) length-costs)
                (accum (cdr ll)
                       (let sum ((costs costs)
                                 (l       (car ll)) )
                          (if (pair? costs)
                              (+ (* (car costs) (car l))
                                 (sum (cdr costs) (cdr l)) )
                              result ) ) )
                (error 'ponderated-sum "Size mismatch"
                       costs (car ll) ) )
            result ) ) ) )
```

Voici une autre solution usant d'apply.

```
(define (other-ponderated-sum costs . ll)
  (define (scalar-product l1 l2)
    (cond ((and (null? l1) (null? l2)) 0)
          ((or (null? l1) (null? l2))
           (error 'ponderated-sum "Size mismatch" l1 l2) )
          (else (+ (* (car l1) (car l2))
                   (scalar-product (cdr l1) (cdr l2))))))
  (apply + (map (lambda (l) (scalar-product l costs)) ll)))
```

Solution de l'exercice 5.27 (énoncé page 89)

Cette solution n'a pas besoin de apply.

```
(define (apl-ize1 f)
  (lambda (x)
    (cond ((number? x) (f x))
          ((pair? x) (map f x))
          (else (error 'apl-ize1
                       "Incorrect argument"
                       x )) ) ) )
```

Solution de l'exercice 5.28 (énoncé page 89)

Nous « APL-isons » d'abord une fonction binaire pour qu'elle accepte nombres ou listes :

```
(define (apl-ize2 f)
  (lambda (x y)
    (cond ((number? x)
           (cond ((number? y) (f x y))
                 ((pair? y) (map (lambda (yy)
                                   (f x yy) )
                                 y ))
                 (else (error 'apl-ize2
                              "Incorrect argument"
```

```
                         y )) ) )
            ((pair? x)
             (cond ((number? y) (map (lambda (xx)
                                             (f xx y) )
                                     x ))
                   ((pair? y) (map f x y))
                   (else (error 'apl-ize2
                                "Incorrect argument"
                                y )) ) )
            (else (error 'apl-ize2
                         "Incorrect argument"
                         x )) ) ) )
```

Puis, nous étendons ces résultats en une fonction qui peut prendre un nombre quelconque d'arguments et qui fera appel à l'« APL-isation » unaire ou binaire suivant le cas.

```
(define (apl-ize f)
  (define (iterate f l)
    ;; (assume (pair? l))
    (if (pair? (cdr l))
        (f (car l) (iterate f (cdr l)))
        (car l) ) )
  (let ((unary (apl-ize1 f))
        (binary (apl-ize2 f)) )
    (lambda x
      (if (pair? x)
          (if (pair? (cdr x))
              (iterate binary x)
              (unary (car x)) )
          (error 'apl-ize "Incorrect argument" x) ) ) ) )
```

Solution de l'exercice 5.29   (énoncé page 89)

La difficulté est surtout de savoir que faire lorsqu'une des listes s'achève alors que les autres ne sont pas vides. Dans la solution qui suit, les calculs s'interrompent dès qu'une liste argument s'arrête.

```
(define (any? predicate . args)
  (define (all-pairs? ls)
    (if (pair? ls)
        (and (pair? (car ls))
             (all-pairs? (cdr ls)) )
        #t ) )
  (let ormap ((args args))
    (if (all-pairs? args)
        (or (apply predicate (map car args))
            (ormap (map cdr args)) )
        #f ) ) )
```

SOLUTIONS 6
Partage et effets de bord

Solution de l'exercice 6.3 *(énoncé page 94)*

La figure 1 affiche la représentation mémoire avant l'appel à reverse!. On y

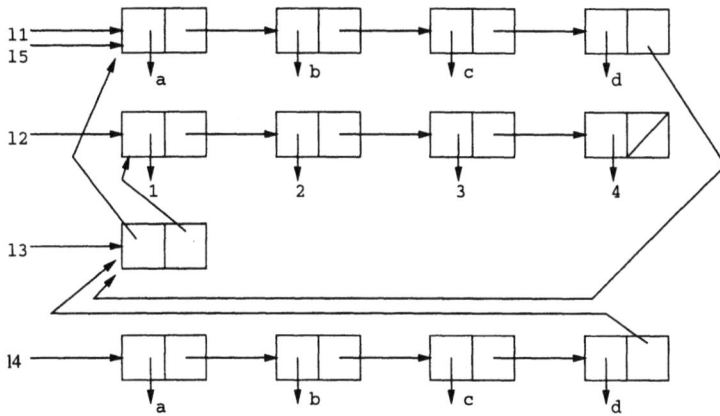

Figure 1 – Représentation mémoire avant appel à reverse!, exercice 6.3 (page 94/263–264)

observe que la liste 14 a copié (superficiellement) la liste 11, à la fin de laquelle un pointeur vers 13 fut ajouté. Par contre, 15 a modifié 11 de façon telle que sa dernière paire pointe vers 13. La valeur retournée par append! est la première paire de 11. Dès lors, on peut conclure que 11 et 15 sont physiquement égales, au contraire de 11 et 14 qui commencent par deux paires différentes. Les listes 15 et 14 sont structurellement égales et donc satisfont le prédicat equal?.

La figure 2 affiche la représentation mémoire après l'appel à reverse!. Aucune paire ne fut créée mais toutes les paires de 15 furent altérées. Ces changements ont un effet sur les autres listes :

? l1
= (a)
? l2
= (1 (a) d c b a)
? l3
= ((a) d c b a)
? l4
= (a b c d (a) d c b a)
? l5

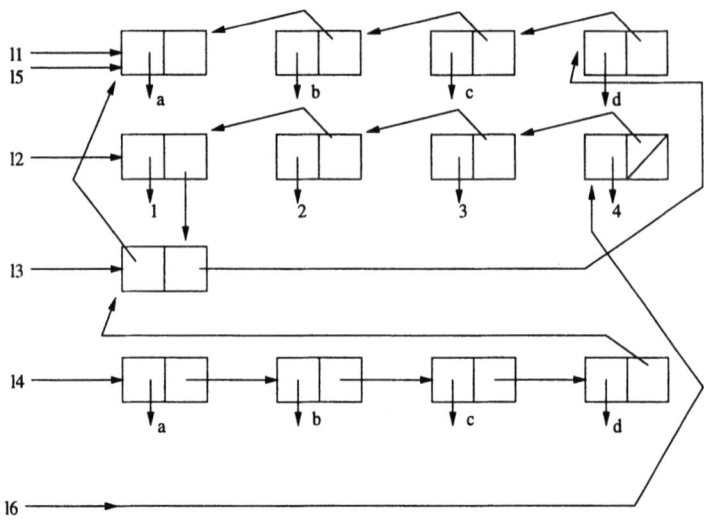

Figure 2 – Représentation mémoire après appel à reverse!, exercice 6.3 (page 94/263–264)

```
= (a)
? 16
= (4 3 2 1 (a) d c b a)
```
De plus, l'égalité structurelle entre 14 et 15 n'est plus valide.
```
? (equal? 14 15)
= #F
```

Solution de l'exercice 6.4 *(énoncé page 95)*

La solution apparaît à la figure 3. L'appel de la fonction map crée autant de paires (à l'aide de list) qu'il y a d'éléments dans x2. On notera également que la fonction append effectue une copie superficielle et non en profondeur de son premier argument ; append construit autant de paires qu'indiqué par la longueur de son premier argument.

Solution de l'exercice 6.5 *(énoncé page 95)*

La solution apparaît à la figure 4. On y constate que le résultat retourné est circulaire.

Solution de l'exercice 6.6 *(énoncé page 95)*

Le schéma de récursion diffère de celui de nbr-pairs, exercice 3.15 (page 46/205), car on veut ici compter le nombre de paires *différentes*. On définit une fonction auxiliaire retournant la liste des paires différentes ; leur nombre est donné par sa

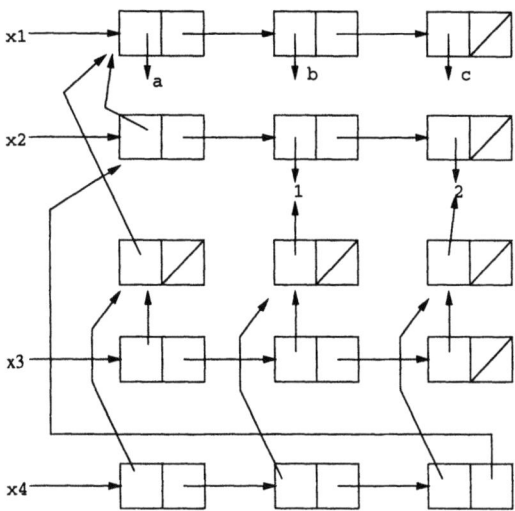

Figure 3 – Représentation mémoire, exercice 6.4 (page 95/264)

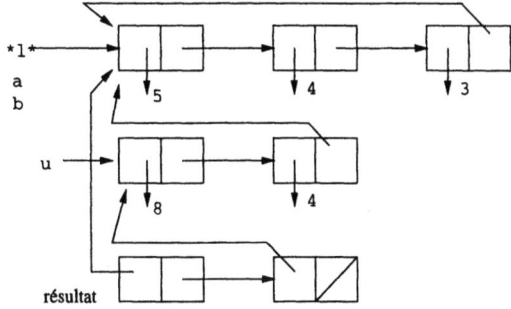

Figure 4 – Représentation mémoire de l'exercice 6.5 (page 95/264)

longueur. Le schéma suit celui de fringe ; le paramètre accumulant est ici la liste des paires déjà rencontrées. Dans le cas inductif, on veille à n'ajouter une paire que si celle-ci n'appartient pas déjà à la liste.

```
(define nbr-different-pairs
  (lambda (S-exp)
    (length (let count ((S-exp S-exp)
                        (acc '()))
              (if (atom? S-exp)
                  acc
                  (if (memq S-exp acc)
                      acc
                      (count (car S-exp)
                             (count (cdr S-exp)
                                    (cons S-exp acc)))))))))
```

Solution de l'exercice 6.7 (énoncé page 96)

Les représentations internes de la liste l, de la liste des suffixes et de la liste des préfixes apparaissent à la figure 5. On notera que la liste des suffixes est partagée avec la liste l, tandis qu'aucun partage n'a lieu pour la liste des préfixes ; prefix et prefix4 partagent la liste reçue en argument, à l'opposé de prefix3 qui la recopie.

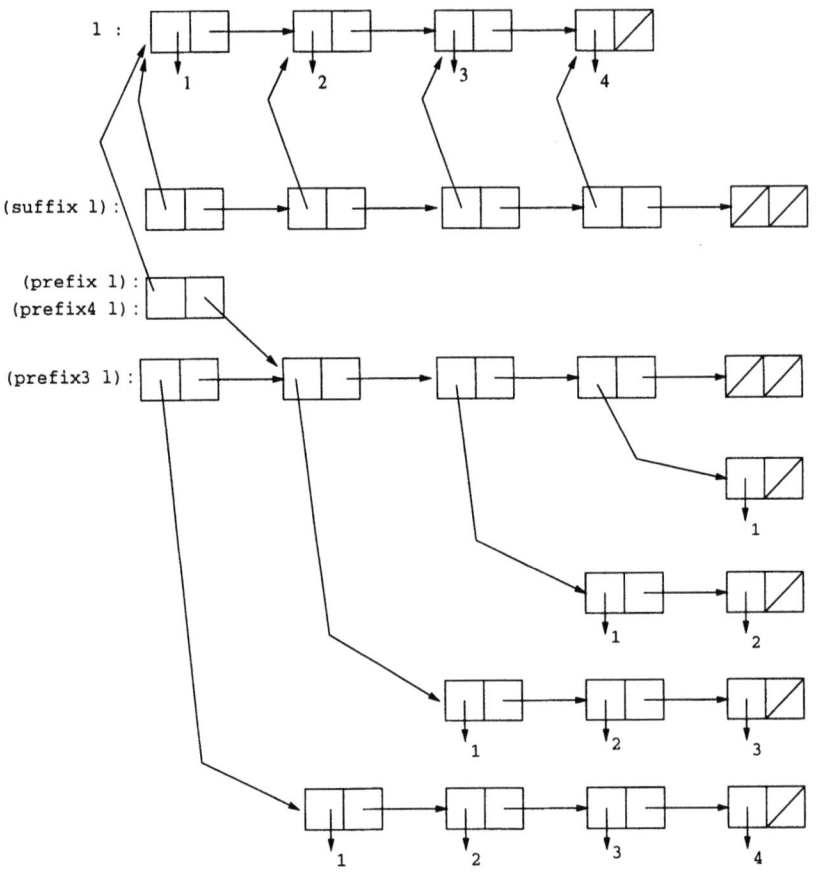

Figure 5 – Suffixe et préfixe

Solution de l'exercice 6.8 (énoncé page 96)

Le principe est semblable à celui de l'exercice 6.6 (page 95/264-265), mais au lieu de maintenir la liste des paires rencontrées, on maintient une liste associative, contenant pour chaque paire pointée la paire miroir correspondante.

On utilise une fonction auxiliaire `mirror` qui prend une telle liste associative comme argument supplémentaire et qui retourne un arbre miroir et la liste associative pour toutes les paires rencontrées. Dans le cas inductif, on ne construit pas de paires miroir pour les paires appartenant déjà à la liste associative. Sinon, on veille à ce que la liste associative retournée par l'appel récursif sur le `car` soit passée comme second argument de l'appel récursif sur le `cdr`. La paire et son nouveau miroir sont alors ajoutés à la liste associative.

```
(define shared-mirror
  (lambda (S-exp)
    (define mirror
      (lambda (S-exp acc)
        (if (atom? S-exp)
            (cons S-exp acc)
            (let ((val (assq S-exp acc)))
              (if val
                  (cons (cdr val) acc)
                  (let* ((tmp1 (mirror (car S-exp) acc))
                         (tmp2 (mirror (cdr S-exp)
                                       (cdr tmp1)))
                         (new-pair (cons (car tmp2)
                                         (car tmp1))))
                    (cons new-pair
                          (cons (cons S-exp new-pair)
                                acc)))))))) 
    (car (mirror S-exp '()))))
```

On remarquera que l'on ajoute une paire à la liste associative après avoir traité récursivement ses composants. En effet, on est sûr de ne pas rencontrer la même paire durant ces appels récursifs car on manipule un arbre (en fait un graphe acyclique) et non un graphe général.

Solution de l'exercice 6.9 *(énoncé page 96)*

Il y a isomorphisme si l'on peut définir une bijonction qui associe chaque paire de `S-exp1` à une paire de `S-exp2`, et vice-versa. On peut représenter une telle bijonction par une liste associative. La fonction `isomorphic?` appelle une fonction auxiliaire `iso` qui retourne une bijonction sous-forme de liste associative s'il y a isomorphisme et faux sinon. La fonction `iso` prend aussi un paramètre accumulant qui est cette liste ; initialement, elle sera vide. Attention, cette fonction suppose que la liste vide est différente de faux.

```
(define isomorphic?
  (lambda (S-exp1 S-exp2)
    (and (iso S-exp1 S-exp2 '())
         #t)))
```

Dans le cas de base, on a deux atomes. Il y a isomorphisme s'ils sont égaux ; on retourne alors la liste associative met. Il n'y a pas isomorphisme si l'une des expressions seulement est un atome et pas l'autre. Si les deux S-expressions sont des paires, différents cas se présentent : *(i)* Si les deux paires sont jumelées dans la liste associative, on retourne la liste. *(ii)* Si une des paires est jumelée à une autre paire dans la liste associative, il y a échec. *(iii)* Lorsque les deux paires n'ont jamais été rencontrées, on appelle récursivement chaque composant après les avoir appariées et ajoutées dans la liste associative.

```
(define iso
  (lambda (S-exp1 S-exp2 met)
    (cond
      ((not met) #f)
      ((and (atom? S-exp1) (atom? S-exp2))
       (and (equal? S-exp1 S-exp2) met))
      ((or (atom? S-exp1) (atom? S-exp2)) #f)
      (else (let ((val (assq S-exp1 met)))
              (if val
                  (and (eq? (cdr val) S-exp2) met)
                  (let ((val (cassq S-exp2 met)))
                    (and (not val)
                         (iso (cdr S-exp1)
                              (cdr S-exp2)
                              (iso (car S-exp1)
                                   (car S-exp2)
                                   (cons (cons S-exp1 S-exp2)
                                         met)))))))))))
```

Solution de l'exercice 6.10 *(énoncé pages 96–97)*

La première étape consiste à énumérer les paires qui sont partagées dans la structure arborescente. La fonction shared-pairs reçoit une S-expression une liste de paires déjà vues (seen) et une liste de paires dupliquées (duplicated). Elle retourne la liste de paires vues et la liste de paires dupliquées. Lorsque l'on traite une paire déjà vue, il nous suffit de l'ajouter à la liste de paires dupliquées (si elle n'y est pas déjà).

```
(define shared-pairs
  (lambda (S-exp seen duplicated)
    (if (atom? S-exp)
        (cons seen duplicated)
        (if (memq S-exp seen)
            (cons seen
                  (if (memq S-exp duplicated)
                      duplicated
                      (cons S-exp duplicated)))
            (let* ((tmp1 (shared-pairs (car S-exp)
                                       seen
                                       duplicated))
                   (tmp2 (shared-pairs (cdr S-exp)
                                       (car tmp1)
                                       (cdr tmp1))))
```

```
              (cons (cons S-exp (car tmp2))
                    (cdr tmp2)))))))
```
Après avoir trouvé les paires dupliquées, `shared-tree-generate` construit `dup-env`, un « environnement » associant ces paires à des symboles uniques produits par `gensym`. Utilisant cet environnement, `gen-exp` engendre le code de la S-expression, à l'exception des paires partagées ; en effet, à la place d'une paire apparaissant dans `dup-env`, `gen-exp` retourne le symbole unique qui lui est associé.

```
(define shared-tree-generate
  (lambda (S-exp)
    (define gen-exp
      (lambda (S-exp duplicated)
        (if (atom? S-exp)
            (if (or (number? S-exp)
                    (boolean? S-exp))
                S-exp
                (list 'quote S-exp))
            (let ((val (assq S-exp duplicated)))
              (if val
                  (cdr val)
                  (list 'cons
                        (gen-exp (car S-exp) duplicated)
                        (gen-exp (cdr S-exp) duplicated)))))))
    (define gen-sharing
      (lambda (l duplicated body)
        (if (null? l)
            body
            (let ((val (gen-exp (caar l)
                                (remq (car l) duplicated))))
              (gen-sharing (cdr l)
                           duplicated
                           (list 'let
                                 (list (list (cdar l) val))
                                 body))))))
    (let* ((shared (cdr (shared-pairs S-exp '() '())))
           (dup-env (map (lambda (x) (cons x (gensym)))
                         shared)))
      (gen-sharing dup-env
                   dup-env
                   (gen-exp S-exp dup-env)))))
```

La dernière étape, implantée par `gen-sharing`, est d'engendrer le code construisant les paires partagées. Ce code prend la forme d'une série de `let` imbriqués associant les symboles uniques, au code construisant ces paires.

Solution de l'exercice 6.11 (énoncé page 97)

Le schéma de récursion est le même qu'à l'exercice 3.31 (page 52/213). Il y a essentiellement deux différences. Lorsque la liste vide est rencontrée, on la retourne

plutôt que #f. Lors de chaque retour d'appel récursif, le résultat est comparé à l'aide de eq? à la liste passée en argument de l'appel.
```
(define remove-leftmost2
  (lambda (s l)
    (cond ((null? l) '())
          ((eq? (car l) s) (cdr l))
          ((pair? (car l))
           (let ((val1 (remove-leftmost2 s (car l))))
             (if (eq? (car l) val1)
                 (let ((val2 (remove-leftmost2 s (cdr l))))
                   (if (eq? (cdr l) val2)
                       l
                       (cons (car l) val2)))
                 (cons val1 (cdr l)))))
          (else (let ((val (remove-leftmost2 s (cdr l))))
                  (if (eq? (cdr l) val)
                      l
                      (cons (car l) val)))))))
```

Solution de l'exercice 6.13 (énoncé page 98)

La première solution est purement fonctionnelle. Elle utilise deux paramètres accumulants yes et no, contenant des éléments déjà rencontrés et respectivement satisfaisant et ne satisfaisant pas le prédicat. Ce n'est que si l'élément courant n'appartient pas à l'une de ces listes que le prédicat pred sera évalué ; suivant le résultat retourné, la valeur courante est ajoutée soit à yes soit à no.
```
(define memoize-filter
  (lambda (pred l)
    (let filter ((l l)
                 (yes '())
                 (no '()))
      (cond ((null? l) '())
            ((memq (car l) yes)
             (cons (car l) (filter (cdr l) yes no)))
            ((memq (car l) no)   (filter (cdr l) yes no))
            ((pred (car l))
             (cons (car l) (filter (cdr l)
                                   (cons (car l) yes)
                                   no)))
            (else (filter (cdr l)
                          yes
                          (cons (car l) no)))))))
```

La deuxième solution est impérative ; elle aussi maintient deux listes yes et no d'éléments déjà rencontrés. Ces deux listes ne sont cependant pas passées en arguments de la fonction interne. A la place, les variables yes et no sont modifiées.
```
(define memoize-filter!
  (lambda (pred l)
```

```
      (let ((yes '())
            (no  '()))
        (let filter ((l l))
          (cond
            ((null? l) '())
            ((memq (car l) yes) (cons (car l) (filter (cdr l))))
            ((memq (car l) no)  (filter (cdr l)))
            ((pred (car l)) (begin
                              (set! yes (cons (car l) yes))
                              (cons (car l) (filter (cdr l)))))
            (else (begin
                    (set! no (cons (car l) no))
                    (filter (cdr l))))))))
```

Lorsque les valeurs à filtrer sont numériques et contenues dans un intervalle donné, on peut améliorer l'efficacité de la recherche. Dans la fonction suivante, nous supposons que les valeurs sont numériques et contenues dans un intervalle 0 à range-1. On construit deux vecteurs yes et no de valeurs booléennes. Une valeur est « présente » dans un tableau si le tableau contient la valeur vrai pour cet indice.

```
(define memoize-filter2!
  (lambda (pred l range)
    (let ((yes (make-vector range #f))
          (no  (make-vector range #f)))
      (let filter ((l l))
        (cond
          ((null? l) '())
          ((vector-ref yes (car l))
           (cons (car l) (filter (cdr l))))
          ((vector-ref no (car l))  (filter (cdr l)))
          ((pred (car l)) (begin
                            (vector-set! yes (car l) #t)
                            (cons (car l) (filter (cdr l)))))
          (else (begin
                  (vector-set! no (car l) #t)
                  (filter (cdr l)))))))))
```

Dans le cas le plus défavorable, les recherches dans les fonctions memoize-filter et memoize-filter! peuvent être quadratiques en la taille de la liste reçue en argument. La solution avec tableau est linéaire.

Solution de l'exercice 6.14 *(énoncé page 98)*

La fonction frequency! itère sur la liste reçue en argument, faisant appel à la fonction augment! pour modifier la table de fréquence. Cette dernière est représentée par une liste initialement vide ; on crée cependant une paire (dont le car est any) afin de pouvoir y « attacher » les nouvelles entrées dans la table.

```
(define frequency!
```

```
    (lambda (l)
      (let ((alist (cons 'any '())))
        (let frequency ((l l))
          (if (null? l)
              (cdr alist)
              (begin
                (augment! (car l) (cdr alist) alist)
                (frequency (cdr l)))))))
```

La fonction augment ! parcourt la liste associative à la recherche de l'élément x. Si ce dernier est trouvé, la valeur associée est *modifiée*. Sinon, une nouvelle entrée est créée et ajoutée en tête de la liste associative.

```
(define augment!
  (lambda (x l hook)
    (cond ((null? l)
           (set-cdr! hook (cons (cons x 1) (cdr hook))))
          ((eqv? x (caar l))
           (set-cdr! (car l) (+ 1 (cdar l))))
          (else (augment! x (cdr l) hook)))))
```

Solution de l'exercice 6.15 *(énoncé page 98)*

La fonction unlinearize ! appelle une fonction interne qui affecte la variable l au fur et à mesure qu'elle utilise des éléments de la représentation linéaire. La fonction interne transform suit en fait le schéma de récursion des expressions arithmétiques, effectuant deux appels récursifs pour les opérations binaires et un seul appel pour l'opérateur unaire ; ses cas de base sont les expressions atomiques.

```
(define unlinearize!
  (lambda (l)
    (let transform ()
      (cond ((null? l)
             (error 'unlinearize
                    "Not valid expression"))
            ((memq (car l) '(+ - *))
             (let ((op (car l)))
               (set! l (cdr l))
               (let* ((arg1 (transform))
                      (arg2 (transform)))
                 (list op arg1 arg2))))
            ((eq? (car l) '-)
             (set! l (cdr l))
             (list '- (transform)))
            ((atom? (car l))
             (let ((val (car l)))
               (set! l (cdr l))
               val))))))
```

Solution de l'exercice 6.16   (énoncé page 98)

La solution traite directement la liste vide et la liste dont le premier élément est celui que l'on recherche. Sinon, elle fait appel à une fonction auxiliaire split-aux! prenant en arguments la liste l à traiter, le prédicat pred, la première paire first de la liste devant être retournée comme premier élément du résultat et la dernière paire last de cette liste. A chaque itération, elle ajoute une nouvelle paire à last. Elle s'arrête lorsqu'elle atteint la liste vide ou un élément satisfaisant le prédicat. Elle retourne soit faux dans le premier cas, soit une paire composée de first et de la liste l courante dans le second.

```
(define split!
  (lambda (l pred)
    (cond ((null? l) #f)
          ((pred (car l)) (cons '() l))
          (else (let ((pair (list (car l))))
                  (split-aux! (cdr l) pred pair pair))))))
(define split-aux!
  (lambda (l pred first last)
    (cond ((null? l) #f)
          ((pred (car l)) (cons first l))
          (else (let ((pair (list (car l))))
                  (set-cdr! last pair)
                  (split-aux! (cdr l) pred first pair))))))
```

Solution de l'exercice 6.17   (énoncé page 99)

La solution effectue un parcours en profondeur, de gauche à droite, de la S-expression reçue en argument. On maintient également la liste l, utilisée pour remplacer les feuilles de l'arbre restant à traiter. Lorsque l'on rencontre un atome, on retourne la première valeur de l après avoir assigné l à son reste.

```
(define change-leaves
  (lambda (Sexp l)
    (define change
      (lambda (Sexp)
        (define (pop)
          (let ((new (car l)))
            (set! l (cdr l))
            new ) )
        (if (atom? Sexp)
            (pop)
            (let ((left (change (car Sexp))))
              (cons left (change (cdr Sexp)))))))
    (change Sexp)))
```

On notera que l'ordre gauche-droite est explicitement codé par un let qui force le parcours du sous-arbre de gauche avant celui de droite.

Solution de l'exercice 6.18 (énoncé page 99)

La fonction gensym utilise un compteur qui est incrémenté à chaque appel. Ce compteur est ensuite utilisé pour construire un symbole qui est retourné par gensym.

```
(define gensym
  (let ((count 0))
    (lambda ()
      (set! count (+ count 1))
      (string->symbol
        (string-append "g" (number->string count))))))
```

La fonction liée à gensym est définie dans la portée de la variable count et est la seule à pouvoir utiliser sa valeur.

Solution de l'exercice 6.19 (énoncé pages 99–100)

La fonction make-monitored reçoit un argument fonctionel f et a pour valeur une nouvelle fonction unaire, définie dans la portée d'une variable count nouvellement liée à zéro. Cette fonction procède à une analyse de son argument et remet count à zéro, retourne la valeur de count, ou bien appelle f avec l'argument passé après avoir incrémenté count.

```
(define make-monitored
  (lambda (f)
    (let ((count 0))
      (lambda (arg)
        (cond ((eq? arg reset-count)
               (let ((old-count count))
                 (set! count 0)
                 old-count))
              ((eq? arg get-count)
               count)
              (else (begin
                      (set! count (+ count 1))
                      (f arg))))))))
(define reset-count "reset-count")
(define get-count "get-count")
```

Solution de l'exercice 6.20 (énoncé page 100)

Comme dans l'exercice 5.22 (page 87/259–260), on associe symboles et échappements dans des listes associatives : seen1 contient les symboles rencontrés une fois, tandis que seen2 concerne les symboles rencontrés deux fois.

```
(define (in-between l)
  (let/cc exit
    (let ((stop #f))
```

```
            (define (scan l seen1 seen2)
              (if (pair? l)
                  (let/cc k
                    (let ((pair (assq (car l) seen2)))
                      (if pair
                          (begin (set! stop (car l))
                                 ((cdr pair) '()) )
                          (cons (car l)
                                (let ((pair (assq (car l) seen1)))
                                  (if pair
                                      (scan (cdr l)
                                            seen1
                                            (cons (cons (car l) k)
                                                  seen2) )
                                      ((lambda (r)
                                         (if (eq? (car l) stop)
                                             (exit r)
                                             r) )
                                       (scan (cdr l)
                                             (cons (cons (car l) k)
                                                   seen1)
                                             seen2 ) ) ) ) ) ) ) )
                  (exit #f) ) )
            (scan l '() '()) ) ) )
```

Solution de l'exercice 6.23 *(énoncé page 101)*

La seule difficulté de cet encodage tient à la manipulation des fils d'un nœud puisqu'ils sont stockés comme des composantes d'un vecteur. En revanche, la fonction node-sons retourne les fils regroupés en une liste. Cette fonction peut être ré-écrite pour consommer un peu moins de doublets que ce qui a été ici hâtivement programmé.

La programmation qui suit assure que c'est toujours la même chaîne de caractères qui est utilisée pour les nœuds ce qui permet de rendre un peu plus robuste le prédicat de reconnaissance.

```
(define (node? e)
  (and (vector? e)
       (> (vector-length e) 1)
       (eq? (vector-ref e 0) node-unique-string) ) )
(define (node-sons e)
  (cddr (vector->list e)) )
(define (node-tag e)
  (vector-ref e 1) )
(define (create-node tag . sons)
  (apply vector node-unique-string tag sons) )
(define node-unique-string "Node")
```

Voici l'encodage des graphes initiaux. Notez que l'on aurait pu créer une fonction
set-node-son ! pour mieux masquer la représentation intime du graphe.
```
(begin
  (define graph1
    (create-node 'a
                 (create-node 'b
                              (create-node 'e)
                              (create-node 'f) )
                 (create-node 'c
                              (create-node 'e)
                              (create-node 'f) ) ) )
  (define graph2
    (let ((sub-graph1 (create-node 'e))
          (sub-graph2 (create-node 'f)) )
      (create-node 'a
                   (create-node 'b sub-graph1 sub-graph2)
                   (create-node 'c sub-graph1 sub-graph2))))
  (define graph3
    (let ((graph-a (create-node 'a
                                (create-node 'b
                                             (create-node 'e)
                                             (create-node 'f))
                                (create-node 'c '*wait*) )))
      (vector-set! (cadr (node-sons graph-a))
                   2
                   graph-a )
      graph-a ) )
  'done )
```

Solution de l'exercice 6.25 (énoncé page 103)

Utiliser la fonction précédente reviendrait à écrire :
```
(define (cheating-count-nodes graph)
  (length (collect-nodes graph)) )
```
Nous pouvons toutefois copier la structure de la fonction collect-nodes et compter les nœuds au moyen d'une variable locale partagée. Cette technique permet de simplifier les fonctions internes qui ne retournent que la liste des nœuds rencontrés au lieu de retourner un doublet contenant cette même liste accompagnée du nombre de nœuds déjà rencontrés.
```
(define (count-nodes graph)
  (define counter 0)
  (define (handle-node node memory)
    (if (node? node)
        (let ((p (memq node memory)))
          (if (pair? p)
              memory
              (let ((new-memory (cons node memory)))
```

```
                    (set! counter (+ counter 1))
                    (handle-sons (node-sons node)
                                 new-memory) ) ) )
        memory ) )
  (define (handle-sons sons memory)
    (if (pair? sons)
        (let ((new-memory (handle-node (car sons) memory)))
          (handle-sons (cdr sons) new-memory) )
        memory ) )
  (handle-node graph '())
  counter )
```

Solution de l'exercice 6.26 (énoncé page 103)

Il faut, pour chaque nœud, explorer tous les chemins issus de ce nœud et ne conserver que la longueur du plus grand de ces chemins. Observez que la longueur du chemin courant est passée en argument dans les fonctions internes.

```
(define (graph-longest-path2 graph)
  (define greatest-length 0)
  (define (greatest-path node path length)
    (if (node? node)
        (let ((p (memq node path)))
          (if (pair? p)
              length
              (let ((new-path (cons node path)))
                (explore (node-sons node)
                         new-path
                         (+ length 1)) ) ) )
        length ) )
  (define (explore sons path length)
    (define greatest-length length)
    (for-each (lambda (son)
                (let ((len (greatest-path son path length)))
                  (set! greatest-length
                        (max len greatest-length)) ) )
              sons )
    greatest-length )
  (for-each (lambda (node)
              (let ((len (greatest-path node '() 0)))
                (set! greatest-length
                      (max len greatest-length)) ) )
            (collect-nodes graph) )
  greatest-length )
```

Solution de l'exercice 6.27 (énoncé page 103)

La voie la plus simple est d'écrire directement :
```
(define (cheating-find-node graph tag)
  (let search ((nodes (collect-nodes graph)))
    (and (pair? nodes)
         (if (eq? tag (node-tag (car nodes)))
             (car nodes)
             (search (cdr nodes)) ) ) ) )
```
L'ennui est que cette programmation est assez dispendieuse puisqu'elle aplatit le graphe entier (qui peut être énorme) pour seulement y chercher un nœud. Pour ne pas construire cette liste de nœuds, il faut chercher directement dans le graphe et, par exemple, écrire :
```
(define (find-node graph tag)
  (define memory (list))
  (define (handle-node node)
    (if (eq? tag (node-tag node))
        node
        (let ((p (memq node memory)))
          (if (pair? p)
              #f
              (begin
                (set! memory (cons node memory))
                (handle-sons (node-sons node)) ) ) ) ) )
  (define (handle-sons sons)
    (and (pair? sons)
         (or (handle-node (car sons))
             (handle-sons (cdr sons)) ) ) )
  (handle-node graph) )
```

Solution de l'exercice 6.28 (énoncé page 103)

Si les deux nœuds mentionnés sont les mêmes alors il existe un chemin entre eux : le chemin vide ! Si, par contre, les nœuds sont différents alors on teste pour tous les fils du nœud de départ s'il existe un chemin vers le nœud d'arrivée. En plus, il faut mémoriser les nœuds traversés pour les exclure à l'avenir.
```
(define (linked? graph node-start node-stop)
  (define memory (list node-start))
  (define (try-linked? node)
    (if (memq node memory)
        #f
        (begin (set! memory (cons node memory))
               (linked? node) ) ) )
  (define (linked? node)
    (or (eq? node node-stop)
```

```
            (let explore-sons ((sons (node-sons node)))
              (and (pair? sons)
                   (or (try-linked? (car sons))
                       (explore-sons (cdr sons)) ) ) ) ) )
     (linked? node-start) )
```

SOLUTIONS 7
Les chaînes de caractères et les vecteurs

Solution de l'exercice 7.5 (énoncé page 109)

Pour une première solution, on parcourt les caractères de la chaîne `str` à partir de la droite (du dernier caractère de `str`) à la recherche du caractère `#\/`. Si le caractère est trouvé à la position i alors on construit une nouvelle chaîne formée du suffixe droit de `str` commençant à la position $i+1$.

```
(define (basename str)
   (let loop ((index (- (string-length str) 1)))
      (cond
         ((= index -1)
          str)
         ((char=? (string-ref str index) #\/)
          (substring str (+ index 1) (string-length str)))
         (else
          (loop (- index 1))))))
```

Autre solution de l'exercice 7.5

On peut constater la similitude entre la fonction `basename` et la fonction `strrchr` de l'exercice 7. Pour les deux solutions, on parcourt la chaîne `str` de droite à gauche à la recherche d'un caractère. Pour cette deuxième solution, on utilise donc la fonction `strchr`.

```
(define (basename2 str)
   (let ((start (strrchr str #\/)))
      (if (number? start)
          (substring str (+ 1 start) (string-length str))
          str)))
```

Solution de l'exercice 7.6 (énoncé page 110)

La solution de cet exercice est proche de celle de l'exercice 7. On recherche la première occurrence du caractère `#\/` à partir du caractère le plus à droite dans `str`. Si on trouve le caractère alors on construit une nouvelle chaîne à partir du préfixe gauche de `str`; si on ne le trouve pas alors on retourne la chaîne `"."`.

```
(define (dirname str)
   (let ((start (strrchr str #\/)))
      (if (number? start)
          (substring str 0 start)
          ".")))
```

Autre solution de l'exercice 7.6

Cette solution nous donne l'occasion de discuter un point important. Dans notre solution, lorsque le caractère #\/ n'est pas présent dans str, notre fonction dirname retourne la chaîne ".". L'implantation que nous avons donnée comporte une faiblesse. La chaîne "." est une constante ; certaines implantations de Scheme permettent de modifier les constantes. Avec de telles implantations l'expression suivante serait évaluée sans erreur :

```
(let ((s (dirname "vmunix")))
  (string-set! s 0 #\!))
```

Une utilisation ultérieure de la fonction dirname pourrait alors ne plus être conforme à sa spécification :

```
(dirname "foo")
```

ne retournerait plus la chaîne "." mais la chaîne "!". Afin d'éviter ce problème, nous pouvons légèrement modifier l'implantation de dirname, en construisant une chaîne contenant un "." :

```
(define (dirname2 str)
   (let ((start (strrchr str #\/)))
      (if (number? start)
          (substring str 0 start)
          (make-string 1 #\.))))
```

Solution de l'exercice 7.7 (énoncé page 110)

La principale partie de cette fonction consiste encore à parcourir les caractères de la chaine str à la recherche d'un caractère (ici le caractère #\.). Cette fonction introduit néanmoins une nuance. On ne peut pas ici se contenter de rechercher le caractère #\.. Il faut arrêter notre recherche lorsqu'on rencontre le caractère #\/. En effet :

```
? (suffix "/etc/rc.d/rc1.d/K70syslog")
= ""
```

Pour cette raison, il n'est pas possible d'obtenir une solution efficace en utilisant la fonction strrchr.

```
(define (suffix str)
   (let* ((len (string-length str))
          (len-1 (- len 1)))
     (let loop ((read len-1))
        (cond
          ((< read 0)
           "")
```

```
          ((char=? (string-ref str read) #\/)
           "")
          ((char=? (string-ref str read) #\.)
           (if (= read len-1)
               ""
               (substring str (+ read 1) len)))
          (else
           (loop (- read 1)))))))))
```

Solution de l'exercice 7.8 (énoncé pages 110–111)

Cet exercice diffère des précédents parce qu'on ne construit pas ici une nouvelle chaîne comme résultat. On modifie *physiquement* (on dit également parfois qu'on modifie *en place*) le premier argument de la fonction. La correction proposée vérifie que la position à laquelle on souhaite copier str-from est compatible avec la taille de str-to. Ensuite, on utilise une simple boucle pour copier les caractères.

```
(define (string-insert! str-to str-from offset)
   (let ((len1 (string-length str-to))
         (len2 (string-length str-from)))
      (if (> (+ len2 offset) len1)
          (err "string-insert!" "String too long" str-from)
          (let loop ((i 0))
             (if (= i len2)
                 str-to
                 (begin
                    (string-set! str-to
                                 (+ i offset)
                                 (string-ref str-from i))
                    (loop (+ i 1))))))))
```

Solution de l'exercice 7.9 (énoncé page 111)

La solution la plus simple consiste à parcourir la chaîne str1 de la gauche vers la droite. À chaque étape (à chaque position dans str1) on teste s'il y a une occurrence de str2. Pour faire ce test on utilise une fonction annexe substring-at? qui est un prédicat prenant en argument une position start et qui est vérifié si et seulement si str1 possède une occurrence de str2 à la position start. Pour notre implantation, nous avons imbriqué la fonction substring-at? dans la fonction strstr; en faisant de la sorte, nous réduisons la visibilité de cette fonction annexe.

```
(define (strstr str1 str2)
   (let* ((len1 (string-length str1))
          (len2 (string-length str2))
          (stop (- len1 len2 1)))
      (define (substring-at? start)
         (let loop ((i1 start)
                    (i2 0))
```

```
            (cond
              ((= i2 len2)
               #t)
              ((char=? (string-ref str1 i1)
                       (string-ref str2 i2))
               (loop (+ i1 1) (+ i2 1)))
              (else
               #f))))
      (let loop ((i 0))
         (cond
           ((>= i stop)
            #f)
           ((substring-at? i)
            i)
           (else
            (loop (+ i 1)))))))
```

Remarque : dans le pire des cas, la fonction que nous avons proposée en solution fera $n * m$ comparaisons de caractère ; où n est la taille de str1 et m la taille de str2. La complexité de notre implantation est donc en $\mathcal{O}(n * m)$. Le problème de l'implantation de la fonction strstr est connue sous le nom de *recherche de motifs*. Il existe des algorithmes pour résoudre ce problème dont la complexité est $\mathcal{O}(n+m)$. C'est-à-dire qu'avec ces solutions, chaque caractère de str1 et de str2 n'est lu qu'une seule fois !

Solution de l'exercice 7.10   (énoncé page 111)

L'algorithme que nous utilisons pour résoudre cet exercice consiste à parcourir la chaîne str de gauche à droite, en conservant deux informations :
 – current : la position courante dans la chaîne str
 – mark : l'index d'un caractère qui n'est pas un délimiteur.

La chaîne str est examinée de droite à gauche. Lorsqu'on lit un caractère qui est un délimiteur, si mark est un nombre alors on construit la sous chaîne allant de mark à current - 1.

```
(define (strtok str delims)
   (let ((stop (string-length str)))
      (let loop ((cur  0)
                 (mark #f))
         (cond
           ((= cur stop)
            (if (number? mark)
                (list (substring str mark cur))
                '()))
           ((memq (string-ref str cur) delims)
            (if (number? mark)
                (cons (substring str mark cur)
                      (loop (+ cur 1) #f))
                (loop (+ cur 1) #f)))
```

```
        (else
          (loop (+ cur 1)
                (if (number? mark) mark cur)))))))
```

Autre solution de l'exercice 7.10

La première solution est récursive. Lorsqu'on trouve un symbole terminal, on rappelle récursivement la fonction `loop`. Cet appel est emboîté à l'intérieur d'un appel à la fonction `cons`. Cette technique de programmation a l'avantage d'être compacte mais elle est assez inefficace parce qu'elle nécessite une consommation mémoire qui est proportionnelle à la taille du résultat (ici au nombre de symboles terminaux que l'on construit). On peut donner une version itérative qui utilise une variable jouant un rôle d'accumulateur.

```
(define (strtok2 str delims)
   (let ((stop (string-length str)))
      (let loop ((cur  0)
                 (mark #f)
                 (acc  '()))
         (cond
            ((= cur stop)
             (if (number? mark)
                 (reverse
                   (cons (substring str mark cur) acc))
                 (reverse acc)))
            ((memq (string-ref str cur) delims)
             (loop (+ cur 1)
                   #f
                   (if (number? mark)
                       (cons (substring str mark cur)
                             acc)
                       acc)))
            (else
             (loop (+ cur 1)
                   (if (number? mark) mark cur)
                   acc))))))
```

L'inconvénient de cette technique est que la variable `acc` construit une liste résultat qui est inversée par rapport à la solution que nous recherchons. Il nous faut donc inverser `acc` pour trouver le résultat final. Le passage récursif à itératif a donc eu un coût, nous devons maintenant construire la liste résultat puis l'inverser.

Le nombre d'opérations est proportionnel à $2n$ (n pour construire la liste dans le sens inverse plus n pour inverser la liste) alors que la version récursive nécessite seulement n opérations. En dépit des apparences notre deuxième solution est tout de même plus efficace que la première. La raison est que le coût en temps d'exécution associé à chaque appel récursif de la première solution est très important par rapport au traitement effectué sur la liste pour l'inverser.

En conséquence, le coût total de ces appels sera largement supérieur au coût d'inversion de la liste `acc`. En plus d'une exécution plus courte, cette deuxième solution présente un autre avantage très important : elle consomme moins de mémoire. En effet, chaque appel récursif de `loop` consomme de la mémoire (pour se souvenir où revenir après l'appel, pour se souvenir de quelles étaient les valeurs des variables de la fonction, ...). Avec la première solution, l'espace minimum pour construire le résultat était donc beaucoup plus grand que le résultat lui-même. Cela n'est pas vrai pour la deuxième solution qui ne consomme de la mémoire que pour construire son résultat.

Autre solution de l'exercice 7.10

On peut encore améliorer l'implantation de la fonction `strtok`. La solution itérative est plus efficace que la solution récursive mais elle construit un résultat intermédiaire qu'elle doit ensuite inverser. Les chaînes sont des structures où l'on peut accéder aux caractères qu'elles contiennent dans n'importe quel ordre. La solution optimale pour `strtok` consiste donc à parcourir la chaîne de la fin vers le début. Ainsi la liste accumulée sera directement dans l'ordre voulu par la spécification de `strtok`.

```
(define (strtok3 str delims)
  (let loop ((cur  (- (string-length str) 1))
             (mark #f)
             (acc  '()))
    (cond
       ((= cur -1)
        (if (number? mark)
            (cons (substring str (+ cur 1) mark)
                  acc)
            acc))
       ((memq (string-ref str cur) delims)
        (loop (- cur 1)
              #f
              (if (number? mark)
                  (cons (substring str (+ cur 1) mark)
                        acc)
                  acc)))
       (else
        (loop (- cur 1)
              (if (number? mark) mark (+ cur 1))
              acc)))))
```

Solution de l'exercice 7.11 (énoncé pages 111–112)

1. La fonction `map-vector-2` prend exactement deux arguments. Son implantation est très directe :

```
(define (map-vector-2 fun vec)
  (let* ((len (vector-length vec))
```

```
           (res (make-vector len)))
  (let loop ((i 0))
    (if (= i len)
        res
        (begin
          (vector-set! res i (fun (vector-ref vec i)))
          (loop (+ i 1))))))))
```

2. La fonction `map-vector` accepte au moins un argument. Sa définition est donc :

```
(define (map-vector fun . vecs)
   ...)
```

La difficulté de cette fonction vient du fait qu'il faut appliquer l'argument `fun` à un nombre d'arguments variable. Il n'est donc pas possible d'écrire une forme comme (`fun` arg_1 arg_2 ... arg_n) parce que la valeur n n'est pas connue lorsque nous donnons la définition de `map-vector`. Nous avons donc recours à la forme Scheme `apply` qui applique une fonction à une liste d'arguments. La liste d'arguments doit être construite à partir des vecteurs vec_1, vec_2, ..., vec_n :

```
(let ((args (map (lambda (v) (vector-ref v i)) vecs)))
```

Ensuite, il reste à appliquer `fun` à la liste `args`.

```
(define (map-vector fun . vecs)
   (if (null? vecs)
       '#()
       (let* ((len (vector-length (car vecs)))
              (res (make-vector len)))
         (let loop ((i 0))
           (if (= i len)
               res
               (let* ((f (lambda (v) (vector-ref v i)))
                      (args (map f vecs)))
                 (vector-set! res i (apply fun args))
                 (loop (+ 1 i))))))))
```

Solution de l'exercice 7.12   (énoncé page 112)

La fonction `rot13-string` construit une nouvelle chaîne à partir des caractères de la chaîne `str` qui lui est passée en argument. Les caractères de `str` qui sont des lettres (par opposition aux chiffres, aux signes de ponctuation, ...) sont transformés. Calculer le résultat d'une transformation nécessite de déterminer si la lettre est majuscule ou minuscule.

```
(define (rot13-string str)
  (let ((len (string-length str))
        (res (string-copy str)))
    (define (rot13-char-case char first-char)
      (let* ((first-char-num (char->integer first-char))
```

```
              (char-num   (char->integer char))
              (rot13-num  (- char-num first-char-num))
              (new-num    (+ (modulo (+ rot13-num 13) 26)
                             first-char-num)))
         (integer->char new-num)))
  (define (rot13-char char)
    (if (char-upper-case? char)
        (rot13-char-case char #\A)
        (rot13-char-case char #\a)))
  (let loop ((i 0))
    (if (= i len)
        res
        (let ((char (string-ref str i)))
          (if (char-alphabetic? char)
              (string-set! res i (rot13-char char)))
          (loop (+ i 1)))))))
```

La fonction `rot13-char` calcule la transformation à opérer sur une lettre. Elle détermine la casse de la lettre qui lui est passée en argument (`char`) et elle appelle la fonction `rot13-char-case` avec `char` et la première lettre de l'alphabet dans la casse de `char`. Il faut noter ici que l'on se permet de recalculer, à chaque fois que `rot13-char-case` est invoquée soit (`char->integer #\a`) soit (`char->integer #\A`). On pourrait bien sûr donner une solution où le calcul de cette expression serait factorisé mais le gain serait infime car la projection des caractères vers les nombres est insignifiante.

Autre solution de l'exercice 7.12

On peut donner une implantation plus efficace de la fonction `rot13-string` en utilisant une technique fréquemment utilisée dans ce genre de situation : on précalcule les transformations à appliquer. En effet, dès que le texte est de taille conséquente, il est très probable de rencontrer plusieurs fois les mêmes caractères. Chaque fois, on va re-calculer le résultat de la transformation ROT13 pour ce caractère. On va éviter ces calculs redondants. Pour cela, on va pré-calculer le résultat par la transformation ROT13 de tous les caractères possibles et placer ces résultats dans une table. Notre deuxième implantation se découpe de la manière suivante *(i)* construction de la table *(ii)* transformation de la chaîne. La construction de la table consiste à allouer une chaîne qui possède autant d'éléments qu'il y a de caractères différents (256 pour notre solution). Ensuite, la table est initialisée avec les résultats de la transformation `rot13-string` pour tous les caractères. Ainsi, trouver l'encodage ROT13 du caractère numéro n nécessitera juste de lire le caractère de la table à la position n.

```
(define (rot13-string2 str)
   (let ((table (make-string 256)))
      (let loop ((i 0))
         (if (< i 256)
             (begin
                (string-set! table i (integer->char i))
```

```
                        (loop (+ i 1)))))
      (let ((min-a-num (char->integer #\a))
            (maj-a-num (char->integer #\A))
            (fill! (lambda (min i)
                     (string-set!
                       table
                       (+ i min)
                       (integer->char
                         (+ (modulo (+ i 13) 26) min))))))
         (let loop ((i 0))
            (if (< i 26)
                (begin
                   (fill! min-a-num i)
                   (fill! maj-a-num i)
                   (loop (+ i 1))))))
   (let* ((len (string-length str))
          (res (make-string len)))
      (let loop ((i 0))
         (if (< i len)
             (let ((j (char->integer (string-ref str i))))
                (string-set! res i (string-ref table j))
                (loop (+ i 1)))
             res)))))
```

Solution de l'exercice 7.13 (énoncé pages 112–115)

1. La fonction make-justified-line fait la supposition que la liste tokens peut être justifiée sur width colonnes. Pour son implantation, nous commencerons par tester les deux cas particuliers : soit tokens est une liste vide soit une liste à un argument. Ces deux cas sont très simples et n'appellent pas de commentaires. Si tokens contient plus d'un élément alors nous calculerons le nombre d'espaces à répartir. Ce nombre est width auquel on soustrait la somme de toutes les lettres contenues dans tous les mots de tokens. La somme de toutes les lettres contenues dans tous les mots de tokens se calcule simplement en Scheme. Il suffit d'appliquer la fonction + à la liste des longueurs des mots de tokens. On écrira

`(apply + (map string-length tokens))`

Bien sûr cette écriture a l'avantage de sa concision mais elle est relativement inefficace car cette expression nécessitera, lors de l'exécution, la construction d'une liste intermédiaire (construite par la fonction map) qui ne sera utilisée (consommée) que par la fonction apply. Si la performance de la fonction make-justified-line est importante alors il faudra considérer une solution où l'on explicitera une boucle. Une fois le nombre total d'espaces déterminé, il ne reste plus qu'a parcourir la liste des mots et à les insérer dans une chaîne de longueur width qui sera le résultat de la fonction. On sépare chaque mot d'une séquence d'espaces dont le nombre est précédemment calculé. Une petite difficulté subsiste : le nombre d'espaces total à insérer peut ne pas être divisible par le nombre d'emplacements disponibles (c'est-à-dire le nombre de mots de `tokens` - 1). Dans ce cas, il ne faudra pas insérer entre chaque mot le même nombre d'espaces. Cela explique notre utilisation de calculs flottants inexacts.

```
(define (make-justified-line tokens width)
   (let ((result (make-string width #\space)))
     (cond
        ((null? tokens)
         result)
        ((null? (cdr tokens))
         (string-insert! result (car tokens) 0))
        (else
         (let* ((nb-tokens   (length tokens))
                (nb-chars    (apply + (map string-length
                                           tokens)))
                (all-spaces (- width nb-chars))
                (one-spaces (/ all-spaces
                               (- nb-tokens 1)))
                (cursor     (string-length (car tokens))))
           (string-insert! result (car tokens) 0)
           (let loop ((tokens (cdr tokens))
                      (cursor cursor))
             (if (null? (cdr tokens))
                 (let* ((len (string-length
                               (car tokens)))
                        (cursor (- width len)))
                   (string-insert! result
                                   (car tokens)
                                   cursor)
                   result)
                 (let* ((token     (car tokens))
                        (token-ln (string-length token))
                        (n-cursor (+ cursor
                                     token-ln
                                     one-spaces))
                        (offset   (inexact->exact
                                   (round
                                     (+ cursor
                                        one-spaces)))))
                   (string-insert! result token offset)
                   (loop (cdr tokens) n-cursor)))))))))
```

2. La fonction `tokens-justify` prend en entrée une fonction, `justifier`, une liste de mots `tokens` et un nombre de colonnes `width`. Cette fonction détermine les plus longues séquences de mots dans la liste `tokens` et invoque la fonction `justifier` pour obtenir le formatage de ces séquences. Le princi-

pal travail de `tokens-justify` consiste donc à parcourir `tokens` du début jusqu'à la fin en la fragmentant en segments qui peuvent être justifiés (parce que suffisamment petits). La fonction traite le cas particulier d'un mot qui serait plus long que `width`. Dans ce cas, `tokens-justify` tronque le mot. Nous allons conserver dans une variable, nommée `acc`, la liste de lignes justifiées. Cette liste sera construite à l'envers (de la dernière ligne jusqu'à la première). Pour obtenir le résultat de `tokens-justify`, il faut inverser la liste `acc` et faire la concaténation de toutes les chaînes qu'elle contient. Plutôt que de séparer les étapes nous allons utiliser une fonction spécialisée qui calculera l'inversion et les concaténations en une seule étape.

```
(define (tokens-justify justifier tokens width)
   (define (reverse-line lines)
      (let ((nl (string #\Newline)))
         (let loop ((ls lines)
                    (acc   ""))
            (if (null? ls)
                acc
                (loop (cdr ls)
                      (string-append (car ls) nl acc))))))
   (let loop ((tokens    tokens)
              (line-len  0)
              (line      '())
              (acc       '()))
     (if (null? tokens)
         (reverse-line
           (cons (justifier (reverse line) width) acc))
         (let* ((tok    (car tokens))
                (toklen (string-length tok)))
           (cond
             ((>= toklen width)
              (let ((jl (justifier
                          (list (substring tok 0 width))
                          width))
                    (ll (if (pair? line)
                            (cons (justifier
                                    (reverse line)
                                    width)
                                  acc)
                            acc)))
                (loop (cdr tokens)
                      0
                      '()
                      (cons jl ll))))
             ((>= (+ toklen line-len) width)
              (loop tokens
                    0
                    '()
                    (cons (justifier (reverse line)
```

```
                            width)
                        acc)))
            (else
             (loop (cdr tokens)
                   (+ line-len toklen 1)
                   (cons tok line)
                   acc)))))))
```

3. La fonction `string-justify` se contente d'invoquer la fonction `tokens-justify` avec la liste des mots qui constituent `str`. Nous utilisons pour cela la fonction `strok` de l'exercice 7.

```
(define (string-justify str width)
  (tokens-justify make-justified-line
                  (strtok str '(#\Space #\Newline #\Tab))
                  width))
```

4. Pour la dernière question, il suffit d'écrire une nouvelle fonction de formatage : la fonction `make-centered-line`. Cette fonction ressemble à `make-justified-line` même si elle est un peu plus simple à implanter.

```
(define (make-centered-line tokens width)
  (define (init-cursor)
    (quotient (- width
                 (+ (apply + (map string-length tokens))
                    (- (length tokens) 1)))
              2))
  (let ((result (make-string width #\space)))
    (if (null? tokens)
        result
        (let loop ((toks tokens)
                   (cur (init-cursor)))
          (if (null? toks)
              result
              (begin
                (string-insert! result (car toks) cur)
                (loop (cdr toks)
                      (+ 1
                         cur
                         (string-length
                          (car toks)))))))))))
```

Ensuite, il ne nous reste plus qu'à implanter la fonction `string-centerize` :

```
(define (string-centerize str width)
  (tokens-justify make-centered-line
                  (strtok str '(#\Space #\Newline #\Tab))
                  width))
```

Solution de l'exercice 7.14 (énoncé pages 115–116)

1. Nous utilisons ici un algorithme très simple (et peu efficace) qui consiste principalement à ajouter tous les codes des caractères contenus dans la chaîne. Nous ajoutons un peu de « brouillage » car à chaque étape, nous multiplions le nombre obtenu par l'indice courant dans la chaîne. Une fois la somme des caractères calculée nous opérons dessus un modulo pour obtenir un nombre compris dans l'intervalle voulu.

```
(define (make-key->hash-number max)
   (lambda (str)
      (let ((len (string-length str)))
         (let loop ((i   0)
                    (num 0))
            (if (= i len)
                (modulo num max)
                (loop (+ i 1)
                      (+ (* num i)
                         (char->integer
                          (string-ref str i)))))))))
```

2. Une table de hachage est un vecteur de taille num + 2 où num est le paramètre passé en argument à la fonction make-hash-table. En plus des listes qui seront sauvées dans la table, nous stockons deux informations : un identifiant et la fonction de conversion des chaînes vers les nombres de hachage.

```
(define (make-hash-table num)
   (let ((table (make-vector (+ num 2) '())))
      (vector-set! table (+ num 1) hash-table-tag)
      (vector-set! table num (make-key->hash-number num))
      table))
```

L'identifiant est utilisé pour implanter le prédicat hash-table?. C'est un objet alloué dont la structure est sans importance.

```
(define hash-table-tag "hash-table-tag")
```

Le prédicat hash-table? teste que l'objet *obj* passé en argument est un vecteur et que son dernier champ est l'identifiant des tables de hachage.

```
(define (hash-table? tbl)
   (and (vector? tbl)
        (let ((len (vector-length tbl)))
           (and (>= len 2)
                (eq? (vector-ref tbl (- len 1))
                     hash-table-tag)))))
```

3. Pour la fonction hash-table-put!, il faut calculer le nombre de hachage associé à la clé. Pour cela, il nous faut utiliser la fonction de conversion qui

est enregistrée dans la table de hachage. La fonction `hash-table-key->hash-number` se charge de lire la fonction de conversion. Il peut sembler étrange de stocker dans la table de hachage la fonction de conversion. La justification est que les tables de hachage générales n'opèrent pas que sur des clés qui sont des chaînes. En conséquence, il n'est pas possible de calculer automatiquement la fonction de conversion à appliquer aux clés lorsqu'une table est construite. Une solution générale consiste donc à obliger l'utilisateur à fournir sa propre fonction de conversion lorsqu'il alloue une table de hachage. Avec cette solution, il faut que cette fonction fournie par l'utilisateur soit sauvée dans chaque table car chaque fonction peut-être complètement différente d'une table à l'autre.

```
(define (hash-table-key->hash-number table)
   (vector-ref table (- (vector-length table) 2)))
```

La fonction qui insère un élément est simple. Il suffit de calculer le nombre de hachage *num* associé à la clé et de rajouter l'élément et sa clé dans la liste à la position *num* dans la table.

```
(define (hash-table-put! table key el)
   (if (not (hash-table? table))
       (err "hash-table-put!"
            "argument not a hashtable"
            table)
       (let* ((n ((hash-table-key->hash-number table) key))
              (bucket (vector-ref table n)))
         (vector-set! table
                      n
                      (cons (cons key el)
                            (vector-ref table n))))))
```

L'intérêt de sauver l'objet et sa clé est apparent dans la fonction `hash-table-get`. Notre fonction de conversion n'est pas une parfaite bijection. Deux clés différentes peuvent se voir associer le même code de hachage. En conséquence, il convient de pouvoir faire la distinction entre tous les éléments dont la clé est associée au même numéro. C'est pour cette recherche que nous devons conserver les éléments et leur clé dans la table. Il faut noter ici que notre solution ne gère pas les situations où plusieurs éléments seraient insérés avec la même clé. Dans un tel cas, le dernier élément ajouté dans la table occulte les précédents.

```
(define (hash-table-get table key)
   (if (not (hash-table? table))
       (err "hash-table-get"
            "argument not a hashtable"
            table)
       (let* ((n ((hash-table-key->hash-number table) key))
              (bucket (vector-ref table n))
              (cell   (assoc key bucket)))
         (if (pair? cell)
             (cdr cell)
             #f))))
```

Solution de l'exercice 7.15   (énoncé pages 116–119)

1. Si la chaîne `str` appartient au langage décrit par `regexp` alors la longueur du plus grand préfixe de `str` appartenant à `regexp` est exactement la longueur de `str`. Pour la fonction `string-match?`, il suffit donc d'appliquer le *parseur* construit par `(compile-regexp regexp)` sur `str` et la valeur 0 (qui désigne ici le début de la chaîne `str`) et de vérifier que le résultat de cette application est un nombre égal à la longueur de `str`.

   ```
   (define (string-match? regexp str)
      (let ((pref-len ((compile-regexp regexp) str 0)))
         (and (number? pref-len)
              (= pref-len (string-length str)))))
   ```

2. La fonction `make-char-parser` se contente de tester que le caractère de la chaîne `str` à la position `offset` est le caractère `char`

   ```
   (define (make-char-parser char)
      (lambda (str offset)
         (if (and (number? offset)
                  (< offset (string-length str))
                  (char=? (string-ref str offset) char))
             (+ offset 1)
             #f)))
   ```

3. La fonction `make-range-parser` est à peine plus complexe que la fonction `make-char-parser` :

   ```
   (define (make-range-parser beg end)
      (lambda (str offset)
         (if (and (number? offset)
                  (< offset (string-length str))
                  (char>=? (string-ref str offset) beg)
                  (char<=? (string-ref str offset) end))
             (+ offset 1)
             #f)))
   ```

4. La fonction `make-*-parser` diffère des précédentes parce que son argument `parser` est lui-même un *parseur*. Mise à part cette particularité, l'implantation de cette fonction est assez simple. Il suffit appliquer autant de fois que possible `parser` sur `str`.

   ```
   (define (make-*-parser parser)
      (lambda (str offset)
         (let loop ((match offset)
                    (old    offset))
            (if (number? match)
   ```

```
            (loop (parser str match) match)
            old))))
```

5. Comme nous l'avons indiqué lors de la présentation des opérateurs, + n'est pas un opérateur essentiel car une expression régulière utilisant l'opérateur + peut également s'exprimer sans + mais en utilisant l'opérateur * et la concaténation. Cette forme de re-écriture est visible dans notre implantation.

```
(define (make-+-parser parser)
   (lambda (str offset)
      (let ((match (parser str offset)))
         (if (number? match)
             ((make-*-parser parser) str match)
             match))))
```

6. Concaténer deux *parsers* $\mathcal{P}_1$ et $\mathcal{P}_2$ nécessite juste de vérifier que le $\mathcal{P}_1$ reconnaît le début de str et que le reste de la chaîne est au moins partiellement reconnu par $\mathcal{P}_2$:

```
(define (make-concat-parser parser1 parser2)
   (lambda (str offset)
      (let ((match (parser1 str offset)))
         (if (number? match)
             (parser2 str match)
             #f))))
```

7. Avant de donner la définition de la fonction compile-regexp nous allons définir une dernière fonction utilitaire : la fonction make-concat-parsers qui est l'extension de make-concat-parser à plus de deux arguments.

```
(define (make-concat-parsers parsers)
   (let loop ((parsers parsers))
      (if (null? (cdr parsers))
          (car parsers)
          (make-concat-parser (car parsers)
                              (loop (cdr parsers))))))
```

La fonction compile-regexp consiste simplement à parcourir la chaîne regexp, reconnaître le type d'expression régulière qu'elle désigne et construire le *parseur* correspondant.

```
(define (compile-regexp regexp)
   (let ((len (string-length regexp)))
      (let loop ((r 0)
                 (parsers (list (lambda (str offset)
                                   offset))))
         (if (= r len)
             (make-concat-parsers (reverse parsers))
             (case (string-ref regexp r)
                ((#\*)
                 (loop (+ r 1)
                       (cons (make-*-parser (car parsers))
```

```
                         (cdr parsers))))
           ((#\+)
            (loop (+ r 1)
                  (cons (make-+-parser (car parsers))
                        (cdr parsers))))
           ((#\[)
            (if (and (< (+ 4 r) len)
                     (char=?
                       (string-ref regexp (+ 4 r))
                       #\])
                     (char=?
                       (string-ref regexp (+ 2 r))
                       #\-))
                (loop (+ r 5)
                      (cons
                        (make-range-parser
                          (string-ref regexp (+ r 1))
                          (string-ref regexp (+ r 3)))
                        parsers))
                (err "string-match?"
                     "Illegal regexp"
                     regexp)))
           (else
            (loop (+ r 1)
                  (cons (make-char-parser
                          (string-ref regexp r))
                        parsers)))))))))
```

Solution de l'exercice 7.16 (énoncé pages 119–121)

1. Cette fonction est une simple initialisation d'un tableau à deux dimensions. Comme Scheme ne permet de manipuler que les vecteurs nous avons recours ici à un tableau contenant des tableaux. L'initialisation de cette structure nécessite donc une boucle.

```
(define (make-ground hsize vsize)
   (let ((ground (make-vector vsize)))
      (let loop ((v 0))
         (if (= v vsize)
             ground
             (begin
                (let ((line (make-vector hsize #\space)))
                   (vector-set! ground v line)
                   (loop (+ v 1))))))))
```

2. La première fonction, `ground-ref`, est appelée « accesseur » et la deuxième, `ground-set!` un « modifieur ». Ces deux fonctions sont suffisamment simples pour pouvoir se passer d'explication.

```
(define (ground-ref ground hpos vpos)
  (vector-ref (vector-ref ground (- vpos 1)) (- hpos 1)))

(define (ground-set! ground hpos vpos value)
  (vector-set! (vector-ref ground (- vpos 1))
               (- hpos 1) value))
```

3. La fonction `display-ground` prend en argument `ground` qui est le terrain à afficher. Elle en obtient les dimensions en examinant la taille du vecteur `ground`, ce qui indique le nombre de lignes puis la taille du premier élément qui indique le nombre de colonnes. Ensuite, la fonction `display-ground` utilise deux boucles imbriquées pour afficher tous les éléments. Pour aider le joueur dans sa tâche, lorsque le terrain est affiché, les coordonnées des cases le sont également.

```
(define (display-ground ground)
  (let ((vsize (vector-length ground))
        (hsize (vector-length (vector-ref ground 0))))
    (display-horizontal-numbering hsize 'number)
    (let loop ((v 0))
      (if (< v vsize)
          (begin
            (display (+ 1 v))
            (display " ")
            (let laap ((h 0)
                       (start #\|))
              (if (< h hsize)
                  (begin
                    (display start)
                    (display (ground-ref
                              ground (+ 1 h) (+ 1 v)))
                    (laap (+ h 1) #\space))
                  (begin
                    (display "|")
                    (display (+ 1 v))
                    (newline)
                    (loop (+ v 1)))))))))
    (display-horizontal-numbering hsize '+)))
```

Afin d'afficher les abscisses on utilise une fonction supplémentaire dont la définition est :

```
(define (display-horizontal-numbering hsize first)
  (define (display-number-line)
    (display "  ")
    (let loop ((i 1))
      (if (<= i hsize)
          (begin
            (display " ")
            (display i)
            (loop (+ i 1))))))
```

```
          (newline))
    (define (display-+-line)
      (display "  ")
      (let loop ((i 1))
         (if (<= i hsize)
             (begin
                (display "+-")
                (loop (+ i 1))))))
      (display "+")
      (newline))
    (if (eq? first 'number)
        (begin
           (display-number-line)
           (display-+-line))
        (begin
           (display-+-line)
           (display-number-line))))
```

Le deuxième argument `first` indique simplement si on doit afficher la numération avant la ligne de séparation ou si on doit procéder dans l'ordre inverse.

4. La fonction `make-solution` est une simple boucle qui utilise la fonction `random` pour établir aléatoirement la position des mines.

```
(define (make-solution hsize vsize nb-mine)
   (let loop ((num nb-mine)
              (res '()))
     (if (= num 0)
         res
         (loop (- num 1)
               (cons (cons (random hsize) (random vsize))
                     res)))))
```

5. La fonction `display-ground/solution` est utilisée lorsque la partie est terminée pour afficher la solution. La solution la plus simple pour implanter cette fonction est de directement modifier le terrain puis d'utiliser la fonction déjà écrite `display-ground`.

```
(define (display-ground/solution solution ground)
   (let loop ((solution solution))
     (if (pair? solution)
         (let ((h (car (car solution)))
               (v (cdr (car solution))))
            (ground-set! ground h v '*)
            (loop (cdr solution)))
         (display-ground ground))))
```

6. Pour trouver la plus courte distance à une mine, il suffit de calculer la distance à toutes les mines et de retourner la plus petite de ces distances.

```
(define (find-closest-mine hpos vpos solution)
   (define (distance mine)
```

```
              (+ (abs (- hpos (car mine)))
                 (abs (- vpos (cdr mine))))))
     (let loop ((solution (cdr solution))
                 (min-dist (distance (car solution))))
         (if (pair? solution)
             (let ((d (distance (car solution))))
                 (loop (cdr solution)
                       (if (< d min-dist) d min-dist)))
             min-dist)))
```

7. Pour implanter la fonction won ? il suffit de parcourir la liste solution et de vérifier que pour chaque mine, le joueur a posé une marque sur le terrain. Ici on utilise le symbole ? pour repérer les marques du joueur.

```
(define (won? ground solution)
   (let loop ((solution solution))
      (if (pair? solution)
          (let ((h (car (car solution)))
                (v (cdr (car solution))))
             (if (eq? (ground-ref ground h v) '?)
                 (loop (cdr solution))
                 #f))
          #t)))
```

8. La fonction read-action est un peu laborieuse à écrire parce qu'il faut vérifier que l'utilisateur saisit des actions correctement formées. Pour faciliter cette tâche, nous définissons une fonction utilitaire, read-action/check, qui prend trois arguments : un message d'invite prompt, un prédicat pred? à appliquer sur la saisie de l'utilisateur pour déterminer si elle est correcte et un message d'erreur usage qui est affiché si la saisie n'est pas correcte. Si la saisie du joueur n'est pas correcte, le message d'erreur sera affiché et le joueur devra recommencer une nouvelle saisie.

```
(define (read-action/check prompt pred? usage)
   (display prompt)
   (let loop ((val (read)))
      (if (not (pred? val))
          (begin
             (display usage)
             (loop (read)))
          val)))
```

La fonction read-action se contente alors d'appeler la fonction read-action/check plusieurs fois.

```
(define (read-action ground)
   (let ((action (read-action/check
                    "action: "
                    (lambda (val) (memq val '(try mine end)))
                    "action should be try, mine or end")))
      (if (eq? action 'end)
```

```
              (list action)
              (let* ((vsize (vector-length ground))
                     (hsize (vector-length
                              (vector-ref ground 0)))
                     (x (read-action/check
                          "x: "
                          (lambda (val) (and (number? val)
                                             (> val 0)
                                             (< val hsize)))
                          (string-append "x should be in [0..
                                         (number->string hsize)
                                         "]")))
                     (y (read-action/check
                          "y: "
                          (lambda (val) (and (number? val)
                                             (> val 0)
                                             (< val vsize)))
                          (string-append "y should be in [0..
                                         (number->string vsize)
                                         "]"))))
                (list action x y)))))
```

9. La fonction mine alloue un terrain de jeu, une solution, puis utilise un schéma de boucle classique. Il s'agit d'une boucle « read-eval-print ». C'est-à-dire qu'on lit une action du joueur, on traite cette action, on affiche le résultat de l'action. On poursuit ce processus tant que le joueur n'a pas perdu ou terminé explicitement la partie.

```
(define (mine hsize vsize nb-mine)
  (let ((ground   (make-ground (+ 1 hsize) (+ 1 vsize)))
        (solution (make-solution (+ 1 hsize)
                                 (+ 1 vsize)
                                 nb-mine)))
    (define (explode)
      (begin
        (display "You have lost...desintegrated.")
        (newline)
        (display-ground/solution solution ground)))
    (define (survive hpos vpos distance)
      (ground-set! ground hpos vpos distance)
      (newline)
      (display-ground ground))
    (let loop ((play (read-action ground)))
      (case (car play)
        ((end)
         (if (won? ground solution)
             (begin
               (display "You have won...")
               (newline))
             (begin
```

```
                    (display "You have lost...")
                    (newline)
                    (display-ground/solution solution
                                             ground))))
      ((mine)
       (let ((hpos (cadr play))
             (vpos (caddr play)))
         (ground-set! ground hpos vpos '?)
         (newline)
         (display-ground ground)
         (loop (read-action ground))))
      ((try)
       (let* ((hpos     (cadr play))
              (vpos     (caddr play))
              (distance (find-closest-mine hpos
                                           vpos
                                           solution)))
          (if (= distance 0)
              (explode)
              (begin
                (survive hpos vpos distance)
                (loop (read-action ground)))))))))))
```

SOLUTIONS 8
Les entrées et les sorties

Solution de l'exercice 8.6 *(énoncé page 127)*

La fonction `read-line` ressemble beaucoup à la fonction `port->string` de l'exercice 8 mais ici, il nous faut en plus tester que le caractère lu est un retour chariot (noté `#\Newline` en Scheme).

```
(define (read-line . port)
   (let ((port (cond
                 ((null? port)
                  (current-input-port))
                 ((input-port? (car port))
                  (car port))
                 (else
                  (err "read-line"
                       "Illegal port"
                       (car port))))))
     (let ((init (read-char port)))
        (if (eof-object? init)
            init
            (let loop ((char init)
                       (acc  '()))
               (cond
                  ((eof-object? char)
                   (if (pair? acc)
                       (list->string acc)
                       ""))
                  ((char=? char #\Newline)
                   (list->string (reverse acc)))
                  (else
                   (loop (read-char port)
                         (cons char acc)))))))))
```

Autre solution de l'exercice 8.6

On peut faire la même remarque que dans l'exercice 8. Il est dommage de gaspiller autant de place mémoire pour la construction des listes. Cette remarque se justifie d'autant plus pour cet exercice que généralement les lignes d'un fichier contiennent peu de caractères. Nous proposons donc une deuxième solution qui utilise un tampon annexe.

```
(define (read-line2 . port)
   (let ((port (cond
```

```
                        ((null? port)
                         (current-input-port))
                        ((input-port? (car port))
                         (car port))
                        (else
                         (err "read-line"
                              "Illegal port"
                              (car port)))))))
        (let* ((init    (read-char port))
               (buflen 80)
               (buffer (make-string buflen)))
            (if (eof-object? init)
                init
                (let loop ((char    init)
                           (offset 0))
                    (cond
                        ((eof-object? char)
                         (if (> offset 0)
                             (substring buffer 0 offset)
                             ""))
                        ((= offset buflen)
                         (let ((old buffer)
                               (old-len buflen))
                             (set! buflen (* 2 buflen))
                             (set! buffer (make-string buflen))
                             (string-insert! buffer old 0)
                             (loop char offset)))
                        ((char=? char #\Newline)
                         (substring buffer 0 offset))
                        (else
                         (string-set! buffer offset char)
                         (loop (read-char port)
                               (+ 1 offset)))))))))
```

Notre tampon a une taille initiale de 80 caractères. Ce chiffre s'explique par le fait que les terminaux fréquemment utilisés ont des lignes de 80 caractères. En choisissant donc 80 pour la taille du tampon on diminue fortement le risque de devoir l'agrandir.

Solution de l'exercice 8.7 (énoncé pages 127–129)

1. Ici nous n'avons pas tellement de choix pour la solution, il nous faut construire une liste obtenue par lectures successives.

```
(define (port->list reader port)
   (let loop ((read (reader port))
              (acc '()))
      (if (eof-object? read)
```

```
         (reverse acc)
         (loop (reader port)
               (cons read acc))))))
```

2. La fonction `port->string-list` se déduit naturellement de `port->list` :

```
(define (port->string-list port)
   (port->list read-line port))
```

3. Il en va de même pour la fonction `port->sexp-list`

```
(define (port->sexp-list port)
   (port->list read port))
```

4. La fonction `port->token-list` ressemble à la fonction de l'exercice 7 du Chapitre 7

```
(define (port->token-list port delims)
   (define (read-one-token port)
     (let ((char (read-char port)))
       (if (eof-object? char)
           char
           (let loop ((current char)
                      (acc      '()))
              (cond
                 ((eof-object? current)
                  (if (pair? acc)
                      (list->string (reverse acc))
                      current))
                 ((memq current delims)
                  (if (null? acc)
                      (loop (read-char port)
                            acc)
                      (list->string (reverse acc))))
                 (else
                  (loop (read-char port)
                        (cons current acc)))))))) 
   (port->list read-one-token port))
```

Solution de l'exercice 8.8 (énoncé pages 129–130)

1. Pour cette fonction, on lit tous les caractères possibles dans le flux d'entrée `port` qui est passé en argument. Un mot est défini par une séquence de caractères qui ne sont pas des délimiteurs suivie d'un séparateur. Deux séparateurs qui se suivent ne définissent pas un mot. Un séparateur a donc un sens différent si on le lit juste après un autre séparateur ou juste après un caractère qui n'est pas un séparateur. Pour résoudre ce problème, nous avons recours à deux fonctions,

chacune modélisant un état (on est en train de lire un mot, on est en train de lire des séparateurs).

```
(define (wc/port port)
   (let ((nb-char 0)
         (nb-word 0)
         (nb-line 0))
     (define (separator char)
       (cond
          ((eof-object? char)
           (list nb-line nb-word nb-char))
          ((char=? char #\Space)
           (set! nb-char (+ 1 nb-char))
           (separator (read-char port)))
          ((char=? char #\Newline)
           (set! nb-char (+ 1 nb-char))
           (set! nb-line (+ 1 nb-line))
           (separator (read-char port)))
          (else
           (set! nb-char (+ 1 nb-char))
           (word (read-char port)))))
     (define (word char)
       (cond
          ((eof-object? char)
           (list nb-line (+ 1 nb-word) nb-char))
          ((char=? char #\Space)
           (set! nb-char (+ 1 nb-char))
           (set! nb-word (+ 1 nb-word))
           (separator (read-char port)))
          ((char=? char #\Newline)
           (set! nb-char (+ 1 nb-char))
           (set! nb-line (+ 1 nb-line))
           (set! nb-word (+ 1 nb-word))
           (separator (read-char port)))
          (else
           (set! nb-char (+ 1 nb-char))
           (word (read-char port)))))
     (separator (read-char port))))
```

2. La fonction wc est une fonction « interface » ; elle se contente d'ouvrir un flux d'entrée et d'appeler la fonction wc/port.

```
(define (wc . file)
   (let* ((port (if (pair? file)
                    (open-input-file (car file))
                    (current-input-port)))
          (res (wc/port port)))
     (if (pair? file)
         (close-input-port port))
     res))
```

Solution de l'exercice 8.9 (énoncé page 130)

Pour cet exercice, nous allons lire ligne par ligne les caractères du fichier `file` au moyen de la fonction présentée dans l'exercice 8. Pour chacune de ces lignes, on extraira les caractères à afficher au moyen de la fonction de la bibliothèque Scheme `substring`.

```
(define (cut file . ranges)
   (let ((port (open-input-file file)))
      (let loop ((line (read-line port)))
         (if (eof-object? line)
             (begin
                (close-input-port port)
                #f)
             (let loop2 ((ranges ranges))
                (if (null? ranges)
                    (begin
                       (newline)
                       (loop (read-line port)))
                    (let* ((range (car ranges))
                           (start (car range))
                           (end   (cdr range)))
                      (if (and (<= end (string-length line))
                               (>= start 0)
                               (< start end))
                          (display
                            (substring line start end)))
                      (loop2 (cdr ranges)))))))))
```

Solution de l'exercice 8.10 (énoncé page 130)

Nous adoptons comme principe de lire les fichiers ligne par ligne et de les comparer deux à deux.

```
(define (diff file1 file2)
   (let ((port1 (open-input-file file1))
         (port2 (open-input-file file2)))
      (let loop ((line1 (read-line port1))
                 (line2 (read-line port2))
                 (num    1))
         (cond
            ((eof-object? line1)
             (close-input-port port1)
             (if (eof-object? line2)
                 (close-input-port port2)
                 (begin
                    (print num)
                    (print-diff-until-eof port2 "> " line2))))
```

```
          ((eof-object? line2)
           (close-input-port port2)
           (print num)
           (print-diff-until-eof port1 "< " line1))
          ((string=? line1 line2)
           (loop (read-line port1)
                 (read-line port2)
                 (+ num 1)))
          (else
           (print num)
           (print "< " line1)
           (print "--")
           (print "> " line2)
           (loop (read-line port1)
                 (read-line port2)
                 (+ num 1)))))))
```

Si un des fichiers contient moins de lignes que l'autre, alors on appelle la fonction `print-diff-until-eof` qui affiche les lignes restantes du plus long fichier.

```
(define (print-diff-until-eof port mark line)
   (let loop ((line line))
      (if (eof-object? line)
          (close-input-port port)
          (begin
            (print mark line)
            (loop (read-line port))))))
```

Solution de l'exercice 8.11   (énoncé pages 130–131)

La solution la plus compacte consiste à lire tous les symboles terminaux du flux `port` et d'invoquer la fonction `tokens-justify` avec cette liste.

```
(define (justify port width)
   (tokens-justify
    make-justified-line
    (port->token-list port '(#\Space #\Newline #\Tab))
    width))
```

Solution de l'exercice 8.12   (énoncé page 131)

La fonction `head` est plus aisée à implanter que la fonction `tail` parce qu'on peut lire les num premières lignes et les afficher au fur et à mesure de la lecture.

```
(define (head file num)
   (let ((port (open-input-file file)))
      (let loop ((num num))
         (if (> num 0)
             (let ((line (read-line port)))
```

```
             (if (not (eof-object? line))
                 (begin
                   (display line)
                   (newline)
                   (loop (- num 1))))))))
      (close-input-port port)))
```

La fonction `tail` est plus difficile parce qu'on ne sait pas, à priori, combien de lignes `file` contient. Une solution naïve consiste à lire toutes les lignes du fichier et, dans l'ordre inverse de la lecture, en afficher les num premières. Cette solution est naïve car elle conserve en mémoire l'intégralité du fichier alors qu'une toute petite partie est utile pour la fonction `tail`. Une meilleure solution consiste à ne sauvegarder qu'au maximum num lignes. Plus serait inutile. C'est la solution que nous implantons.

```
(define (tail file num)
  (let ((port (open-input-file file))
        (l    (vector->list (make-vector num #f))))
    (set-cdr! (list-tail l (- num 1)) l)
    (let loop ((line     (read-line port))
               (l        l)
               (num-read 0))
      (if (eof-object? line)
          (let loop ((l   (list-tail l num))
                     (num (if (< num-read num)
                              num-read
                              num)))
            (if (= num 0)
                (close-input-port port)
                (begin
                  (display (car l))
                  (newline)
                  (loop (cdr l) (- num 1)))))
          (begin
            (set-car! l line)
            (loop (read-line port)
                  (cdr l)
                  (+ 1 num-read)))))))
```

Avant de commencer la lecture on, crée un tampon circulaire de num entrées :
```
(let (...
      (l    (vector->list (make-vector num #f))))
  (set-cdr! (list-tail l (- num 1)) l)
  ...
```
Il s'agit d'une liste contenant num cellules et qui boucle sur elle-même (le dernier `cdr` de la liste pointe sur la liste elle-même). Ensuite, nous ne faisons plus qu'écrire dans cette liste. Lorsqu'on atteint la num + 1 écritures, on repasse au début de la liste. Une fois toutes les lignes lues, il ne reste plus qu'à afficher le tampon circulaire `l`.

Solution de l'exercice 8.13   (énoncé page 131)

La fonction `grep` va lire le fichier ligne par ligne. Pour chaque ligne, on va chercher le premier suffixe qui appartient au langage `regexp`. Afin d'éviter de reconstruire le *parseur* lexical pour chaque ligne, on le construit avant de lire les lignes.

```
(define (grep regexp file)
   (define (line-match? parser line)
      (let ((len (string-length line)))
        (let loop ((i 0))
          (cond
             ((= i len)
              #f)
             ((number? (parser line i))
              #t)
             (else
              (loop (+ i 1))))))))
   (let ((port    (open-input-file file))
         (parser  (compile-regexp regexp)))
     (let loop ((line (read-line port))
                (res  #f))
        (if (eof-object? line)
            (begin
              (close-input-port port)
              res)
            (loop (read-line port)
                  (or (and (line-match? parser line)
                           (print line)
                           #t)
                      res))))))
```

Solution de l'exercice 8.14   (énoncé page 131)

Nous allons utiliser les trois prédicats suivants :

```
(define (newline? char) (char=? char #\Newline))
(define (tabulation? char) (= (char->integer char) 9))
(define (space? char) (char=? char #\Space))
```

1. Pour le filtre `detab`, il faut lire tous les caractères du flux d'entrée en conservant leur position (la colonne où ils apparaissent). Lorsqu'on lit un caractère de tabulation (seul caractère pour lequel le prédicat `tabulation?` est vrai), on construit une chaîne d'espaces dont la taille est calculée à partir de la position du caractère courant et du prochain taquet de tabulation.

   ```
   (define (detab port)
      (let loop ((col   1)
                 (char  (read-char port)))
   ```

```
(cond
 ((eof-object? char)
  char)
 ((newline? char)
  (newline)
  (loop 1 (read-char port)))
 ((tabulation? char)
  (let ((next-tab (* 8 (quotient (+ col 8) 8))))
    (display (make-string (- next-tab col) #\Space))
    (loop next-tab (read-char port))))
 (else
  (write-char char)
  (loop (+ col 1) (read-char port)))))
```

2. Le filtre `entab` est un peu plus difficile à implanter car il faut maintenir deux modes. Il faut savoir si une séquence d'un ou plusieurs espaces conduit à un taquet de tabulation. Si oui, la séquence complète est remplacée par un seul caractère. La fonction principale `entab` lit tous les caractères du flux d'entrée à la recherche d'un espace.

```
(define (entab port)
  (let loop ((col 1)
             (char (read-char port)))
    (cond
      ((eof-object? char)
       char)
      ((newline? char)
       (newline)
       (loop 1 (read-char port)))
      ((space? char)
       (let ((new-col (spaces->tab port (+ col 1))))
         (loop new-col (read-char port))))
      (else
       (write-char char)
       (loop (+ col 1) (read-char port))))))
```

Lorsqu'un espace est lu, on change d'état et on utilise une deuxième fonction `spaces->tab` qui traite les séquences d'espaces.

```
(define (spaces->tab port col)
  (let ((next-tab  (* 8 (quotient (+ col 8) 8))))
     (let loop ((new-col col)
                (char    (read-char port)))
       (cond
         ((space? char)
          (let ((new-col (+ new-col 1)))
            (if (> new-col next-tab)
                (begin
                  (write-char (integer->char 9))
                  new-col)
                (loop new-col (read-char port)))))
```

```
(else
 (display (make-string (+ 1 (- new-col col))
                       #\Space))
 (write-char char)
 (if (newline? char) 1 new-col))))))
```

SOLUTIONS 9
Évaluation

Solution de l'exercice 9.1   (énoncé page 134)

Une légère difficulté est de bien ordonner les impressions et les lectures. Dans ce qui suit et dans une rage aiguë de paramétrage, la fonction make-toplevel permet de se construire la boucle que l'on souhaite.

```
(define (make-toplevel env starting-banner ending-banner
                       prompt-in prompt-out)
  (lambda ()
    (display starting-banner)
    (newline)
    (let toplevel ()
      (display prompt-in)
      (let ((e (read)))
        (if (eof-object? e)
            (begin (display ending-banner)
                   (newline) )
            (let ((result (evaluate e env)))
              (display prompt-out)
              (display result)
              (newline)
              (toplevel) ) ) ) ) ) )
(define toplevel1
  (let ((starting-banner "You're welcome!")
        (ending-banner   ";;end.")
        (prompt-in       "?? ")
        (prompt-out      "== ") )
    (make-toplevel global-environment
                   starting-banner ending-banner
                   prompt-in prompt-out ) ) )
```

Lancer l'interprète s'effectuera par (toplevel1).

Solution de l'exercice 9.2   (énoncé page 135)

Il n'est pas difficile d'ajouter des fonctions à l'environnement global mais il faut prendre garde à indiquer les bonnes arités. Les trois fonctions mentionnées ont des arités diverses, se vérifiant de façon diverse. La fonction string-ref a une arité fixe, la fonction string peut prendre un nombre quelconque d'arguments, la dernière, la fonction make-string, n'en prend qu'un ou deux. On écrira donc :

```
(set! global-environment
      (cons (bind 'string-ref   string-ref =  2)
```

```
          (cons (bind 'string        string    >= 0)
          (cons (bind 'make-string make-string
                      (lambda (args-number arity)
                        (or (= args-number arity)
                            (= args-number (- arity 1)) ) )
                      2 )
                global-environment ))) )
```

Solution de l'exercice 9.3 (énoncé page 135)

Il n'y a pas de différence par rapport à l'exercice précédent sauf que la factorielle n'est pas prédéfinie en Scheme et qu'il faut donc la définir pour l'occasion.

```
(set! global-environment
      (cons (bind 'factorielle
                  (let ()
                    (define (fact n)
                      (if (> n 1)
                          (* n (fact (- n 1)))
                          1 ) )
                    fact )
                  = 1 )
            global-environment ) )
```

Solution de l'exercice 9.4 (énoncé page 135)

Donnons tout d'abord la solution binaire qui n'est autre qu'invoke convenablement empaquetée :

```
(set! global-environment
      (cons (bind 'apply invoke = 2)
            global-environment ) )
```

Voici maintenant la version n-aire d'apply. La difficulté qu'incarne la fonction listify, est de préfixer le dernier argument (une liste de valeurs) par les premiers arguments. Ainsi

```
? (listify '(1 2 (3 4)))
= (1 2 3 4)
(set! global-environment
  (cons (bind 'apply
              (lambda values
                (define (listify arguments)
                  (if (pair? (cdr arguments))
                      (cons (car arguments)
                            (listify (cdr arguments)) )
                      (car arguments) ) )
                (invoke (car values) (listify (cdr values))) )
              >= 2 )
        global-environment ) )
```

Solution de l'exercice 9.5 (énoncé page 135)

Il n'est pas très compliqué d'instrumenter la fonction `evaluate` pour tracer ce qu'elle fait. Il est un peu plus délicat d'installer cette nouvelle version en lieu et place de la précédente sans avoir à parcourir tout l'interprète et changer partout `evaluate` en, par exemple, `tracing-evaluate`. Ce qui suit redéfinit `evaluate` à l'aide d'elle-même et permet de ne rien changer ailleurs.

```
(set! evaluate
  (let ((native-evaluate evaluate))
    (lambda (e env)
      (display '(about to eval ,e))
      (newline)
      (let ((result (native-evaluate e env)))
        (display '(result is ,result))
        (newline)
        result ) ) ) )
```

La trace obtenue est assez confuse puisqu'il n'est pas évident de relier une expression à sa valeur. Deux solutions existent : on peut utiliser des renfoncements de la marge gauche pour servir d'indice visuel pour apparier expression et valeur. On peut également indexer les expressions par des numéros.

Solution de l'exercice 9.6 (énoncé page 135)

Là encore la difficulté est de jouer entre les différents évaluateurs et la variable `evaluate` qui les contient à différents instants. Afin de permettre de redéfinir dynamiquement l'évaluateur pour, par exemple, changer la notion d'expression intéressante, on capture l'évaluateur non instrumenté et non le dernier évaluateur en cours.

```
(define install-evaluate!
  (let ((native-evaluate evaluate))
    (lambda (predicate)
      (set! evaluate
            (lambda (e env)
              (if (predicate e)
                  (begin
                    (display '(about to eval ,e))
                    (newline)
                    (let ((result (native-evaluate e env)))
                      (display '(result is ,result))
                      (newline)
                      result ) )
                  (native-evaluate e env) ) ) ) ) ) )
```

Solution de l'exercice 9.7 *(énoncé pages 135–136)*

On remarque que le prédicat prend maintenant l'expression à évaluer et l'environnement où l'évaluer. Si ces deux-ci sont jugés intéressants alors on interrompt l'évaluation pour ouvrir une boucle d'interaction avec précisément cet environnement. Une fin de fichier permet de sortir de cette boucle d'interaction locale et de relancer l'évaluation. Noter qu'au passage, on a pu non seulement lire les variables de l'environnement mais aussi les modifier (les corriger) afin de pouvoir continuer l'inspection de l'évaluation.

```
(define install-interactive-evaluate!
  (let ((native-evaluate evaluate))
    (lambda (predicate)
      (set! evaluate
            (lambda (e env)
              (if (predicate e env)
                  (begin
                    ((make-toplevel
                      env
                      '(stopped when about to eval ,e)
                      '(resuming computation)
                      "???" "=== " ))
                    (native-evaluate e env) )
                  (native-evaluate e env) ) ) ) ) ) )
```

Solution de l'exercice 9.8 *(énoncé page 136)*

Il suffit de modifier la définition d'`update!` afin de ne plus provoquer d'erreur lorsque la variable est inconnue. Attention, il faut créer la variable dans l'environnement global. Pour être sûr de l'y mettre, il vaut mieux s'intéresser à sa queue qui, si l'environnement n'est pas vide, est ostensible de partout. Voici la nouvelle `update!`:

```
(define (update! id env value)
  (if (pair? env)
      (if (eq? (caar env) id)
          (set-cdr! (car env) value)
          (if (pair? (cdr env))
              (update! id (cdr env) value)
              (set-cdr! env (list (cons id value))) ) )
      (wrong "Empty global environment") ) )
```

Solution de l'exercice 9.9 *(énoncé page 136)*

Les fonctions du Scheme interprété sont représentées par des fonctions unaires comme le montre le protocole d'invocation et l'encapsulation des fonctions primitives au sein de `make-primitive`. Nous allons donc changer tout cela et donc écrire :

```
(define (invoke fn args)
  (if (procedure? fn)
      (apply fn args)
      (wrong "Not a function" fn) ) )
(define (make-function variables body env)
  (lambda values
     (eprogn body (extend env variables values)) ) )
(define (make-primitive name behavior comparator arity)
  behavior )
```

Noter que l'on n'a pas à changer la définition d'`apply` (cf. exercice 9.4 (page 135/313)) qui, n'utilisant que `make-primitive` est isolée de ces problèmes.

Solution de l'exercice 9.10 (énoncé page 136)

On adapte la fonction `invoke` de sa définition précédente. Mais il faudra bien évidemment changer aussi la définition des primitives afin de s'adapter à cette nouvelle représentation à moins que l'on ne dresse `invoke` à distinguer, de façon interne, les fonctions interprétées des primitives.

```
(define (invoke fn args)
  (if (and (vector? fn)
           (>= (vector-length fn) 1)
           (eq? (vector-ref fn 0) function-tag) )
      (ebody (vector-ref fn 2)
             (extend (vector-ref fn 3)
                     (vector-ref fn 1)
                     args ) )
      (if (procedure? fn)
          (fn args)
          (wrong "Not a function" fn) ) ) )
```

Il faut également mettre à jour la définition du prédicat `procedure?`.

Solution de l'exercice 9.11 (énoncé page 137)

On remarquera que les vérifications d'arité ne sont plus effectuées au sein d'`extend`, il faut donc transférer ces contrôles aux fonctions `lookup` et `update!`. On peut par contre les factoriser en `look-binding`.

```
(define (look-binding id env)
  (if (vector? env)
      (let ((ids (vector-ref env 1)))
        (let search ((ids ids)
                     (rank 2) )
          (if (pair? ids)
              (if (eq? id (car ids))
                  (if (< rank (vector-length env))
                      (cons env rank)
                      (wrong "Missing argument" id) )
```

```
                    (search (cdr ids) (+ rank 1)) )
               (look-binding id (vector-ref env 0)) ) ) )
      #f ) )
```
Cette dernière retourne où se trouve la variable recherchée. Elle vérifie que le nombre d'arguments est correct vis-à-vis du nombre de variables. Cette vérification a lieu un peu tard puisque, d'après le R4RS, elle aurait dû avoir lieu au moment de l'application. Ici, de plus, on ne vérifie jamais si une fonction reçoit trop d'arguments !). Le retour de look-binding est exploité par lookup et update !.

```
(define (lookup id env)
  (let ((where (look-binding id env)))
    (if where
        (let ((env  (car where))
              (rank (cdr where)) )
          (vector-ref env rank) )
        (wrong "No such binding" id) ) ) )
(define (update! id env value)
  (let ((where (look-binding id env)))
    (if where
        (let ((env  (car where))
              (rank (cdr where)) )
          (vector-set! env rank value) )
        (wrong "No such binding" id) ) ) )
```

Répétons-le cette programmation fait que le Scheme interprété n'est ni conforme à la norme R4RS ni au bon goût qui pousse à ce que les anomalies soient signalées le plus tôt possible afin de pas polluer, par contagion, la suite des calculs. Ce mauvais comportement n'est pas la faute de cette représentation de l'environnement, il suffirait de faire la vérification d'arité dans extend.

Dernier conseil, avant de tester ce qui précède il faut regénérer l'environnement global pour adopter la nouvelle représentation.

Solution de l'exercice 9.12   (énoncé page 137)

La modification est cantonnée à la fonction invoke qui doit conférer un sens fonctionnel à des nombres entiers situés en position fonctionnelle. On traduira ces entiers en les appels idoines à list-ref ou list-tail.

```
(define (invoke fn args)
  (define (num->function n)
    (make-primitive n (if (>= n 0)
                          (lambda (x) (list-ref x n))
                          (lambda (x) (list-tail x (- n))) )
                    = 1 ) )
  (cond ((procedure? fn) (fn args))
        ((integer? fn)   ((num->function fn) args))
        (else (wrong "Cannot invoke" fn)) ) )
```

Solution de l'exercice 9.13 (énoncé page 137)

Là encore on enrichit la fonction `invoke` :

```
(define (invoke fn args)
  (define (num->function n)
    (make-primitive n (if (>= n 0)
                          (lambda (x) (list-ref x n))
                          (lambda (x) (list-tail x (- n))) )
                      = 1 ) )
  (cond ((procedure? fn) (fn args))
        ((integer? fn)   ((num->function fn) args))
        ((list? fn)
         (map (lambda (fn)
                (invoke fn args) )
              fn ) )
        (else (wrong "Cannot invoke" fn)) ) )
```

Solution de l'exercice 9.14 (énoncé page 137)

Ajouter une forme spéciale nécessite de modifier le cœur de l'interprète c'est-à-dire la fonction `evaluate`. On distingue un nouveau cas et on délègue à la fonction `elet` le soin de traiter ces formes. La définition est assez concise puisque tous les utilitaires sont disponibles :

```
(define (evaluate e env)
  (if (not (pair? e))
      (cond ((symbol? e) (lookup e env))
            ((or (number? e) (string? e)
                 (char? e) (boolean? e) )
             e )
            (else (wrong "Cannot evaluate" e)) )
      (case (car e)
        ((quote)   (cadr e))
        ((if)      (if (evaluate (cadr e) env)
                       (evaluate (caddr e) env)
                       (evaluate (cadddr e) env) ))
        ((begin)   (eprogn (cdr e) env))
        ((set!)    (update! (cadr e)
                            env
                            (evaluate (caddr e) env) ))
        ((lambda)  (make-function (cadr e) (cddr e) env))
        ((let)     (elet (cadr e) (cddr e) env))
        (else      (invoke (evaluate (car e) env)
                           (evlis (cdr e) env) )) ) ) )
(define (elet bindings body env)
  (eprogn body
          (extend env
```

```
            (map car bindings)
            (map (lambda (e)
                   (evaluate e env) )
                 (map cadr bindings) ) ) ) )
```

Solution de l'exercice 9.15   (énoncé page 138)

Dans toutes les suites d'expressions où peuvent se trouver des définitions internes, il faut les trier afin de séparer les définitions des expressions, il faut ensuite bâtir un nouvel environnement où ces définitions pourront être mutuellement récursives et enfin on évalue les expressions qui ne sont pas des définitions dans ce nouvel environnement. Ce qui donne, si l'on nomme ebody cette variante de eprogn qui trie son corps :

```
(define (ebody e* env)
  (define (sort-definitions d* e*)
    (if (and (pair? (car e*)) (eq? 'define (caar e*)))
        (sort-definitions (cons (car e*) d*) (cdr e*))
        (eprogn e* (enrich env d*)) ) )
  (sort-definitions '() e*) )
```

Il faut ensuite transformer quelques eprogn en ebody dans tous les endroits où des définitions internes sont possibles (comme dans make-function ou elet) :

```
(define (make-function variables body env)
  (lambda (values)
    (ebody body (extend env variables values)) ) )
```

Mais surtout il faut introduire l'enrichissement d'un environnement avec des variables codéfinies potentiellement mutuellement récursives. Cette fonction est assez complexe : les définitions sont tout d'abord normalisées, l'environnement est étendu puis modifié avec les valeurs des variables locales évaluées dans ce même fameux environnement.

```
(define (enrich env definitions)
  (define (expand-definition def)
    (if (pair? (cadr def))
        `(define ,(car (cadr def))
           (lambda ,(cdr (cadr def))
             ,@(cddr def) ) )
        def ) )
  (let* ((definitions (map expand-definition
                           definitions ))
         (names (map cadr definitions))
         (env (let append ((names names))
                (if (pair? names)
                    (cons (cons (car names) 'void)
                          (append (cdr names)) )
                    env ) )) )
    (for-each
     (lambda (d)
```

```
         (update! (cadr d) env (evaluate (caddr d) env)) )
      definitions )
   env ) ) )
```

Solution de l'exercice 9.16 (énoncé page 138)

On remplacera l'appel initial à evaluate (depuis la fonction toplevel par exemple) par un appel à la fonction suivante qui combine expansion puis évaluation. L'expansion est un arpentage d'une expression afin d'y trouver les formes qui nécessitent d'être réécrites c'est-à-dire expansées. On supposera que les expanseurs sont regroupés dans une variable globale *macros*. La technique d'expansion ici utilisée se nomme *expansion-passing-style* [DFH86].

```
(define (expand-then-evaluate e env)
   (define (expand* e* expand)
      (if (pair? e*)
          (let ((a (expand1 (car e*) expand)))
             (cons a (expand* (cdr e*) expand)) )
          e* ) )
   (define (expand1 e expand)
      (if (pair? e)
          (let ((walker
                  (if (symbol? (car e))
                      (let ((rule (assq (car e) *macros*)))
                         (if rule (cdr rule) expand*) )
                      expand* ) ))
             (walker e expand) )
          e ) )
   (let ((ee (expand1 e expand1)))
      (evaluate ee env) ) )
```

On enrichira la liste des expanseurs grâce à install-expander! :
```
(define (install-expander! keyword expander)
   (set! *macros*
         (cons (cons keyword expander)
               *macros* ) )
   expander )
```

On peut maintenant enrichir l'environnement des macros contenus dans *macros* avec la règle concernant let.
```
(install-expander!
 'let
 (lambda (e expand)
    (expand `((lambda ,(map car (cadr e)) ,@(cddr e))
              ,@(map cadr (cadr e)) )
            expand ) ) )
```

L'expanseur donné plus haut ne connaît rien au langage et parcourt notamment les citations pour les expanser ce qui n'est peut-être pas souhaité. Pour respecter le lan-

gage, il faut enrichir l'environnement des macros avec tous les expanseurs appropriés aux formes spéciales prédéfinies. On écrira par exemple pour quote :
```
(install-expander!
 'quote
 (lambda (e expand) e) )
```

Solution de l'exercice 9.17 (énoncé page 138)

Puisque define-macro est une macro, elle est elle-même définie par install-expander ! mais comme son rôle est de définir une macro, l'expanseur invoquera lui-même install-expander !. La difficulté est que comme l'expanseur est écrit dans le langage interprété on ne peut l'exécuter que grâce à evaluate et on n'a guère que l'environnement prédéfini à fournir comme second argument d'evaluate. Une autre difficulté est de savoir si la définition des macros peut elle-même utiliser des macros. Quoiqu'il en soit, le résultat sera réexpansé afin d'éliminer les macros restantes ce qui permet qu'existent des programmes s'expansant indéfiniment.

```
(install-expander!
 'define-macro
 (lambda (e expand)
   (let ((name (car (cadr e)))
         (vars (cdr (cadr e)))
         (body (cddr e)) )
     (install-expander!
      name (lambda (ee eexpand)
             (eexpand (evaluate `(apply (lambda ,vars ,@body)
                                        ,(cdr ee) )
                                global-environment )
                      eexpand ) ) )
     `',name ) ) )
```

Solution de l'exercice 9.18 (énoncé page 138)

Cet exercice est assez technique et nécessite de bien distinguer le Scheme de base dans lequel est écrit l'interprète, le Scheme interprété par cet interprète au sein duquel quelques primitives du niveau inférieur sont remontées pour être utilisable, enfin, le Scheme interprété par l'interprète interprété.

Voici les différentes étapes possibles pour atteindre le but. Dans un premier temps, on simplifie le langage employé pour écrire l'interprète, on le réécrit donc pour supprimer une partie de ce que l'on peut écrire autrement. On remplacera les formes cond, case, and, or par des alternatives ; on remplacera les formes let* ainsi que les let nommés par des let simples ; on supprimera enfin, les formes backquote. Toujours au niveau de la syntaxe, toutes les alternatives seront rendues ternaires. Voici les nouvelles fonctions evaluate, eprogn, ebody et enrich :

```
(define (evaluate e env)
  ; ;(display (list "about to evaluate" e "in" env))(newline);; DEBUG
  (if (pair? e)
      (if (eq? 'quote (car e))
          (cadr e)
          (if (eq? 'if (car e))
              (if (evaluate (cadr e) env)
                  (evaluate (caddr e) env)
                  (evaluate (cadddr e) env) )
              (if (eq? 'begin (car e))
                  (eprogn (cdr e) env)
                  (if (eq? 'set! (car e))
                      (update! (cadr e)
                               env
                               (evaluate (caddr e) env) )
                      (if (eq? 'lambda (car e))
                          (make-function (cadr e)
                                         (cddr e)
                                         env )
                          (invoke
                            (evaluate (car e) env)
                            (evlis (cdr e) env) ) ) ) ) ) )
      (if (symbol? e)
          (lookup e env)
          (if (number? e) e
              (if (string? e) e
                  (if (char? e) e
                      (if (boolean? e) e
                          (wrong "Cannot evaluate"
                                 e ) ) ) ) ) ) ) )
(define (eprogn exps env)
  (if (pair? exps)
      (if (pair? (cdr exps))
          (begin (evaluate (car exps) env)
                 (eprogn (cdr exps) env) )
          (evaluate (car exps) env) )
      813 ) )
(define (ebody e* env)
  (define (reverse l)
    (define (rev left right)
      (if (pair? left)
          (rev (cdr left) (cons (car left) right))
          right ) )
    (rev l '()) )
  (define (sort-definitions d* e*)
    (if (if (pair? (car e*)) (eq? 'define (caar e*)) #f)
        (sort-definitions (cons (car e*) d*) (cdr e*))
        (eprogn e* (enrich env (reverse d*))) ) )
  (sort-definitions '() e*) )
```

```
(define (enrich env definitions)
  (define (adjoin names)
    (if (pair? names)
        (cons (cons (car names) 'void)
              (adjoin (cdr names)) )
        env ) )
  (define (expand-define def)
    (if (pair? (cadr def))
        (list 'define
              (car (cadr def))
              (cons 'lambda
                    (cons (cdr (cadr def))
                          (cddr def) ) ) )
        def ) )
  (let ((definitions (map expand-define definitions)))
    (let ((names (map cadr definitions)))
      ;;(display (list "enrich environment with" names))(newline);; DEBUG
      (let ((env (adjoin names)))
        (for-each
          (lambda (d)
            (update! (cadr d) env (evaluate (caddr d) env)) )
          definitions )
        env ) ) ) )
```

Il faut fournir dans la définition de l'environnement global ce qui est nécessaire pour l'évaluation de l'interprète. En particulier, toutes les fonctions utilisées doivent apparaître dans cet environnement. Pour simplifier, quelques fonctions qui auraient pu être définies dans le Scheme interprété l'ont été par remontée de la fonction éponyme sous-jacente. Une petite difficulté réside dans les définitions des fonctions map et for-each qui ont à invoquer l'un de leurs arguments : elle doivent donc respecter le protocole d'invocation approprié au niveau de leur définition. On peut voir dans la définition qui suit les multiples moyens possibles (comparer par exemple, map et for-each, caar et cadr) :

```
(define global-environment
  (list (bind 'cons       cons       =  2)
        (bind 'car        car        =  1)
        (bind 'cdr        cdr        =  1)
        (bind 'pair?      pair?      =  1)
        (bind 'symbol?    symbol?    =  1)
        (bind 'procedure? procedure? =  1)
        (bind 'null?      null?      =  1)
        (bind 'eq?        eq?        =  2)
        (bind 'set-car!   set-car!   =  2)
        (bind 'set-cdr!   set-cdr!   =  2)
        (bind '+          +          >= 0)
        (bind '-          -          >= 1)
        (bind '=          =          =  2)
        (bind '<          <          =  2)
        (bind '>          >          =  2)
```

```
(bind '*          *         >= 0)
(bind '<=         <=        =  2)
(bind '>=         >=        =  2)
(bind 'remainder  remainder =  2)
(bind 'list       list      >= 0)
(bind 'number?    number?   =  1)
(bind 'string?    string?   =  1)
(bind 'char?      char?     =  1)
(bind 'boolean?   boolean?  =  1)
(bind 'display    display   =  1)
(bind 'newline    newline   =  0)
(cons 'caar       'wait)
(bind 'cadr       cadr      =  1)
(bind 'caddr      caddr     =  1)
(bind 'cadddr     cadddr    =  1)
(bind 'cddr       cddr      =  1)
(bind 'cdar       cdar      =  1)
(bind 'length     length    =  1)
(bind 'map
      (let ()
        (define (map fn l)
          (if (pair? l)
              (cons (invoke fn (list (car l)))
                    (map fn (cdr l)) )
              '() ) )
        map )
      = 2 )
(cons 'for-each 'wait)
(bind 'wrong (lambda values
               (apply wrong values) ) >= 1)
(bind 'call/cc
      (lambda (f)
        (call/cc
          (lambda (g)
            (invoke
              f (list (lambda (values)
                        (if (= (length values) 1)
                            (g (car values))
                            (wrong "Incorrect arity"
                                   g ) ) ))) )) )
      = 1 )
(bind 'apply
      (lambda values
        (define (listify arguments)
          (if (pair? (cdr arguments))
              (cons (car arguments)
                    (listify (cdr arguments)) )
              (car arguments) ) )
        (invoke (car values) (listify (cdr values))) )
```

```
                          >= 2 )
                 ) )
(update! 'for-each
           global-environment
           (make-function
             '(fn l)
             '((if (pair? l)
                   (begin (fn (car l))
                          (for-each fn (cdr l)) )
                   813 ))
           global-environment ) )
(evaluate '(set! caar (lambda (x) (car (car x))))
           global-environment )
```

Il faut maintenant incorporer les macros et pour cela adapter ce que nous avions auparavant écrit :

```
(define (expand-then-evaluate e env)
  (define (assq id al)
    (if (pair? al)
        (if (eq? id (caar al))
            (car al)
            (assq id (cdr al)) )
        #f ) )
  (define (expand* e* expand)
    (if (pair? e*)
        (let ((a (expand1 (car e*) expand)))
          (cons a (expand* (cdr e*) expand)) )
        e* ) )
  (define (expand1 e expand)
    ; ;(display (list "about to expand" e "in" *macros*))(newline); ; DEBUG
    (if (pair? e)
        (let ((walker
                (if (symbol? (car e))
                    (let ((rule (assq (car e) *macros*)))
                      (if rule (cdr rule) expand*) )
                    expand* ) ))
          (walker e expand) )
        e ) )
  (let ((ee (expand1 e expand1)))
    ; ;(display (list "expanded expression is" ee))(newline); ; DEBUG
    (evaluate ee env) ) )
(define *macros*
  (list
   (cons 'quote
         (lambda (e expand) e) )
   (cons 'let
         (lambda (e expand)
           (expand (cons (cons 'lambda
                               (cons (map car (cadr e))
```

```
                                    (cddr e) ) )
                        (map cadr (cadr e)) )
              expand ) ) )
(cons 'define-macro
      (lambda (e expand)
        (define (install-expander! keyword expander)
          (set! *macros*
                (cons (cons keyword expander)
                      *macros* ) ) )
          ; ;(display (list "installing" keyword "in" *macros*))(newline) ; ; DEBUG
          expander )
        (let ((name (car (cadr e)))
              (vars (cdr (cadr e)))
              (body (cddr e)) )
          (install-expander!
            name (lambda (ee eexpand)
                   (eexpand
                     (evaluate
                       (list 'apply
                             (cons 'lambda (cons vars body))
                             (list 'quote (cdr ee)) )
                       global-environment )
                     eexpand ) ) )
          (list 'quote name) ) ) ) ) )
```

On peut maintenant utiliser cet évaluateur qu'incarne la fonction `expand-then-evaluate`. Supposons donc ces fonctions rassemblées en un unique fichier disons `evalboot.scm`. Alors, on peut interpréter l'évaluateur avec :

```
(define (eval2 e env)
  (expand-then-evaluate
    '(let ()
       ,@(file->list "evalboot.scm")
       (expand-then-evaluate ',e global-environment) )
    env ) )
```

Le rapport de vitesse est de l'ordre de 1 à 50. Il y a de nombreux petits détails peu importants mais ennuyeux passés sous silence, raison pour lesquelles, les traces de mise au point apparaissent en commentaires ont été laissées. Un de ces détails est que l'on ne peut insérer d'évaluation dans une série de définitions internes, il faut donc prendre garde à l'ordre des expressions dans `evalboot.scm` puisqu'elles seront incorporées dans une forme `let` au sein d'`eval2`.

SOLUTIONS 10
Dessins et combinateurs

Solution de l'exercice 10.1 *(énoncé pages 140–141)*

Dans la fonction `eval-turtle-command`, on procède par analyse des différentes commandes possibles.
1. Si la commande est `forward`, on calcule les nouvelles coordonnées de la tortue en convertissant l'argument de `forward` et la direction courante en coordonnées cartésiennes que l'on ajoute à la position courante. La direction de la tortue et l'état de crayon restent inchangés. La commande `forward` est la seule à produire une droite, mais uniquement lorsque le crayon est abaissé.
2. Si la commande est `turn`, seule la direction est changée, après avoir converti l'argument en radians.
3. Si la commande est `up`, l'état du crayon est changé.
4. On procède de façon semblable pour la commande `down`.

```
(define eval-turtle-command
  (lambda (turtle-state command)
    (let ((x-pos     (turtle-x-pos     turtle-state))
          (y-pos     (turtle-y-pos     turtle-state))
          (direction (turtle-direction turtle-state))
          (status    (turtle-status    turtle-state)))
      (cond
        ((eq? (car command) 'forward)
         (let* ((arg (cadr command))
                (new-x-pos (+ x-pos
                              (* arg (cos direction))))
                (new-y-pos (+ y-pos
                              (* arg (sin direction)))))
           (make-result
             (make-turtle-state new-x-pos
                                new-y-pos
                                direction
                                status)
             (if (eq? status 'down)
                 (list (make-line x-pos    y-pos
                                  new-x-pos new-y-pos))
                 '()))))
        ((eq? (car command) 'turn)
         (make-result
           (make-turtle-state x-pos
                              y-pos
```

```
                              (- direction
                                 (radian (cadr command)))
                              status)
          '()))
        ((eq? (car command) 'up)
         (make-result
           (make-turtle-state x-pos y-pos direction 'up)
           '()))
        ((eq? (car command) 'down)
         (make-result
           (make-turtle-state x-pos y-pos direction 'down)
           '()))
        (else (error 'eval-turtle-command
                     "unknown command"
                     command)))))))
(define radian
  (lambda (degree)
    (/ (* degree pi) 180))))
```

Solution de l'exercice 10.2 (énoncé pages 141–142)

La solution consiste à appliquer la fonction `eval-turtle-command` successivement sur toutes les commandes de la liste reçue en argument. L'état obtenu après évaluation d'une commande est utilisé comme état de départ pour l'évaluation de la commande suivante.

On procèdera récursivement sur la liste des commandes. En fait, il est pratique d'utiliser un paramètre accumulant `lines`, contenant la liste des segments devant être dessinés. Initialement, le paramètre accumulant est la liste vide.

```
(define eval-turtle-command-sequence
  (lambda (turtle-state commands)
    (define eval-sequence
      (lambda (turtle-state commands lines)
        (if (null? commands)
            (make-result turtle-state lines)
            (let ((result (eval-turtle-command turtle-state
                                               (car commands))))
              (eval-sequence (result-state result)
                             (cdr commands)
                             (append! (result-lines result)
                                      lines))))))
    (eval-sequence turtle-state
                   commands
                   '())))
```

Le cas de base est la liste vide pour laquelle on retourne l'état de la tortue et la liste des segments de droite. Le cas inductif traite une liste non vide pour laquelle on appelle `eval-turtle-command` sur la première commande de la liste ; celle-ci produit une liste de segments. Ensuite, on procède récursivement sur le reste et on concatène les résultats. On ajoute les nouveaux segments en tête de la liste `lines` afin d'éviter de la recopier.

Solution de l'exercice 10.4 *(énoncé pages 142–143)*

La fonction `make-ps-file` se charge d'ouvrir un fichier en écriture, d'y écrire la ligne d'entête déclarant un fichier PostScript et fait appel à la fonction `make-ps` affichant les segments de droite.

```
(define make-ps-file
  (lambda (lines filename)
    (with-output-to-file filename
      (lambda ()
        (display "%!PS-Adobe-2.0 EPSF-2.0")
        (newline)
        (make-ps lines)))))
```

Pour chaque segment de droite, la fonction `make-ps` engendre les deux instructions PostScript, l'une qui déplace le curseur à l'origine, l'autre qui trace le segment de droite jusque son extrémité.

```
(define make-ps
  (lambda (lines)
    (display "newpath")
    (newline)
    (for-each (lambda (entry)
                (display (line-x1 entry))
                (display " ")
                (display (line-y1 entry))
                (display " moveto ")
                (newline)
                (display (line-x2 entry))
                (display " ")
                (display (line-y2 entry))
                (display " lineto")
                (newline))
              lines)
    (display "stroke")
    (newline)))
```

Le lecteur observera que le code PostScript engendré n'est pas optimum, car en présence d'une séquence ininterrompue de segments, il n'est pas nécessaire de produire une instruction `move-to` pour les points intermédiaires, sachant que l'instruction `line-to` précédente a déjà positionné le curseur à cet endroit. Une solution optimale est laissée en exercice au lecteur.

Solution de l'exercice 10.5 *(énoncé page 143)*

La solution consiste à définir une fonction `translate` dont la valeur est une fonction translatant chacun des segments reçus en argument. Afin d'appliquer une translation à un segment de droite, il suffit d'ajouter les coordonnées x et y de la translation aux coordonnées des extrémités du segment.

```
(define translate
  (lambda (x y)
    (lambda (lines)
      (map (lambda (line)
             (make-line (+ (line-x1 line) x)
                        (+ (line-y1 line) y)
                        (+ (line-x2 line) x)
                        (+ (line-y2 line) y)))
           lines))))
```

Solution de l'exercice 10.6 (énoncé page 143)

La solution est une simple utilisation de la fonction `translate` de l'exercice 10.5 (page 143/329–330). Il suffit de translater la liste de droites formant la seconde figure et de concaténer le résultat à la première liste de droites.

```
(define beside
  (lambda (len)
    (lambda (lines1 lines2)
      (append lines1
              ((translate len 0) lines2)))))
```

Solution de l'exercice 10.7 (énoncé page 144)

La solution est une simple variante de la précédente. A la place d'appliquer une translation horizontale, on l'effectue à présent verticalement.

```
(define above
  (lambda (len)
    (lambda (lines1 lines2)
      (append ((translate 0 len) lines1)
              lines2))))
```

Solution de l'exercice 10.8 (énoncé page 144)

La solution consiste à appliquer une transformation à chaque segment de droite de la liste reçue en argument ; cette transformation applique une fonction à la fois aux coordonnées de l'origine et à celles de l'extrémité du segment.

```
(define rotate
  (lambda (x y angle)
    (lambda (lines)
      (map (lambda (line)
             (let* ((x1 (- (line-x1 line) x))
                    (y1 (- (line-y1 line) y))
                    (p1 (rotate-point x1 y1 (radian angle)))
```

```
                (x2 (- (line-x2 line) x))
                (y2 (- (line-y2 line) y))
                (p2 (rotate-point x2 y2 (radian angle))))
          (make-line (+ x (point-x p1))
                     (+ y (point-y p1))
                     (+ x (point-x p2))
                     (+ y (point-y p2)))))
        lines))))
(define make-point cons)
(define point-x car)
(define point-y cdr)
```

Etant donnés un centre de rotation défini par les coordonnées x et y et un angle angle, on obtient les nouvelles coordonnées d'un point (xi,yi), en déterminant ses coordonnées relatives au centre de rotation, en lui appliquant ensuite une rotation de l'amplitude angulaire spécifiée, et en calculant ensuite ses nouvelles coordonnées absolues. La fonction rotate-point effectue la rotation d'un point par rapport à l'origine (0,0).

```
(define rotate-point
  (lambda (x y angle)
    (let ((mod (sqrt (+ (* x x) (* y y)))))
      (if (< mod 0.01)
          (cons x y)
          (let* ((theta (atan y x))
                 (theta1 (- theta angle))
                 (x1 (* mod (cos theta1)))
                 (y1 (* mod (sin theta1))))
            (make-point x1 y1))))))
```

Solution de l'exercice 10.9 (énoncé pages 144–145)

Il s'agit à nouveau d'appliquer une transformation à chaque droite d'une figure. La transformation consiste à multiplier les coordonnées x de l'origine et de l'extrémité par scale-x et à procéder similairement pour les coordonnées y avec la valeur scale-y.

```
(define scale
  (lambda (scale-x scale-y)
    (lambda (lines)
      (map (lambda (line)
             (make-line (* scale-x (line-x1 line))
                        (* scale-y (line-y1 line))
                        (* scale-x (line-x2 line))
                        (* scale-y (line-y2 line))))
           lines))))
```

Solution de l'exercice 10.10 (énoncé page 145)

La solution est à nouveau très simple et utilise la fonction map pour appliquer une transformation à chaque segment de la liste reçue en argument. La transformation consiste simplement à changer le signe des coordonnées verticales de chaque point.

```
(define mirror
  (lambda (lines)
    (map (lambda (line)
           (make-line (line-x1 line)
                      (- (line-y1 line))
                      (line-x2 line)
                      (- (line-y2 line))))
         lines)))
```

Solution de l'exercice 10.11 (énoncé pages 145–146)

Nous ajoutons deux nouveaux cas à la fonction eval-turtle-command. Pour la commande repeat, nous utilisons une fonction d'évaluation auxiliaire eval-repeat, tandis que pour la commande begin, nous appelons directement la fonction eval-turtle-command-sequence qui se charge d'évaluer les commandes de gauche à droite.

```
(define eval-turtle-command1
  (lambda (turtle-state command)
    (let ((x-pos     (turtle-x-pos     turtle-state))
          (y-pos     (turtle-y-pos     turtle-state))
          (direction (turtle-direction turtle-state))
          (status    (turtle-status    turtle-state)))
      (cond
        ((eq? (car command) 'forward)
         (let ((new-x-pos (+ x-pos (* (cadr command)
                                      (cos direction))))
               (new-y-pos (+ y-pos (* (cadr command)
                                      (sin direction)))))
           (make-result
             (make-turtle-state new-x-pos
                                new-y-pos
                                direction
                                status)
             (if (eq? status 'down)
                 (list (make-line x-pos     y-pos
                                  new-x-pos new-y-pos))
                 '()))))
        ((eq? (car command) 'turn)
         (make-result
           (make-turtle-state x-pos
                              y-pos
```

```
                       (- direction
                          (radian (cadr command)))
                       status)
        '()))
    ((eq? (car command) 'up)
     (make-result
      (make-turtle-state x-pos y-pos direction 'up)
      '()))
    ((eq? (car command) 'down)
     (make-result
      (make-turtle-state x-pos y-pos direction 'down)
      '()))
    ((eq? (car command) 'repeat)
     (eval-repeat turtle-state
                  (cadr command)
                  (caddr command)
                  '()))
    ((eq? (car command) 'begin)
     (eval-turtle-command-sequence turtle-state
                                   (cdr command)))
    (else (error 'eval-turtle-command1
                 "unknown command"
                 command)))))))
```

La fonction `eval-repeat` reçoit l'état de la tortue, un nombre, une commande et un paramètre accumulant `lines`. Elle itère sur le compteur jusqu'à ce que la valeur 0 soit atteinte ; elle retourne alors l'état de la tortue et les segments à dessiner. Dans le cas inductif, elle appelle `eval-turtle-command1` avant de procéder récursivement avec la valeur suivante du compteur.

```
(define eval-repeat
  (lambda (turtle-state count command lines)
    (if (= count 0)
        (make-result turtle-state lines)
        (let* ((result (eval-turtle-command1 turtle-state
                                             command))
               (new-state (result-state result))
               (new-lines (result-lines result)))
          (eval-repeat new-state
                       (- count 1)
                       command
                       (append new-lines lines))))))
```

Les segments engendrés par chaque exécution de la commande sont accumulés dans le paramètre `lines`.

Solution de l'exercice 10.12   (énoncé page 146)

L'algorithme est très simple à exprimer dans le langage de commande de la tortue. Si l'on demande de dessiner un polygone à n côtés, il suffit de répéter n fois : avancer d'une certaine distance et tourner vers la droite. L'angle selon lequel il faut tourner est donné par 360 degrés divisés par le nombre de côtés à dessiner.

```
(define (polygon n)
  (let ((angle (/ 360 n)))
    (turtle-engine 0 0
                   0
                   'down
                   `((repeat ,n
                             (begin
                               (forward 20)
                               (turn ,angle)))))))
```

Solution de l'exercice 10.13   (énoncé pages 146–147)

Nous supposons que la fonction d'évaluation eval-exp supporte des environnements sous forme de listes associatives. La recherche d'une variable se fait par lookup, tandis que l'ajout d'une liaison à l'environnement est géré par extend.

```
(define lookup
  (lambda (var env)
    (let ((res (assq var env)))
      (if res
          (cdr res)
          (error 'lookup "Unknown variable" var)))))
(define extend
  (lambda (var val env)
    (cons (cons var val) env)))
```

La fonction make-init-env crée les liaisons de variables connues dans l'environnement initial.

La fonction eval-turtle-command2 possède[1] un argument supplémentaire qui est l'environnement dans lequel les expressions doivent être évaluées. Toute commande qui prenait un argument se voit à présent changée afin que cet argument soit évalué par eval-exp en utilisant l'environnement courant ; les commandes forward, turn et repeat subissent un tel changement.

```
(define eval-turtle-command2
  (lambda (turtle-state env command)
    (let ((x-pos     (turtle-x-pos     turtle-state))
          (y-pos     (turtle-y-pos     turtle-state))
          (direction (turtle-direction turtle-state))
          (status    (turtle-status    turtle-state)))
      (cond
        ((eq? (car command) 'forward)
         (let* ((arg (eval-exp (cadr command) env))
                (new-x-pos (+ x-pos
```

---

[1] La fonction supporte déjà les nouvelles commandes eval-save-state, eval-restore-state, eval-with-fun et eval-application qui sont étudiées dans les exercices 10.14 (page 148/337–338) et 10.15 (page 148–149/338–339) qui suivent.

```
                              (* arg (cos direction))))
                (new-y-pos (+ y-pos
                              (* arg (sin direction)))))
      (make-result
        (make-turtle-state  new-x-pos
                            new-y-pos
                            direction
                            status)
        (if (eq? status 'down)
            (list (make-line x-pos     y-pos
                             new-x-pos new-y-pos))
            '()))))
 ((eq? (car command) 'turn)
  (make-result
    (make-turtle-state x-pos
                       y-pos
                       (- direction
                          (radian
                            (eval-exp (cadr command)
                                      env)))
                       status)
    '()))
 ((eq? (car command) 'up)
  (make-result
    (make-turtle-state x-pos y-pos direction 'up)
    '()))
 ((eq? (car command) 'down)
  (make-result
    (make-turtle-state x-pos y-pos direction 'down)
    '()))
 ((eq? (car command) 'repeat)
  (let ((arg (cadr command)))
    (eval-repeat2 turtle-state
                  (eval-exp arg env)
                  (caddr command)
                  '()
                  env)))
 ((eq? (car command) 'repeat-var)
  (let ((variable (caddr command))
        (arg (cadr command)))
    (eval-repeat-var turtle-state
                     (eval-exp arg env)
                     (cadddr command)
                     '()
                     variable
                     env)))
 ((eq? (car command) 'begin)
  (eval-turtle-command-sequence2 turtle-state
                                 env
```

```
                                    (cdr command)))
  ((eq? (car command) 'if)
   (let ((predicate (cadr command)))
     (eval-turtle-command2 turtle-state
                           env
                           (if (eval-exp predicate
                                         env)
                               (caddr   command)
                               (cadddr  command)))))
  ((eq? (car command) 'save-state)
   (eval-save-state turtle-state env command))
  ((eq? (car command) 'restore-state)
   (eval-restore-state turtle-state env command))
  ((eq? (car command) 'with-fun)
   (eval-with-fun turtle-state env command))
  (else (eval-application  turtle-state
                           env
                           command))))))
```

La fonction `eval-repeat2` est une extension immédiate de `eval-repeat`

```
(define eval-repeat2
  (lambda (turtle-state count body lines env)
    (if (= count 0)
        (make-result turtle-state lines)
        (let* ((result (eval-turtle-command2 turtle-state
                                             env
                                             body))
               (new-state (result-state result))
               (new-lines (result-lines result)))
          (eval-repeat2 new-state
                        (- count 1)
                        body
                        (append new-lines lines)
                        env)))))
```

Il nous reste à présent à ajouter un cas supplémentaire pour évaluer la nouvelle commande `repeat-var`. Cette commande est traitée par une fonction d'évaluation auxiliaire `eval-repeat-var`. Celle-ci est semblable à `eval-repeat` à la différence près qu'une liaison est ajoutée à l'environnement à chaque étape de la récursion. Cette liaison est entre la variable et la valeur courante du compteur.

```
(define eval-repeat-var
  (lambda (turtle-state count body lines variable env)
    (if (= count 0)
        (make-result turtle-state lines)
        (let* ((result (eval-turtle-command2 turtle-state
                                             (extend variable
                                                     count
                                                     env)
                                             body))
```

```
                    (new-state (result-state result))
                    (new-lines (result-lines result)))
                (eval-repeat-var new-state
                                 (- count 1)
                                 body
                                 (append new-lines lines)
                                 variable
                                 env))))))
```

Finalement, une séquence de commandes est évaluée par la fonction `eval-turtle-command-sequence2`.

```
(define eval-turtle-command-sequence2
  (lambda (turtle-state env commands)
    (define eval-sequence
      (lambda (turtle-state env commands lines)
        (if (null? commands)
            (make-result turtle-state lines)
            (let ((result (eval-turtle-command2 turtle-state
                                                env
                                                (car commands))))
              (eval-sequence (result-state result)
                             env
                             (cdr commands)
                             (append (result-lines result)
                                     lines))))))
    (eval-sequence turtle-state
                   env
                   commands
                   '())))
```

Solution de l'exercice 10.14   (énoncé page 148)

La solution consiste à ajouter deux nouveaux cas à la fonction `eval-turtle-command2` ainsi qu'indiqué à l'exercice 10.13 (page 146–147/334–337). Deux fonctions d'évaluation auxiliaires sont définies : `eval-save-state` et `eval-restore-state`.

La première ajoute une liaison à l'environnement courant et ensuite évalue le corps de la commande dans cet environnement étendu. La nouvelle liaison est entre la variable donnée en argument de `save-state` et l'état de la tortue, représenté par un triplet d'éléments.

```
(define eval-save-state
  (lambda (turtle-state env command)
    (let* ((name (cadr command))
           (body (cddr command))
           (new-env (extend name turtle-state env)))
      (eval-turtle-command-sequence2 turtle-state
                                     new-env
                                     body))))
```

La fonction `eval-restore-state` se charge de chercher la valeur de la variable dans l'environnement courant. Celle-ci se doit d'être un état de la tortue, qui est alors retourné en compagnie d'une liste vide, signifiant que la commande `restore-state` ne crée pas de segment de droite mais uniquement change l'état de la tortue.

```
(define eval-restore-state
  (lambda (turtle-state env command)
    (let* ((name (cadr command))
           (state (lookup name env)))
      (make-result state '()))))
```

Solution de l'exercice 10.15   (énoncé pages 148–149)

A nouveau, deux cas supplémentaires sont ajoutés à la fonction `eval-turtle-command2` ainsi qu'indiqué à l'exercice 10.13 (page 146–147/334–337). Ils font appel à deux fonctions auxiliaires `eval-with-fun` et `eval-application`.

La commande `with-fun` est en fait assez semblable à un `letrec`; aussi, nous étendons l'environnement courant avec une liaison entre le nom `name` et une fermeture. La fermeture attend une position, une direction, un état de crayon et une liste d'arguments, et évalue `fun-body` dans un environnement étendu par des liaisons entre les paramètres formels `vars` et les arguments `list-of-args`.

```
(define eval-with-fun
  (lambda (turtle-state env command)
    ;;; command is (with-fun name vars fun-body body)
    (let ((name     (cadr command))
          (vars     (caddr command))
          (fun-body (cadddr command))
          (body     (cddddr command)))
      (define new-env
        (extend name
                (lambda (turtle-state args)
                  (let ((bindings (map cons vars args)))
                    (eval-turtle-command2 turtle-state
                                          (append bindings
                                                  new-env)
                                          fun-body)))
                env))
      (eval-turtle-command-sequence2 turtle-state
                                     new-env
                                     body))))
```

On notera l'usage du `define` interne qui permet de construire un nouvel environnement `new-env` contenant une liaison entre `name` et une fermeture elle-même faisant référence à `new-env`. C'est en effet `new-env` qui est étendu lors de l'application d'une fermeture. Dès lors, la nouvelle liaison est connue dans le corps de la nouvelle commande, ce qui autorise des commandes récursives.

La fonction `eval-application` est responsable pour l'application de commandes nouvellement définies. D'abord, elle évalue chaque sous-expression dans l'environnement courant. Ensuite, elle applique la fermeture obtenue par évaluation de l'opérateur à l'état de la tortue et aux arguments.

```
(define eval-application
  (lambda (turtle-state env command)
    (let ((args (map (lambda (x)
                       (eval-exp x env))
                     (cdr command)))
          (fun (cdr (assq (car command) env))))
      (do-apply fun
                turtle-state
                args))))
(define do-apply
  (lambda (fun turtle-state args)
    (fun turtle-state args)))
```

Solution de l'exercice 10.16 (énoncé pages 149–150)

La fonction `iterate` est d'ordre supérieure : elle attend un combinateur et un nombre et retourne une fonction demandant une liste de droites. Ensuite, elle applique récursivement le combinateur autant de fois qu'indiqué par le nombre.

```
(define iterate
  (lambda (combine n)
    (lambda (lines)
      (letrec ((iter (lambda (n lines acc)
                       (if (= n 0)
                           acc
                           (iter (- n 1)
                                 lines
                                 (combine lines acc))))))
        (iter n lines '())))))
```

Solution de l'exercice 10.17 (énoncé page 150)

Il est immédiat de dessiner une telle ligne brisée dans le langage de commande de la tortue. Il suffit d'avancer de 1 unités, de tourner vers la gauche de 60 degrés, d'avancer de 1 unités, de tourner vers la droite de 120 degrés, d'avancer de 1 unités, de tourner vers la gauche de 60 degrés et d'avancer une dernière fois de 1 unités.

```
(define (the-triangle l theta)
  (turtle-engine2 0 0
                  theta
                  'down
                  (extend 'l 1 (make-init-env))
                  '((with-fun triangle (len)
                      (begin
```

```
                        (forward len)
                        (turn -60)
                        (forward len)
                        (turn 120)
                        (forward len)
                        (turn -60)
                        (forward len))
                    (triangle 1)))))
```

Cette solution fait appel à `turtle-engine2` définie dans l'énoncé de l'exercice 10.13 (page 146–147/334–337).

Solution de l'exercice 10.18 (énoncé page 150)

Le point de départ du flocon de Koch est un triangle équilatéral. Le flocon de Koch est défini comme trois appels à la fonction `koch` séparés par des commandes (`turn -120`) donnant ainsi la forme du triangle équilatéral.

La commande `koch` est définie récursivement. Si son argument est zéro, elle dessine une droite. Si son argument est supérieur à zéro, elle applique la technique de la ligne brisée de l'exemple précédent, mais au lieu de dessiner des segments de droite elle fait récursivement appel à `koch` avec un degré de moins. Les longueurs des segments de droites sont également divisés par trois lors de chaque appel récursif.

```
(define the-koch-snowflake
  (turtle-engine2 0 0
                  (/ pi 2)
                  'down
                  (make-init-env)
    '((with-fun koch (n len)
        (begin
          (if (= n 0)
              (forward len)
              (begin
                (koch (- n 1) (/ len 3))
                (turn 60)
                (koch (- n 1) (/ len 3))
                (turn -120)
                (koch (- n 1) (/ len 3))
                (turn 60)
                (koch (- n 1) (/ len 3))))))
      (with-fun koch-triangle (n len)
        (begin
          (koch n len)
          (turn -120)
          (koch n len)
          (turn -120)
          (koch n len)))
      (turn -90)
      (koch-triangle 5 150.0) )))))
```

Solution de l'exercice 10.19   (énoncé page 151)

Cette approche simplifie légèrement le code de la fonction eval-turtle-command3 car à présent, il n'est plus nécessaire de retourner l'état de la tortue mais uniquement la liste des segments de droite à dessiner.

```
(define eval-turtle-command3
  (lambda (turtle-state env command)
    (cond
      ((eq? (car command) 'forward)
       (let ((direction (turtle-direction turtle-state))
             (argument (eval-exp (cadr command) env))
             (old-x-pos (turtle-x-pos turtle-state))
             (old-y-pos (turtle-y-pos turtle-state)))
         (set-turtle-x-pos! turtle-state
                            (+ old-x-pos
                               (* argument (cos direction))))
         (set-turtle-y-pos! turtle-state
                            (+ old-y-pos
                               (* argument (sin direction))))
         (if (eq? (turtle-status turtle-state) 'down)
             (list (list old-x-pos
                         old-y-pos
                         (turtle-x-pos turtle-state)
                         (turtle-y-pos turtle-state)))
             '())))
      ((eq? (car command) 'turn)
       (set-turtle-direction! turtle-state
             (- (turtle-direction turtle-state)
                (radian (eval-exp (cadr command) env))))
       '())
      ((eq? (car command) 'up)
       (set-turtle-status! turtle-state 'up)
       '())
      ((eq? (car command) 'down)
       (set-turtle-status! turtle-state 'down)
       '())
      ((eq? (car command) 'repeat)
       (eval-repeat-3 (eval-exp (cadr command) env)
                      (caddr command)
                      '()
                      turtle-state
                      env))
      ((eq? (car command) 'repeat-var)
       (let ((variable (caddr command)))
         (eval-repeat-var3 (eval-exp (cadr command) env)
                           (cadddr command)
                           '()
```

```
                              variable
                              turtle-state
                              env)))
    ((eq? (car command) 'begin)
     (eval-turtle-command-sequence3 turtle-state
                                    env
                                    (cdr command)))
    ((eq? (car command) 'if)
     (eval-turtle-command3 turtle-state env
                           (if (eval-exp (cadr command) env)
                               (caddr   command)
                               (cadddr  command))))
    ((eq? (car command) 'save-state)
     (eval-save-state3 turtle-state env command))
    ((eq? (car command) 'restore-state)
     (eval-restore-state3 turtle-state env command))
    ((eq? (car command) 'with-fun)
     (eval-with-fun3 turtle-state env command))
           ;;; in the case of a combination, evaluate all
           ;;; subexpressions. Then I apply the function.
    (else (eval-application3 turtle-state env command)))))
```

Cela simplifie en particulier des fonctions auxiliaires telles que `eval-repeat-var3` qui peuvent simplement passer l'état de la tortue aux différents appels récursifs.

```
(define eval-repeat-var3
  (lambda (count body lines variable turtle-state env)
    (if (= count 0)
        (cons turtle-state lines)
        (let ((res (eval-turtle-command3 turtle-state
                                         (extend variable
                                                 count
                                                 env)
                                         body)))
          (eval-repeat-var3 (- count 1)
                            body
                            (append res lines)
                            variable
                            turtle-state
                            env)))))
```

Solution de l'exercice 10.20 (énoncé page 152)

Il est immédiat de sauver l'état de la tortue en créant une nouvelle liaison dans l'environnement courant. Cependant, l'état que l'on sauve dans l'environnement est partagé par le programme et peut donc être modifié. Or, nous sommes intéressés par l'état de la tortue qui existe à un moment donné. Il faut donc que nous placions une *copie* de l'état dans l'environnement.

```
(define eval-save-state3
  (lambda (turtle-state env command)
    (let* ((name (cadr command))
           (body (cddr command))
           (new-env (extend name
                            (copy-state turtle-state)
                            env)))
      (eval-turtle-command-sequence3 turtle-state
                                     new-env
                                     body))))
```

L'état de la tortue est copié par la commande `copy-state`.

```
(define copy-state
  (lambda (state)
    (make-turtle-state (turtle-x-pos state)
                       (turtle-y-pos state)
                       (turtle-direction state)
                       (turtle-status state))))
```

Afin de restaurer l'état de la tortue, la fonction `eval-restore-state3` mute l'état courant et lui donne les valeurs contenues dans l'état sauvé.

```
(define eval-restore-state3
  (lambda (turtle-state env command)
    (let ((name (cadr command)))
      (let ((state (lookup name env)))
        (set-turtle-x-pos! turtle-state
                           (turtle-x-pos state))
        (set-turtle-y-pos! turtle-state
                           (turtle-y-pos state))
        (set-turtle-status! turtle-state
                            (turtle-status state))
        (set-turtle-direction! turtle-state
                               (turtle-direction state))
        '()))))
```

Solution de l'exercice 10.21 (énoncé page 152)

La solution est en fait assez semblable à l'opérateur `mirror`, exercice 10.10 (page 145/332). On construit l'image symétrique de celle reçue en argument.

```
(define single-unfold
  (lambda (lines)
    (mapcan (lambda (line)
              (let ((x1 (line-x1 line))
                    (y1 (line-y1 line))
                    (x2 (line-x2 line))
                    (y2 (line-y2 line)))
                (list line
                      (make-line (line-x1 line)
                                 (- (line-y1 line))
```

```
                         (line-x2 line)
                         (- (line-y2 line))))))
            (mapcan project-above-x
                    lines))))
```

Au contraire de `mirror`, on ne construit pas le symétrique des segments (ou portions de ceux-ci) se trouvant dans le demi-plan des y négatifs. C'est le rôle de la fonction `project-above-x` de projeter tout segment de droite sur le demi-plan des y positifs.

```
(define project-above-x
  (lambda (line)
    (let ((x1 (line-x1 line))
          (y1 (line-y1 line))
          (x2 (line-x2 line))
          (y2 (line-y2 line)))
      (cond ((and (>= y1 0) (>= y2 0))
             (list line))
            ((and (< y1 0) (< y2 0))
             '())
            ((> y2 0)
             (list (interpolate x1 y1 x2 y2)))
            (else
             (list (interpolate x2 y2 x1 y1))))))))
(define interpolate
  (lambda (x1 y1 x2 y2)
    (if (< (abs (- x2 x1)) interpolate-epsilon)
        (make-line x2 y2 x2 0)
        (let ((theta (atan (- y2 y1) (- x2 x1))))
          (make-line x2 y2 (- x2 (/ y2 (tan theta))) 0)))))
(define interpolate-epsilon 0.1)
```

Solution de l'exercice 10.22   (énoncé pages 152–153)

Le dépliage se fait de la façon suivante. Si n est 0, on retourne la liste de segments. Si n est 1, on retourne un dépliage simple obtenu par `single-unfold`. Sinon, on effectue un dépliage, on translate le résultat pour que tout le dessin se trouve dans le demi-plan des y positifs, et on répète le processus avec n-1. Chaque dépliage double la taille du dessin ; dès lors, on maintient la taille courante du dessin afin de spécifier l'amplitude de la translation.

```
(define linear-unfold
  (lambda (n size)
    (letrec ((unfold
              (lambda (n y)
                (lambda (lines)
                  (cond ((= n 0) lines)
                        ((= n 1) (single-unfold lines))
                        (else ((linear-unfold (- n 1) (* 2 y))
                               ((translate 0 y)
```

```
                                    (single-unfold lines)))))))))
       (unfold n size))))
```

Solution de l'exercice 10.23 (énoncé page 153)

Le nombre de plis n détermine l'angle formé par la feuille :

$$\frac{360}{2^n}$$

Il suffit alors d'effectuer un dépliage simple, d'appliquer une rotation dont l'angle est donné par la formule ci-dessus, et de répéter le processus avec $n - 1$. On s'arrête pour n égal à 0 ou 1.

```
(define circular-unfold
  (lambda (n)
    (lambda (lines)
      (cond ((= n 0) lines)
            ((= n 1) (single-unfold lines))
            (else ((circular-unfold (- n 1))
                   ((rotate 0 0 (- (/ 360 (expt 2 n))))
                    (single-unfold lines)))))))))
```

Solution de l'exercice 10.24 (énoncé pages 153–154)

Comme pour la tortue, on engendre la séquence de segments de droites à dessiner pour chacun des contours apparaissant dans la variable the-world.

```
(define draw-world
  (lambda (scale)
    (mapcan (lambda (contour)
              (draw-mercator-polygone contour scale))
            the-world)))
```

Afin de dessiner un polygone à partir d'une liste de points, il nous suffit de tracer un segment de droite entre chaque paire de points se suivant dans la liste des points.

```
(define draw-mercator-polygone
  (lambda (l scale)
    (let ((previous (car l)))
      (mapcan (lambda (current)
                (let ((l (make-mercator-line (car previous)
                                             (cadr previous)
                                             (car current)
                                             (cadr current)
                                             scale)))
                  (set! previous (list (car current)
                                       (cadr current)))
                  l))
              (cdr l)))))
```

Il faut veiller à ce qu'un segment de droite traversant le méridien à 180 degrés ne soit pas directement tracé, car ce méridien apparaît aux extrémités gauche et droite de la projection de Mercator. Dès lors, un segment de droite coupant ce méridien est décomposé en deux segments.

```
(define make-mercator-line
  (lambda (lat1 long1 lat2 long2 diameter)
    (let ((radius (/ diameter 2.0)))
      (if (and (< (* long1 long2) 0)
               (or (> (abs long1) 160)
                   (> (abs long2) 160)))
          (let ((lat3 (/ (+ lat1 lat2) 2))
                (long3 (if (> long1 0) 180 -180))
                (lat4 (/ (+ lat1 lat2) 2))
                (long4 (if (> long2 0) 180 -180)))
            (let ((p1 (spheric->mercator lat1 long1 radius))
                  (p2 (spheric->mercator lat2 long2 radius))
                  (p3 (spheric->mercator lat3 long3 radius))
                  (p4 (spheric->mercator lat4 long4 radius)))
              (let ((x1 (car p1))
                    (y1 (cadr p1))
                    (x2 (car p2))
                    (y2 (cadr p2))
                    (x3 (car p3))
                    (y3 (cadr p3))
                    (x4 (car p4))
                    (y4 (cadr p4)))
                (list (make-line x1 y1 x3 y3)
                      (make-line x2 y2 x4 y4)))))
          (let ((p1 (spheric->mercator lat1 long1 radius))
                (p2 (spheric->mercator lat2 long2 radius)))
            (list (make-line (car p1) (cadr p1)
                             (car p2) (cadr p2))))))))
```

Les projections de Mercator sont implantées par les fonctions suivantes. On veille cependant à ce que la latitude ne soit pas exactement 90 ou -90 pour éviter d'en calculer la tangente.

```
(define spheric->mercator
  (lambda (latitude longitude radius)
    (list (mercator-x longitude radius)
          (mercator-y latitude radius))))
(define mercator-x
  (lambda (longitude radius)
    (* (radiant longitude) radius)))
(define mercator-y
  (lambda (latitude radius)
    (if (<= (abs (- 90.0 (abs latitude))) epsilon-lat)
        (if (<= latitude 0)
            -300
            300)
```

```
           (* (log (tan (+ (/ pi 4) (/ (radiant latitude) 2))))
              radius))))
(define epsilon-lat 0.2)
```

Bibliographie

[ASS85] Harold Abelson, Gerald Jay Sussman, and Julie Sussman. *Structure and Interpretation of Computer Programs*. MIT Press, Cambridge, Massachusetts, 1985.

[Cha96] Jacques Chazarain. *Programmer avec Scheme, de la pratique à la théorie*. International Thomson Publishing, 1996.

[CM95] Guy Cousineau and Michel Mauny. *Approche fonctionnelle de la programmation*. Ediscience international, 1995.

[DFH86] R. Kent Dybvig, Daniel P. Friedman, and Christopher T. Haynes. Expansion-passing style : Beyond conventional macros. In *Conference Record of the 1986 ACM Conference on Lisp and Functional Programming*, pages 143–150, 1986.

[FWH92] Daniel P. Friedman, Mitchell Wand, and Christopher T. Haynes. *Essentials of Programming Languages*. McGraw-Hill, 1992.

[Hen82] Peter Henderson. Functional Geometry. In *Lisp and Functional Programming*, pages 179–187. ACM, 1982.

[HKK99] Max Hailperin, Barbara Kaiser, and Karl Knight. *Concrete Abstractions, An Introduction to Computer Science Using Scheme*. Brooks/Cole Publishing Company, 1999.

[Huf96] Jean-Michel Hufflen. *Programmation fonctionnelle en Scheme. De la conception à la mise en oeuvre*. Masson, 1996.

[ML95] Vincent Manis and James J Little. *The Schematics of computation*. Prentice-Hall, 1995.

[Que94] Christian Queinnec. *Les langages Lisp*. InterEditions, 1994.

Index

above	330	Ex 10.24, p. 153–154/345–347
actions	234	Ex 10.24, p. 153–154/345–347
add-element-to-subsets	189	Ex 10.24, p. 153–154/345–347
add-singleton	189	Ex 10.24, p. 153–154/345–347
africa	154	Ex 10.24, p. 153–154/345–347
after-path	201	Ex 10.24, p. 153–154/345–347
after-path-list	215	Ex 10.24, p. 153–154/345–347
all-cycles	241	Ex 10.24, p. 153–154/345–347
all-pairs	176	Ex 10.24, p. 153–154/345–347
all-pairs2	176	Ex 10.24, p. 153–154/345–347
all-paths	239	Ex 10.24, p. 153–154/345–347
alternate	170	Ex 10.24, p. 153–154/345–347
ancestor?	204	Ex 10.24, p. 153–154/345–347
and?	66	Ex 4.17, p. 65–66/235–236
and-map	168	Ex 10.24, p. 153–154/345–347
annotate-tree	202	Ex 10.24, p. 153–154/345–347
any?	262	Ex 10.24, p. 153–154/345–347
apl-ize	262	Ex 10.24, p. 153–154/345–347
apl-ize1	261	Ex 10.24, p. 153–154/345–347
apl-ize2	261	Ex 10.24, p. 153–154/345–347
appear	170	Ex 10.24, p. 153–154/345–347
arith-eval	227	Ex 10.24, p. 153–154/345–347
arith-simplify	229	Ex 10.24, p. 153–154/345–347
arith-simplify2	230	Ex 10.24, p. 153–154/345–347
arith-simplify-difference	231	Ex 10.24, p. 153–154/345–347
arith-simplify-product	231	Ex 10.24, p. 153–154/345–347
arith-simplify-sum	230	Ex 10.24, p. 153–154/345–347
associate	173	Ex 10.24, p. 153–154/345–347
atom?	36	Ex 2.61, p. 34/197–198
augment	169	Ex 10.24, p. 153–154/345–347
augment!	272	Ex 10.24, p. 153–154/345–347
a-new-figure	153	Ex 10.23, p. 153/345
balanced	201	Ex 10.24, p. 153–154/345–347
balanced?	200	Ex 10.24, p. 153–154/345–347
balanced2?	201	Ex 10.24, p. 153–154/345–347
basename	280	Ex 10.24, p. 153–154/345–347
basename2	280	Ex 10.24, p. 153–154/345–347
beside	330	Ex 10.24, p. 153–154/345–347
binary-mult	177	Ex 10.24, p. 153–154/345–347
binary-sum	176	Ex 10.24, p. 153–154/345–347
bind	133	Ex 8.14, p. 131/309–311
boat	245	Ex 10.24, p. 153–154/345–347
boolean-value	236	Ex 10.24, p. 153–154/345–347
bottom?	203	Ex 10.24, p. 153–154/345–347
breadth-first	223	Ex 10.24, p. 153–154/345–347
breadth-first-aux	223	Ex 10.24, p. 153–154/345–347
bridge-duration	248	Ex 10.24, p. 153–154/345–347
bridge-left	248	Ex 10.24, p. 153–154/345–347
bridge-left?	249	Ex 10.24, p. 153–154/345–347
bridge-light	248	Ex 10.24, p. 153–154/345–347

bridge-moves	248	Ex 10.24, p. 153–154/345–347
bridge-right	248	Ex 10.24, p. 153–154/345–347
bridge-right?	249	Ex 10.24, p. 153–154/345–347
brother-or-sister?	203	Ex 10.24, p. 153–154/345–347
bstree?	224	Ex 10.24, p. 153–154/345–347
bstree-aux	224	Ex 10.24, p. 153–154/345–347
bstree-left	60	Ex 4.5, p. 60/224
bstree-right	60	Ex 4.5, p. 60/224
bstree-sort	227	Ex 10.24, p. 153–154/345–347
butlast	182	Ex 10.24, p. 153–154/345–347
call/cc	90	Ex 5.29, p. 89/262
call-with-input-file	123	Ex 8.2, p. 123
call-with-output-file	123	Ex 8.2, p. 123
cannibals-left	245	Ex 10.24, p. 153–154/345–347
cannibals-right	245	Ex 10.24, p. 153–154/345–347
cassq	195	Ex 10.24, p. 153–154/345–347
change-leaves	273	Ex 10.24, p. 153–154/345–347
cheating-count-nodes	276	Ex 10.24, p. 153–154/345–347
cheating-find-node	278	Ex 10.24, p. 153–154/345–347
circular-unfold	345	Ex 10.24, p. 153–154/345–347
collect-nodes	69	Ex 4.21, p. 69–70
collect-nodes	102	Ex 6.24, p. 102
combine-ascending-numbers	251	Ex 10.24, p. 153–154/345–347
common-suffix	184	Ex 10.24, p. 153–154/345–347
compile-regexp	295	Ex 10.24, p. 153–154/345–347
complete	206	Ex 10.24, p. 153–154/345–347
complete?	206	Ex 10.24, p. 153–154/345–347
compose	260	Ex 10.24, p. 153–154/345–347
compose-n	260	Ex 10.24, p. 153–154/345–347
concert	249	Ex 10.24, p. 153–154/345–347
configuration-comment	245	Ex 10.24, p. 153–154/345–347
constant?	66	Ex 4.17, p. 65–66/235–236
cons-n	171	Ex 10.24, p. 153–154/345–347
content	199	Ex 10.24, p. 153–154/345–347
continue-explore-graph	241	Ex 10.24, p. 153–154/345–347
copy-state	343	Ex 10.24, p. 153–154/345–347
count	168	Ex 10.24, p. 153–154/345–347
countdown	189	Ex 10.24, p. 153–154/345–347
count-nodes	276	Ex 10.24, p. 153–154/345–347
create-node	101	Ex 6.22, p. 101
create-node	275	Ex 10.24, p. 153–154/345–347
cut	306	Ex 10.24, p. 153–154/345–347
define	100	Ex 6.21, p. 100–101
define	275	Ex 10.24, p. 153–154/345–347
depth	199	Ex 10.24, p. 153–154/345–347
depth2	200	Ex 10.24, p. 153–154/345–347
depth-annotate	200	Ex 10.24, p. 153–154/345–347
depth-first	222	Ex 10.24, p. 153–154/345–347
depth-first2	222	Ex 10.24, p. 153–154/345–347
depth-first-aux	222	Ex 10.24, p. 153–154/345–347
depth-list	212	Ex 10.24, p. 153–154/345–347
detab	309	Ex 10.24, p. 153–154/345–347
deterministic-transfer?	194	Ex 10.24, p. 153–154/345–347
diagonalize	161	Ex 10.24, p. 153–154/345–347

diff	306	Ex 10.24, p. 153–154/345–347
differentiate	230	Ex 10.24, p. 153–154/345–347
differentiate2	232	Ex 10.24, p. 153–154/345–347
differentiate-product	233	Ex 10.24, p. 153–154/345–347
differentiate-product-incorrect	233	Ex 10.24, p. 153–154/345–347
differentiate-sum	233	Ex 10.24, p. 153–154/345–347
diff-at-most-1?	200	Ex 10.24, p. 153–154/345–347
direct-sum-of-integers	5	Ex 1.1, p. 3–5
dirname	280	Ex 10.24, p. 153–154/345–347
dirname2	281	Ex 10.24, p. 153–154/345–347
discretize	254	Ex 10.24, p. 153–154/345–347
discretize-with	253	Ex 10.24, p. 153–154/345–347
display-ground	297	Ex 10.24, p. 153–154/345–347
display-ground/solution	298	Ex 10.24, p. 153–154/345–347
display-horizontal-numbering	297	Ex 10.24, p. 153–154/345–347
do-apply	338	Ex 10.24, p. 153–154/345–347
draw-function	255	Ex 10.24, p. 153–154/345–347
draw-mercator-polygone	345	Ex 10.24, p. 153–154/345–347
draw-world	345	Ex 10.24, p. 153–154/345–347
ebody	319	Ex 10.24, p. 153–154/345–347
ebody	321	Ex 10.24, p. 153–154/345–347
edges->graph	242	Ex 10.24, p. 153–154/345–347
elet	318	Ex 10.24, p. 153–154/345–347
empty-set	222	Ex 10.24, p. 153–154/345–347
enrich	319	Ex 10.24, p. 153–154/345–347
enrich	321	Ex 10.24, p. 153–154/345–347
entab	310	Ex 10.24, p. 153–154/345–347
enumerate-bstree	225	Ex 10.24, p. 153–154/345–347
enumerate-fibonacci	162	Ex 10.24, p. 153–154/345–347
enumerate-triangular?	160	Ex 10.24, p. 153–154/345–347
eprogn	132	Ex 8.14, p. 131/309–311
eprogn	321	Ex 10.24, p. 153–154/345–347
epsilon-lat	346	Ex 10.24, p. 153–154/345–347
evaluate	132	Ex 8.14, p. 131/309–311
evaluate	314	Ex 10.24, p. 153–154/345–347
evaluate	318	Ex 10.24, p. 153–154/345–347
evaluate	321	Ex 10.24, p. 153–154/345–347
eval2	326	Ex 10.24, p. 153–154/345–347
eval-application	338	Ex 10.24, p. 153–154/345–347
eval-repeat	333	Ex 10.24, p. 153–154/345–347
eval-repeat2	336	Ex 10.24, p. 153–154/345–347
eval-repeat-var	336	Ex 10.24, p. 153–154/345–347
eval-repeat-var3	342	Ex 10.24, p. 153–154/345–347
eval-restore-state	337	Ex 10.24, p. 153–154/345–347
eval-restore-state3	343	Ex 10.24, p. 153–154/345–347
eval-save-state	337	Ex 10.24, p. 153–154/345–347
eval-save-state3	342	Ex 10.24, p. 153–154/345–347
eval-turtle-command	327	Ex 10.24, p. 153–154/345–347
eval-turtle-command1	332	Ex 10.24, p. 153–154/345–347
eval-turtle-command2	334	Ex 10.24, p. 153–154/345–347
eval-turtle-command3	341	Ex 10.24, p. 153–154/345–347
eval-turtle-command-sequence	328	Ex 10.24, p. 153–154/345–347
eval-turtle-command-sequence2	337	Ex 10.24, p. 153–154/345–347
eval-with-fun	338	Ex 10.24, p. 153–154/345–347

evlis	132	Ex 8.14, p. 131/309–311
exist?	198	Ex 10.24, p. 153–154/345–347
expand-then-evaluate	320	Ex 10.24, p. 153–154/345–347
expand-then-evaluate	325	Ex 10.24, p. 153–154/345–347
explore-graph	241	Ex 10.24, p. 153–154/345–347
exponential	165	Ex 10.24, p. 153–154/345–347
exponential2	166	Ex 10.24, p. 153–154/345–347
extend	133	Ex 8.14, p. 131/309–311
extend	136	Ex 9.11, p. 137/316–317
extend	334	Ex 10.24, p. 153–154/345–347
extend-sinus-likewise	253	Ex 10.24, p. 153–154/345–347
fastest-bridge	250	Ex 10.24, p. 153–154/345–347
father	203	Ex 10.24, p. 153–154/345–347
fib	162	Ex 10.24, p. 153–154/345–347
fibonacci	162	Ex 10.24, p. 153–154/345–347
filter	242	Ex 10.24, p. 153–154/345–347
filter+	181	Ex 10.24, p. 153–154/345–347
final-bridge?	249	Ex 10.24, p. 153–154/345–347
final-configuration?	245	Ex 10.24, p. 153–154/345–347
find-closest-mine	298	Ex 10.24, p. 153–154/345–347
find-node	278	Ex 10.24, p. 153–154/345–347
first-occurrence	172	Ex 10.24, p. 153–154/345–347
first-occurrence-acc	172	Ex 10.24, p. 153–154/345–347
first-operand	66	Ex 4.17, p. 65–66/235–236
flower	153	Ex 10.23, p. 153/345
follow	174	Ex 10.24, p. 153–154/345–347
follow-tree	210	Ex 10.24, p. 153–154/345–347
foo	95	Ex 6.5, p. 95/264
forest	153	Ex 10.22, p. 152–153/344–345
free-variables	221	Ex 10.24, p. 153–154/345–347
frequency	169	Ex 10.24, p. 153–154/345–347
frequency!	271	Ex 10.24, p. 153–154/345–347
fringe	39	Ex 3.3, p. 39–40
fringe2	39	Ex 3.3, p. 39–40
fringe3	40	Ex 3.3, p. 39–40
fringe-aux	39	Ex 3.3, p. 39–40
fringe-list	215	Ex 10.24, p. 153–154/345–347
function-tag	136	Ex 9.10, p. 136/316
generate	168	Ex 10.24, p. 153–154/345–347
generate2	169	Ex 10.24, p. 153–154/345–347
generate-tree	208	Ex 10.24, p. 153–154/345–347
genset?	218	Ex 10.24, p. 153–154/345–347
gensym	274	Ex 10.24, p. 153–154/345–347
get-count	274	Ex 10.24, p. 153–154/345–347
get-musicians-time	250	Ex 10.24, p. 153–154/345–347
get-musician-time	250	Ex 10.24, p. 153–154/345–347
get-n	174	Ex 10.24, p. 153–154/345–347
get-output	239	Ex 10.24, p. 153–154/345–347
get-path	207	Ex 10.24, p. 153–154/345–347
get-path2	208	Ex 10.24, p. 153–154/345–347
get-path-list	215	Ex 10.24, p. 153–154/345–347
get-property	235	Ex 10.24, p. 153–154/345–347
give-aux	174	Ex 10.24, p. 153–154/345–347
give-cards	173	Ex 10.24, p. 153–154/345–347

Index

global-environment	133	Ex 8.14, p. 131/309–311
global-environment	312	Ex 10.24, p. 153–154/345–347
global-environment	313	Ex 10.24, p. 153–154/345–347
global-environment	313	Ex 10.24, p. 153–154/345–347
global-environment	313	Ex 10.24, p. 153–154/345–347
global-environment	323	Ex 10.24, p. 153–154/345–347
graph-inverse	242	Ex 10.24, p. 153–154/345–347
graph-longest-path	239	Ex 10.24, p. 153–154/345–347
graph-longest-path2	277	Ex 10.24, p. 153–154/345–347
greater?	225	Ex 10.24, p. 153–154/345–347
greatest-divisor	159	Ex 10.24, p. 153–154/345–347
greatest-divisor2	159	Ex 10.24, p. 153–154/345–347
grep	309	Ex 10.24, p. 153–154/345–347
ground-ref	296	Ex 10.24, p. 153–154/345–347
ground-set!	297	Ex 10.24, p. 153–154/345–347
guess-integer	164	Ex 10.24, p. 153–154/345–347
hash-table?	292	Ex 10.24, p. 153–154/345–347
hash-table-get	293	Ex 10.24, p. 153–154/345–347
hash-table-key->hash-number	292	Ex 10.24, p. 153–154/345–347
hash-table-put!	293	Ex 10.24, p. 153–154/345–347
hash-table-tag	292	Ex 10.24, p. 153–154/345–347
head	307	Ex 10.24, p. 153–154/345–347
heading	259	Ex 10.24, p. 153–154/345–347
headings	260	Ex 10.24, p. 153–154/345–347
inherit	236	Ex 10.24, p. 153–154/345–347
initial-configuration	246	Ex 10.24, p. 153–154/345–347
insert-bstree	226	Ex 10.24, p. 153–154/345–347
install-evaluate!	314	Ex 10.24, p. 153–154/345–347
install-expander!	320	Ex 10.24, p. 153–154/345–347
install-interactive-evaluate!	314	Ex 10.24, p. 153–154/345–347
interpolate	344	Ex 10.24, p. 153–154/345–347
interpolate-epsilon	344	Ex 10.24, p. 153–154/345–347
invoke	133	Ex 8.14, p. 131/309–311
invoke	315	Ex 10.24, p. 153–154/345–347
invoke	316	Ex 10.24, p. 153–154/345–347
invoke	317	Ex 10.24, p. 153–154/345–347
invoke	317	Ex 10.24, p. 153–154/345–347
in-between	274	Ex 10.24, p. 153–154/345–347
iso	267	Ex 10.24, p. 153–154/345–347
isomorphic?	267	Ex 10.24, p. 153–154/345–347
is-mirror?	210	Ex 10.24, p. 153–154/345–347
is-prefix?	184	Ex 10.24, p. 153–154/345–347
is-suffix?	183	Ex 10.24, p. 153–154/345–347
is-suffix2?	184	Ex 10.24, p. 153–154/345–347
is-suffix3?	184	Ex 10.24, p. 153–154/345–347
iterate	339	Ex 10.24, p. 153–154/345–347
itprefix	182	Ex 10.24, p. 153–154/345–347
justify	307	Ex 10.24, p. 153–154/345–347
knapsack	27	Ex 2.50, p. 26–28
lambda?	221	Ex 10.24, p. 153–154/345–347
leaf1?	41	Ex 3.4, p. 40–42
leaf2?	41	Ex 3.4, p. 40–42
leaf3?	42	Ex 3.4, p. 40–42
leaf-content1	41	Ex 3.4, p. 40–42

leaf-content2	41	Ex 3.4, p. 40–42
leaf-content3	42	Ex 3.4, p. 40–42
leaf-tag3	42	Ex 3.4, p. 40–42
leaves-at-depth	206	Ex 10.24, p. 153–154/345–347
leaves-at-depth2	207	Ex 10.24, p. 153–154/345–347
length	12	Ex 2.2, p. 12
less?	225	Ex 10.24, p. 153–154/345–347
let	138	Ex 9.17, p. 138/321
let/cc	90	Ex 5.29, p. 89/262
linearize	228	Ex 10.24, p. 153–154/345–347
linear-transfer?	194	Ex 10.24, p. 153–154/345–347
linear-unfold	344	Ex 10.24, p. 153–154/345–347
line-x1	140	Ex 9.18, p. 138/321–326
line-x2	140	Ex 9.18, p. 138/321–326
line-y1	140	Ex 9.18, p. 138/321–326
line-y2	140	Ex 9.18, p. 138/321–326
linked	70	Ex 4.22, p. 70–72
linked?	278	Ex 10.24, p. 153–154/345–347
linked2	71	Ex 4.22, p. 70–72
linked3	72	Ex 4.22, p. 70–72
linked4	258	Ex 10.24, p. 153–154/345–347
list-ref	172	Ex 10.24, p. 153–154/345–347
list-tail	173	Ex 10.24, p. 153–154/345–347
list->string	107	Ex 7.3, p. 107–108
list->string2	108	Ex 7.3, p. 107–108
load-objects	27	Ex 2.50, p. 26–28
load-utility	27	Ex 2.50, p. 26–28
load-weight	27	Ex 2.50, p. 26–28
longest	168	Ex 10.24, p. 153–154/345–347
longest-aux	168	Ex 10.24, p. 153–154/345–347
longest-increasing-sequence	193	Ex 10.24, p. 153–154/345–347
lookup	133	Ex 8.14, p. 131/309–311
lookup	317	Ex 10.24, p. 153–154/345–347
lookup	334	Ex 10.24, p. 153–154/345–347
lookup-bstree	226	Ex 10.24, p. 153–154/345–347
lookup-value	236	Ex 10.24, p. 153–154/345–347
look-binding	316	Ex 10.24, p. 153–154/345–347
low-pass	252	Ex 10.24, p. 153–154/345–347
make-and	238	Ex 10.24, p. 153–154/345–347
make-bridge	248	Ex 10.24, p. 153–154/345–347
make-bstree	60	Ex 4.5, p. 60/224
make-centered-line	291	Ex 10.24, p. 153–154/345–347
make-char-parser	294	Ex 10.24, p. 153–154/345–347
make-concat-parser	295	Ex 10.24, p. 153–154/345–347
make-concat-parsers	295	Ex 10.24, p. 153–154/345–347
make-configuration	245	Ex 10.24, p. 153–154/345–347
make-discretized-function	253	Ex 10.24, p. 153–154/345–347
make-figure	139	Ex 9.18, p. 138/321–326
make-france	146	Ex 10.12, p. 146/333–334
make-function	133	Ex 8.14, p. 131/309–311
make-function	136	Ex 9.10, p. 136/316
make-function	315	Ex 10.24, p. 153–154/345–347
make-function	319	Ex 10.24, p. 153–154/345–347
make-ground	296	Ex 10.24, p. 153–154/345–347

make-hash-table	292	Ex 10.24, p. 153–154/345–347
make-init-bridge	248	Ex 10.24, p. 153–154/345–347
make-iterated-figure	149	Ex 10.16, p. 149–150/339
make-justified-line	288	Ex 10.24, p. 153–154/345–347
make-key->hash-number	292	Ex 10.24, p. 153–154/345–347
make-leaf1	40	Ex 3.4, p. 40–42
make-leaf2	41	Ex 3.4, p. 40–42
make-leaf3	42	Ex 3.4, p. 40–42
make-line	140	Ex 9.18, p. 138/321–326
make-list	166	Ex 10.24, p. 153–154/345–347
make-list	174	Ex 10.24, p. 153–154/345–347
make-load	27	Ex 2.50, p. 26–28
make-mercator-line	345	Ex 10.24, p. 153–154/345–347
make-mirror-figures	145	Ex 10.10, p. 145/332
make-monitored	274	Ex 10.24, p. 153–154/345–347
make-node1	40	Ex 3.4, p. 40–42
make-node2	41	Ex 3.4, p. 40–42
make-node3	42	Ex 3.4, p. 40–42
make-not	239	Ex 10.24, p. 153–154/345–347
make-object	27	Ex 2.50, p. 26–28
make-or	238	Ex 10.24, p. 153–154/345–347
make-parallel	234	Ex 10.24, p. 153–154/345–347
make-point	330	Ex 10.24, p. 153–154/345–347
make-primitive	133	Ex 8.14, p. 131/309–311
make-primitive	315	Ex 10.24, p. 153–154/345–347
make-ps	329	Ex 10.24, p. 153–154/345–347
make-ps-file	329	Ex 10.24, p. 153–154/345–347
make-range-parser	294	Ex 10.24, p. 153–154/345–347
make-restart	148	Ex 10.14, p. 148/337–338
make-result	141	Ex 10.1, p. 140–141/327–328
make-rot-three-figures	144	Ex 10.8, p. 144/330–331
make-scale-three-figures	145	Ex 10.9, p. 144–145/331
make-sequence	234	Ex 10.24, p. 153–154/345–347
make-solution	298	Ex 10.24, p. 153–154/345–347
make-spiral	146	Ex 10.13, p. 146–147/334–337
make-spiral2	149	Ex 10.15, p. 148–149/338–339
make-square	145	Ex 10.11, p. 145–146/332–333
make-the-world	154	Ex 10.24, p. 153–154/345–347
make-three-figures	144	Ex 10.7, p. 144/330
make-toplevel	312	Ex 10.24, p. 153–154/345–347
make-translated-figure	143	Ex 10.5, p. 143/329–330
make-triangle	150	Ex 10.17, p. 150/339–340
make-turtle-state	140	Ex 9.18, p. 138/321–326
make-two-figures	143	Ex 10.6, p. 143/330
make-*-parser	294	Ex 10.24, p. 153–154/345–347
make-+-parser	295	Ex 10.24, p. 153–154/345–347
mapcan	97	Ex 6.12, p. 97
mapcan	176	Ex 10.24, p. 153–154/345–347
mapcan	189	Ex 10.24, p. 153–154/345–347
maplist	233	Ex 10.24, p. 153–154/345–347
map-all-sublists	183	Ex 10.24, p. 153–154/345–347
map-tree	202	Ex 10.24, p. 153–154/345–347
map-union	222	Ex 10.24, p. 153–154/345–347
map-vector	286	Ex 10.24, p. 153–154/345–347

map-vector-2	285	Ex 10.24, p. 153–154/345–347
match1	194	Ex 10.24, p. 153–154/345–347
match2	194	Ex 10.24, p. 153–154/345–347
match3	216	Ex 10.24, p. 153–154/345–347
match3-curried	84	Ex 5.16, p. 84/257–258
match4	217	Ex 10.24, p. 153–154/345–347
match6	83	Ex 5.14, p. 82–84
match7	256	Ex 10.24, p. 153–154/345–347
match-variable?	256	Ex 10.24, p. 153–154/345–347
max-sum-aux2	190	Ex 10.24, p. 153–154/345–347
max-sum-aux3	191	Ex 10.24, p. 153–154/345–347
max-sum-prefix	190	Ex 10.24, p. 153–154/345–347
max-sum-sequence	190	Ex 10.24, p. 153–154/345–347
max-sum-sequence2	190	Ex 10.24, p. 153–154/345–347
max-sum-sequence3	191	Ex 10.24, p. 153–154/345–347
member-all	214	Ex 10.24, p. 153–154/345–347
memoize-filter	270	Ex 10.24, p. 153–154/345–347
memoize-filter!	270	Ex 10.24, p. 153–154/345–347
memoize-filter2!	271	Ex 10.24, p. 153–154/345–347
mercator-x	346	Ex 10.24, p. 153–154/345–347
mercator-y	346	Ex 10.24, p. 153–154/345–347
merge	181	Ex 10.24, p. 153–154/345–347
mine	300	Ex 10.24, p. 153–154/345–347
minimum-path	243	Ex 10.24, p. 153–154/345–347
min-sum-and-path	219	Ex 10.24, p. 153–154/345–347
min-sum-path	218	Ex 10.24, p. 153–154/345–347
mirror	206	Ex 10.24, p. 153–154/345–347
mirror	331	Ex 10.24, p. 153–154/345–347
mirror-figures	145	Ex 10.10, p. 145/332
missionaries-left	245	Ex 10.24, p. 153–154/345–347
missionaries-right	245	Ex 10.24, p. 153–154/345–347
mother	203	Ex 10.24, p. 153–154/345–347
mrodn	78	Ex 5.4, p. 78
mult-constant	178	Ex 10.24, p. 153–154/345–347
mult-poly	179	Ex 10.24, p. 153–154/345–347
mult-var	179	Ex 10.24, p. 153–154/345–347
m+c	247	Ex 10.24, p. 153–154/345–347
nbr-atoms	46	Ex 3.14, p. 46
nbr-atoms-list	51	Ex 3.29, p. 50–52
nbr-atoms-list2	51	Ex 3.29, p. 50–52
nbr-atoms-list3	51	Ex 3.29, p. 50–52
nbr-different-pairs	264	Ex 10.24, p. 153–154/345–347
nbr-leaves	199	Ex 10.24, p. 153–154/345–347
nbr-pairs	205	Ex 10.24, p. 153–154/345–347
ncompose	260	Ex 10.24, p. 153–154/345–347
newline?	309	Ex 10.24, p. 153–154/345–347
next-configs	246	Ex 10.24, p. 153–154/345–347
nnf	237	Ex 10.24, p. 153–154/345–347
node?	101	Ex 6.22, p. 101
node?	275	Ex 10.24, p. 153–154/345–347
node1?	41	Ex 3.4, p. 40–42
node2?	41	Ex 3.4, p. 40–42
node3?	42	Ex 3.4, p. 40–42
node-children	59	Ex 4.2, p. 59/221–222

node-content3	42	Ex 3.4, p. 40–42
node-left1	41	Ex 3.4, p. 40–42
node-left2	41	Ex 3.4, p. 40–42
node-left3	42	Ex 3.4, p. 40–42
node-right1	41	Ex 3.4, p. 40–42
node-right2	41	Ex 3.4, p. 40–42
node-right3	42	Ex 3.4, p. 40–42
node-sons	101	Ex 6.22, p. 101
node-sons	275	Ex 10.24, p. 153–154/345–347
node-tag	101	Ex 6.22, p. 101
node-tag	275	Ex 10.24, p. 153–154/345–347
node-tag3	42	Ex 3.4, p. 40–42
node-unique-string	275	Ex 10.24, p. 153–154/345–347
node-value	59	Ex 4.2, p. 59/221–222
not?	66	Ex 4.17, p. 65–66/235–236
n-complete	224	Ex 10.24, p. 153–154/345–347
n-complete?	224	Ex 10.24, p. 153–154/345–347
object-utility	27	Ex 2.50, p. 26–28
object-weight	27	Ex 2.50, p. 26–28
odds	170	Ex 10.24, p. 153–154/345–347
oldest-ancestor	204	Ex 10.24, p. 153–154/345–347
oldest-and-level	204	Ex 10.24, p. 153–154/345–347
origin-symmetrize	252	Ex 10.24, p. 153–154/345–347
or?	66	Ex 4.17, p. 65–66/235–236
other-map	251	Ex 10.24, p. 153–154/345–347
other-ponderated-sum	261	Ex 10.24, p. 153–154/345–347
other-sum-of-integers	5	Ex 1.1, p. 3–5
other-sum-of-integers	77	Ex 5.4, p. 78
other-sum-of-integers	78	Ex 5.4, p. 78
pairlis	175	Ex 10.24, p. 153–154/345–347
parallel?	234	Ex 10.24, p. 153–154/345–347
parallel-simplify	234	Ex 10.24, p. 153–154/345–347
parallel-simplify2	235	Ex 10.24, p. 153–154/345–347
partition	189	Ex 10.24, p. 153–154/345–347
parts	187	Ex 10.24, p. 153–154/345–347
par-assign	196	Ex 10.24, p. 153–154/345–347
path-to-cycle	240	Ex 10.24, p. 153–154/345–347
paving-way	163	Ex 10.24, p. 153–154/345–347
periodize	253	Ex 10.24, p. 153–154/345–347
pine	152	Ex 10.21, p. 152/343–344
plan-simplify	234	Ex 10.24, p. 153–154/345–347
plan-1	64	Ex 4.16, p. 64–65/234–235
point-x	330	Ex 10.24, p. 153–154/345–347
point-y	330	Ex 10.24, p. 153–154/345–347
polygon	333	Ex 10.24, p. 153–154/345–347
ponderated-sum	260	Ex 10.24, p. 153–154/345–347
port->list	303	Ex 10.24, p. 153–154/345–347
port->sexp-list	304	Ex 10.24, p. 153–154/345–347
port->string	124	Ex 8.4, p. 124
port->string-list	304	Ex 10.24, p. 153–154/345–347
port->token-list	304	Ex 10.24, p. 153–154/345–347
power	162	Ex 10.24, p. 153–154/345–347
power-of?	160	Ex 10.24, p. 153–154/345–347
power-of?	160	Ex 10.24, p. 153–154/345–347

Index

power-of-two?	159	Ex 10.24, p. 153–154/345–347
power-of-two?	160	Ex 10.24, p. 153–154/345–347
precede	175	Ex 10.24, p. 153–154/345–347
precede-aux	175	Ex 10.24, p. 153–154/345–347
precede-tree	211	Ex 10.24, p. 153–154/345–347
precede-tree-other-order	212	Ex 10.24, p. 153–154/345–347
prefix	182	Ex 10.24, p. 153–154/345–347
prefixq	86	Ex 5.18, p. 86
prefix2	182	Ex 10.24, p. 153–154/345–347
prefix3	183	Ex 10.24, p. 153–154/345–347
prefix4	183	Ex 10.24, p. 153–154/345–347
print	123	Ex 8.1, p. 123
print-diff-until-eof	307	Ex 10.24, p. 153–154/345–347
print-history	247	Ex 10.24, p. 153–154/345–347
project-above-x	344	Ex 10.24, p. 153–154/345–347
proposition?	66	Ex 4.17, p. 65–66/235–236
radian	327	Ex 10.24, p. 153–154/345–347
read-action	299	Ex 10.24, p. 153–154/345–347
read-action/check	299	Ex 10.24, p. 153–154/345–347
read-line	302	Ex 10.24, p. 153–154/345–347
read-line2	302	Ex 10.24, p. 153–154/345–347
reduce	77	Ex 5.1, p. 76–77
reflexive?	179	Ex 10.24, p. 153–154/345–347
reflexive2?	179	Ex 10.24, p. 153–154/345–347
remove-all	214	Ex 10.24, p. 153–154/345–347
remove-first	14	Ex 2.4, p. 13–14
remove-k-first	167	Ex 10.24, p. 153–154/345–347
remove-leftmost	213	Ex 10.24, p. 153–154/345–347
remove-leftmost2	269	Ex 10.24, p. 153–154/345–347
remq	167	Ex 10.24, p. 153–154/345–347
reorganise-tree	203	Ex 10.24, p. 153–154/345–347
reorganise-tree2	203	Ex 10.24, p. 153–154/345–347
representation2-tag	41	Ex 3.4, p. 40–42
reset-count	274	Ex 10.24, p. 153–154/345–347
result-lines	141	Ex 10.1, p. 140–141/327–328
result-state	141	Ex 10.1, p. 140–141/327–328
reverse!	94	Ex 6.2, p. 93–94
reverse-all	214	Ex 10.24, p. 153–154/345–347
reverse-file	125	Ex 8.5, p. 125–127
reverse-file2	125	Ex 8.5, p. 125–127
reverse-file3	126	Ex 8.5, p. 125–127
roman-digit->int	177	Ex 10.24, p. 153–154/345–347
roman->int	178	Ex 10.24, p. 153–154/345–347
rotate	330	Ex 10.24, p. 153–154/345–347
rotate90	144	Ex 10.8, p. 144/330–331
rotate-point	331	Ex 10.24, p. 153–154/345–347
rotation?	195	Ex 10.24, p. 153–154/345–347
rot13-string	286	Ex 10.24, p. 153–154/345–347
rot13-string2	287	Ex 10.24, p. 153–154/345–347
rot-three-figures	144	Ex 10.8, p. 144/330–331
rule	203	Ex 10.24, p. 153–154/345–347
same-fringe	209	Ex 10.24, p. 153–154/345–347
same-person?	203	Ex 10.24, p. 153–154/345–347
same-structure?	209	Ex 10.24, p. 153–154/345–347

Index

saw	152	Ex 10.21, p. 152/343–344
scale	331	Ex 10.24, p. 153–154/345–347
scale-three-figures	145	Ex 10.9, p. 144–145/331
search	246	Ex 10.24, p. 153–154/345–347
search-perfect-number	163	Ex 10.24, p. 153–154/345–347
second-operand	66	Ex 4.17, p. 65–66/235–236
select	170	Ex 10.24, p. 153–154/345–347
select-musicians	250	Ex 10.24, p. 153–154/345–347
separate	188	Ex 10.24, p. 153–154/345–347
sequences	186	Ex 10.24, p. 153–154/345–347
sequence?	234	Ex 10.24, p. 153–154/345–347
sequence-simplify	234	Ex 10.24, p. 153–154/345–347
sequence-simplify2	235	Ex 10.24, p. 153–154/345–347
seq-assign	197	Ex 10.24, p. 153–154/345–347
set-difference	180	Ex 10.24, p. 153–154/345–347
set-intersection	180	Ex 10.24, p. 153–154/345–347
set-turtle-direction!	151	Ex 10.18, p. 150/340
set-turtle-status!	151	Ex 10.18, p. 150/340
set-turtle-x-pos!	151	Ex 10.18, p. 150/340
set-turtle-y-pos!	151	Ex 10.18, p. 150/340
set-union	180	Ex 10.24, p. 153–154/345–347
sexp->tree	205	Ex 10.24, p. 153–154/345–347
sexp->vtree	205	Ex 10.24, p. 153–154/345–347
sf	209	Ex 10.24, p. 153–154/345–347
sf*	209	Ex 10.24, p. 153–154/345–347
shared-mirror	266	Ex 10.24, p. 153–154/345–347
shared-pairs	268	Ex 10.24, p. 153–154/345–347
shared-tree-generate	269	Ex 10.24, p. 153–154/345–347
shift?	196	Ex 10.24, p. 153–154/345–347
shift-assign	198	Ex 10.24, p. 153–154/345–347
shift-assign-recur	198	Ex 10.24, p. 153–154/345–347
shrink-tree	202	Ex 10.24, p. 153–154/345–347
simple?	234	Ex 10.24, p. 153–154/345–347
simplify-and	237	Ex 10.24, p. 153–154/345–347
simplify-not	237	Ex 10.24, p. 153–154/345–347
simplify-or	237	Ex 10.24, p. 153–154/345–347
single-unfold	343	Ex 10.24, p. 153–154/345–347
spaces->tab	310	Ex 10.24, p. 153–154/345–347
space?	309	Ex 10.24, p. 153–154/345–347
spheric->mercator	346	Ex 10.24, p. 153–154/345–347
split	181	Ex 10.24, p. 153–154/345–347
split!	272	Ex 10.24, p. 153–154/345–347
split-aux	181	Ex 10.24, p. 153–154/345–347
split-aux!	272	Ex 10.24, p. 153–154/345–347
split-path	241	Ex 10.24, p. 153–154/345–347
stammer	170	Ex 10.24, p. 153–154/345–347
stammer-n	171	Ex 10.24, p. 153–154/345–347
strchr	108	Ex 7.4, p. 108–109
string-centerize	291	Ex 10.24, p. 153–154/345–347
string-insert!	282	Ex 10.24, p. 153–154/345–347
string-justify	291	Ex 10.24, p. 153–154/345–347
string-match?	294	Ex 10.24, p. 153–154/345–347
string->list	107	Ex 7.3, p. 107–108
string->list2	108	Ex 7.3, p. 107–108

strrchr	109	Ex 7.4, p. 108–109
strstr	282	Ex 10.24, p. 153–154/345–347
strtok	283	Ex 10.24, p. 153–154/345–347
strtok2	284	Ex 10.24, p. 153–154/345–347
strtok3	285	Ex 10.24, p. 153–154/345–347
subsequences	186	Ex 10.24, p. 153–154/345–347
subsets	185	Ex 10.24, p. 153–154/345–347
substitute	172	Ex 10.24, p. 153–154/345–347
substitute-tree	210	Ex 10.24, p. 153–154/345–347
substring	106	Ex 7.2, p. 106
successors	68	Ex 4.20, p. 67–68/238–239
suffix	182	Ex 10.24, p. 153–154/345–347
suffix	281	Ex 10.24, p. 153–154/345–347
sum	12	Ex 2.1, p. 12
sum-all-tree	39	Ex 3.2, p. 38–39
sum-annotate	199	Ex 10.24, p. 153–154/345–347
sum-numbers	251	Ex 10.24, p. 153–154/345–347
sum-of-divisors	163	Ex 10.24, p. 153–154/345–347
sum-of-divisors	252	Ex 10.24, p. 153–154/345–347
sum-of-integers	4	Ex 1.1, p. 3–5
sum-of-squares	5	Ex 1.2, p. 5–6
sum-of-squares	77	Ex 5.4, p. 78
sum-of-squares	251	Ex 10.24, p. 153–154/345–347
sum-poly	178	Ex 10.24, p. 153–154/345–347
sum-tree	38	Ex 3.1, p. 38
sum-with-carry	176	Ex 10.24, p. 153–154/345–347
symmetric?	180	Ex 10.24, p. 153–154/345–347
syntax-combination?	220	Ex 10.24, p. 153–154/345–347
syntax-conditional?	221	Ex 10.24, p. 153–154/345–347
syntax-expr?	220	Ex 10.24, p. 153–154/345–347
syntax-expr*?	220	Ex 10.24, p. 153–154/345–347
syntax-expr+?	220	Ex 10.24, p. 153–154/345–347
syntax-lambda-expr?	221	Ex 10.24, p. 153–154/345–347
syntax-number?	220	Ex 10.24, p. 153–154/345–347
syntax-variable?	220	Ex 10.24, p. 153–154/345–347
syntax-variable*?	221	Ex 10.24, p. 153–154/345–347
syracuse?	164	Ex 10.24, p. 153–154/345–347
syracuse2?	165	Ex 10.24, p. 153–154/345–347
tabulation?	309	Ex 10.24, p. 153–154/345–347
tail	308	Ex 10.24, p. 153–154/345–347
tee	123	Ex 8.3, p. 123–124
the-figure	139	Ex 9.18, p. 138/321–326
the-iterated-figure	149	Ex 10.16, p. 149–150/339
the-koch-snowflake	340	Ex 10.24, p. 153–154/345–347
the-shared-tree	95	Ex 6.6, p. 95/264–265
the-spiral	146	Ex 10.13, p. 146–147/334–337
the-tree	38	Ex 3.1, p. 38
the-tree2	38	Ex 3.2, p. 38–39
the-triangle	339	Ex 10.24, p. 153–154/345–347
the-world	154	Ex 10.24, p. 153–154/345–347
three-figures	144	Ex 10.7, p. 144/330
times-list	85	Ex 5.17, p. 85–86
toggle-boat	246	Ex 10.24, p. 153–154/345–347
tokens-justify	289	Ex 10.24, p. 153–154/345–347

Index

toplevel	134	Ex 8.14, p. 131/309–311
toplevel1	312	Ex 10.24, p. 153–154/345–347
towards-left	249	Ex 10.24, p. 153–154/345–347
towards-right	250	Ex 10.24, p. 153–154/345–347
transfer-persons	246	Ex 10.24, p. 153–154/345–347
transform-pattern5	257	Ex 10.24, p. 153–154/345–347
transitive?	180	Ex 10.24, p. 153–154/345–347
translate	252	Ex 10.24, p. 153–154/345–347
translate	329	Ex 10.24, p. 153–154/345–347
traverse	240	Ex 10.24, p. 153–154/345–347
triangular?	160	Ex 10.24, p. 153–154/345–347
triangular2?	161	Ex 10.24, p. 153–154/345–347
turtle-direction	140	Ex 9.18, p. 138/321–326
turtle-engine	142	Ex 10.3, p. 142
turtle-engine2	147	Ex 10.13, p. 146–147/334–337
turtle-status	140	Ex 9.18, p. 138/321–326
turtle-x-pos	140	Ex 9.18, p. 138/321–326
turtle-y-pos	140	Ex 9.18, p. 138/321–326
twice	13	Ex 2.3, p. 13
two-figures	143	Ex 10.6, p. 143/330
t0	60	Ex 4.5, p. 60/224
t1	61	Ex 4.9, p. 62/226–227
t2	61	Ex 4.9, p. 62/226–227
t3	61	Ex 4.9, p. 62/226–227
t4	61	Ex 4.9, p. 62/226–227
t5	227	Ex 10.24, p. 153–154/345–347
unary-minus?	227	Ex 10.24, p. 153–154/345–347
unique	171	Ex 10.24, p. 153–154/345–347
unique-after	171	Ex 10.24, p. 153–154/345–347
unlinearize	255	Ex 10.24, p. 153–154/345–347
unlinearize!	272	Ex 10.24, p. 153–154/345–347
update!	133	Ex 8.14, p. 131/309–311
update!	315	Ex 10.24, p. 153–154/345–347
update!	317	Ex 10.24, p. 153–154/345–347
upto	185	Ex 10.24, p. 153–154/345–347
use-let/cc	258	Ex 10.24, p. 153–154/345–347
valid-configuration?	245	Ex 10.24, p. 153–154/345–347
variable?	221	Ex 10.24, p. 153–154/345–347
vector-append	105	Ex 7.1, p. 105–106
wc	305	Ex 10.24, p. 153–154/345–347
wc/port	304	Ex 10.24, p. 153–154/345–347
won?	299	Ex 10.24, p. 153–154/345–347
words	185	Ex 10.24, p. 153–154/345–347
y-symmetrize	252	Ex 10.24, p. 153–154/345–347
circuit	238	Ex 10.24, p. 153–154/345–347
class-hierarchy	66	Ex 4.17, p. 65–66/235–236
collection	28	Ex 2.50, p. 26–28
graph	68	Ex 4.20, p. 67–68/238–239
macros	325	Ex 10.24, p. 153–154/345–347
matrix-graph	74	Ex 4.28, p. 74/243–244
mini-scheme-keywords	220	Ex 10.24, p. 153–154/345–347
musicians	248	Ex 10.24, p. 153–154/345–347
tree	45	Ex 3.13, p. 45–46/203–205

Collection SCOPOS

Volume 1
J.-F. Clouet, B. Després, J.-M. Ghidaglia, O. Lafitte
L'épreuve de Mathématiques en PSI
Concours d'entrée à l'Ecole polytechnique et à l'Ecole normale supérieure de Cachan 1997
1998. VIII, 135 p.
Broché ISBN 3-540-63915-2

Volume 2
F. Graner
Petits problèmes de physique - première partie
Mathématiques spéciales MP, PC, PSI et premier cycle universitaire
1998. VIII, 122 p.
Broche ISBN 3-540-64026-6

Volume 3
R. Kaiser
Petits problèmes de physique - deuxième partie
Mathématiques spéciales, MP, PC, PSI et premier cycle universitaire
1999. VIII, 242 pp. 120 figs.
Broché ISBN 3-540-64071-1

Volume 4
J.-M. Ghidaglia
Petits problèmes d'analyse
Issus des concours d'entrée à l'Ecole normale supérieure de Cachan
1999. IX, 210 p.
Hardcover ISBN 3-540-64074-6

Volume 5
J.-F. Clouet, B. Després, O. Lafitte
L'épreuve de Mathématiques en PSI, Volume 2
Concours d'entrée à l'Ecole polytechnique et à l'Ecole normale supérieure de Cachan 1998
1999. VII, 160 pp.
Broché ISBN 3-540-65675-8

Volume 7
F. Sauvageot
Petits problèmes de géométries et d'algèbre
Issus des concours d'entrée à l'Ecole normale supérieure de Cachan
1999. XII, 172 p.
Broché ISBN 3-540-65986-2

Please order from
Springer-Verlag
P.O. Box 14 02 01
D-14302 Berlin, Germany
Fax: +49 30 827 87 301
e-mail: orders@springer.de
or through your bookseller

Prices and other details are subject to change without notice.
In EU countries the local VAT is effective. d&p · BA65986/2 SF · Gha

Printing: Mercedes-Druck, Berlin
Binding: Buchbinderei Lüderitz & Bauer, Berlin

If you have any concerns about our products,
you can contact us on
ProductSafety@springernature.com

In case Publisher is established outside the EU,
the EU authorized representative is:
**Springer Nature Customer Service Center GmbH
Europaplatz 3, 69115 Heidelberg, Germany**

Printed by Libri Plureos GmbH
in Hamburg, Germany